フィロン（アレクサンドリアの）

フラックスへの反論／ガイウスへの使節

西洋古典叢書

凡例

一、本書は後一世紀のアレクサンドリアのフィロンの残した二つの著作『フラックスへの反論』と『ガイウスへの使節』を翻訳したものである。翻訳の底本としたのは、ロウブ古典叢書に収録されている「フィロン全集」の第九巻と第十巻に見られるテクストである。このテクストを使用した理由は「解説」を参照されたい。

二、訳文中のゴシック体漢数字は節番号を表わす。また、［ ］内は訳者による補足である。ただし、文脈からして許容されると思われる語句の補足はブラケットの中に入れなかった。

三、ギリシア語をカタカナ表記するにあたっては、

(1) θ φ χ と τ π κ を区別しない。

(2) 母音の長短の区別については、固有名詞のみ原則として音引きを省いた。

(3) 地名は慣用に従って表示した場合がある。

(4) 皇帝など明らかにローマ人であることが分かる場合にはラテン語読みを採用し（たとえばガイオスではなくてガイウス）、しかしギリシア人であることが明らかである場合にはギリシア語読みを採用した（たとえばイシドルスではなくてイシドロス）。なお、ユダヤ人の場合は通常表記にした（たとえばアグリッパスではなくてアグリッパ）。

四、本書の註は簡潔なものにするようつとめたが、長い註となったものはすべて補註とした。註においては、『フラックスへの反論』は『フラックス』と、『ガイウスへの使節』は『使節』と略記されている。さらに、註に頻出するフィロンの著作の略号は解説の末尾に記したので参照されたい。

五、本書の註で頻繁に引かれるヨセフスの著作『（ユダヤ）古代誌』、『（ユダヤ）戦記』『（アピオーンへの）反論』は秦剛平訳（山本書店版、およびちくま学芸文庫収録の版）を参照されたい。

目次

フラックスへの反論
ガイウスへの使節

秦　剛平　訳

フラックスへの反論

第一章

一[1] セヤヌス[2]の後、二番手のフラックス・アウィリウス[3]がユダヤ人への陰謀を引き継ぎました。彼は、セヤヌスのように、[4]［ユダヤ］民族[5]全体にたいして公然と不正を働くことができたわけではありません。そうする機会により恵まれていなかったからですが、手出しできた者たちにたいしては、ひとり残らず、癒しがたい災禍を与えました。たしかに、[6]彼の陰謀は一部の者を対象にしているとしか見えなかったのですが、権力をもってしてというよりは策略をめぐらし、至る所ですべての［ユダヤ］人に[7]敵意の触手を伸ばしたのです。暴君的な気質の持ち主たちで、その陰謀を公然と遂行する力のない者は、それを詐術でもって仕かけるのです。

二 ところで、ティベリウス・カエサル[8]の側近たちのひとり[9]として遇されたこのフラックスは、エジプトを託されたイベルス[10]の死後、アレクサンドリアおよび［エジプトの］国の総督[11]となりました。はじめのころこそは、どこまでも紳士然として振る舞い、その証拠をさんざん見せつけた人物でした。賢くて勤勉で、頭の回転が速く、計画されたものを実行に移し、たちどころに応答し、言外の意味を理解しました。

三　そこで彼は、きわめて短期間に、エジプトの政務に精通するようになりました。それらは多種多様なもので、若い時分からその仕事に打ち込んできている者たちでさえも容易に把握することのできぬ代物でした。大勢の書記官たちは、彼にとって余計なものでした。(12) 大小を問わずどんなことも、彼の経験を越えるものではなかったため、彼は彼らを凌駕したばかりか、正確さを尊ぶために、かつて指導してくれた者たちの知己ではなく、教える者になりました。

四　彼は課税や歳入の運用に関するいっさいの仕事を見事にこなしました。(13) これらは、たしかに難儀で重要な仕事でしたが、彼が指導者の魂をもっている証拠となるものではなかったのです。しかし彼は、より開

(1) 本書は完全なものではなく、現存しない本来のテクストでは先行する物語が大きく欠けているように思われる。それについては「解説」を参照。
(2) この人物については補註Aを参照。
(3) この人物は本書で語られる物語の主人公。
(4) 「セヤヌスのように」。テクストでは「その者のように」。
(5) 「民族（τὸ ἔθνος）」。この語の使用については補註Bを参照。
(6) 「たしかに」。テクストでは「そればかりでなく」。
(7) 「至る所ですべての［ユダヤ］人に」。この一節には誇張がある。この表現は後出二七頁の註（4）を参照。
(8) ローマ皇帝（後一四—三七年）。
(9) 本箇所および後出一五八での「第一の友人のひとり」という表現からして、ローマでのフラックスは皇帝の最高顧問団の一員だったと想像される。
(10) この人物の名前その他については補註Cを参照。
(11) アレクサンドリアと（エジプトの）国の区別、および「総督」を指すギリシア語の使用については補註Dを参照。
(12) 「大勢の書記官たちは、彼にとって余計なものでした」。テクストでは「書記官たちは余計な群衆でした」。
(13) ただし、後出一三三を参照。

かれた態度で臨み[1]、より明敏な[2]王のような性格を示しました。彼は威厳をもって振る舞い[3]——この手の虚勢は支配者に非常に有益なものです——、高位高官の者たちの助けで大きな事件を裁き[4]、尊大な者たちを低くし、雑多な烏合の衆からなる者たちの群れ[5]にも徒党を組ませたりはしなかったのです。供犠を口実にいつも飲み食いし、酔漢のようにして事にあたる組合[6]や寄り合い[7]を解散させ[8]、この御しがたい連中に厳格かつ精力的に臨みました。

五　そして彼は、［アレクサンドリアの］都と［エジプトの］国によき秩序を十全に打ち立てると、部分的に軍[9]団[10]を再度強化[11]することに心を砕きました。歩兵や騎兵、軽装備の者たち、指揮官たちに隊伍を組ませ、規律を教え、訓練を施しました[12]。それは、俸給を奪われた兵士たちを、略奪や盗みなどに走らせないためであり、また兵士各自が平和を維持するために任命されていることを自覚して[13]、軍務以外のことに精を出したりさせないためでした。

第二章

六　多分、人は次のように言うでしょう。「友よ、あなたは人を告発することに決めておきながら何の罪状も述べず、逆に仰々しい賛辞を呈する始末だ。ところであなたは、正気を失い、気がふれているのではないか」と。それにたいしてわたしはこう答えます。「友よ、わたしは気など狂っていないし、事の次第を見きわめることのできない愚か者ではない」[14]と。

七　わたしはフラックスを賞讃します。敵を賞讃することが適切だからではなく、彼の悪辣非道ぶりを際

（1）「より開かれた態度で臨み（μετὰ πλείονος παρρησίας ἐπεδείκνυντο）」。ここでのギリシア語 παρρησία の使用については補註Eを参照。

（2）「より明敏な」。この一節の中で比較級が二度使用されているが、それは本書の欠落した箇所で言及されている人物との比較のためであろう（「解説」を参照）。

（3）後出一二六によれば、フラックスの臣下イシドロスとランポンは、彼を「主君、恩恵者、救済者」と呼んでいた（らしい）。

（4）ローマの属州の総督は「職権訴訟手続き（cognitio extra ordinem）」により、正規の裁判官や、弁護士、陪審員なしで、証言や反論を聞いて裁決することができた。

（5）「雑多な烏合の衆からなる者たちの群れ（μιγάδων καὶ συγκλύδων ἀνθρώπων ὄχλου）」。類義の形容詞を重ねることで、多民族都市アレクサンドリアの雑多性を表現（後出一三五、および『使節』一二〇、『比喩』第三巻一八七、『酩酊』三六、『戒め』第三巻八九をも参照）。ストラボン『地誌』第十七巻一-一二も、ここでの μιγάδες という語を使用してアレクサンドリアの住民の構成に言及。

（6）「組合（ἑταιρεία）」。ラテン語の hetaeria または collegia に相当。これは手工業者や、職人、商人たちの間で、友好や経済的利益、裁判での支援などを図るために結成されたもの。

（7）「寄り合い（シュノドス σύνοδος）」。これは祭などの行事を仕切ったりする集まり。この名称については後出一三六を参照。

（8）アレクサンドリアのその他の会合については補註Fを参照。

（9）具体的に何を意味するのか不明。

（10）当時のローマ軍団については補註Gを参照。

（11）「再度」。ここでのこの副詞の使用の意図は不明。脱落した文章の中に、前任者による軍隊の強化に言及する箇所があったのかもしれない。フィロンは、後出一六三で、フラックスの口に託して、アレクサンドリアの軍団が規律あるものだったことを認めている。

（12）後出一六三の記述を参照。

（13）H・ボックスは、この「自覚して」の主語を兵士各自ではなくフラックスと解する。それは文法的に可能。

（14）この一節は、本書の欠落した箇所で、フィロンがフラックスを告発することを約束していたことを示唆。

立たせるためです。何が正しいかを知らぬために罪を犯す者には赦免が与えられますが、知りながら犯罪を犯す者には弁明の余地はなく、すでにして良心の法廷(1)に立たされているからです。

第三章

八 フラックスは六年間(2)にわたって権力を握り、ティベリウス・カエサルの存命中の最初の五年間は平和を維持し、非常に精力的かつ細心の心遣いで先頭に立ったので、すべての前任者たちを凌駕しました。

九 しかし、ティベリウスが亡くなり(3)、ガイウス(4)が皇帝に指名された最後の年になると、万事がなげやりとなりはじめました。それはティベリウスの死への深い悲しみのためだったかもしれませんが――彼がもっとも親しい友人の死にどんなに悲嘆に暮れていたかは、たえずふさぎ込んでいる様子と、まるで泉からのように(5)とめどもなく流れ落ちる涙から明らかでした――、養子たちよりも嫡出子たち(6)に奉仕してきたので、後継者(7)への悪感情によるものだったかもしれません。いや、もしかしたらガイウスの母がさまざまな告発を受けていたときに――彼女はそのために殺されたのです(8)――、彼女を攻撃した者たちのひとりだったので、拘禁を恐れて政務を怠ることになったのかもしれません。

一〇 それでもしばらくの間はなんとかもちこたえ、政務を完全にないがしろにしたわけではなかったのですが、統治権を共有した(9)ティベリウスの孫(10)がガイウスの命令で殺害された(11)ことを耳にすると、この災禍があまりにも恐ろしい一撃だったために卒倒し、口もきけない状態となり、その思考力は、前よりもひどく弱り麻痺してしまいました。

二　この若者の存命中は、彼自身の安全には一縷の望みがありましたが、死んでしまったため、彼の個人的な望みも道連れにされたように思われました。とはいえ、わずかばかりのはかない支援への期待は、マクロ[12]との友誼のおかげで残されておりましたが。このマクロはガイウスのもとで最初からすべての権力を行

(1)「良心の法廷」。四九頁註（2）および補註＊Eを参照。
(2)後三一年から三八年までのこと。
(3)スエトニウス『ティベリウス』七三、およびタキトゥス『年代記』第六巻五〇によれば、ティベリウスの死は、治世二三年目の後三七年三月十六日、ディオン『ローマ史』第五十八巻二八-五によれば、それは後三七年三月二十六日。
(4)ガイウス・カリグラを指す。後一二年の八月に、ティベリウス帝の甥ゲルマニクスとアグリッピナの間に生まれる（スエトニウス『カリグラ』八、タキトゥス『年代記』第五巻一を参照）。
(5)「まるで泉からのように」。この表現は後出一五七および補註＊Mを参照。
(6)この嫡出子たちについては補註Hを参照。
(7)ガイウスを指す。
(8)ガイウスの母アグリッピナは、ティベリウス帝の指図で後二九年に逮捕され、元老院によりナポリ湾沖のパンダテリア島に追放され、後三三年にそこで餓死（スエトニウス『カリグラ』一五を参照）。
(9)「統治権を共有した」。同じ表現が『使節』二三、二八でも見られるが、ガイウスがティベリウス・ゲメルス（次註）と統治権を分かち合ったとするのは不正確。
(10)ティベリウス・ゲメルスを指す。彼は後二三年に亡くなったティベリウスの子ドルススの子。
(11)ガイウスがティベリウス・ゲメルスと護衛隊長のマクロ（後出）を殺害したのは後三八年の五月二十四日以前。
(12)この人物については補註Iを参照。

使し、噂によれば、彼が皇帝権を手にできるよう誰よりも画策し(1)、またそれ以上に自分の身の安全を計っておりました。

一二　というのも、ティベリウスはガイウスを、悪しき性格の持ち主で統治権のために生まれてきた人物ではないとして、また同時に孫のことを心配しておりましたので――彼は、自分が死ねば[孫が]邪魔もの扱いされるのを恐れておりました(2)――、排除するようしばしば進言されていたからです。けれどもマクロは、しばしば彼の疑念を取り除き(3)、ガイウスを愚直であるが悪徳漢ではなく、寛宏で、とくにいとこに献身的であると賞讃しました(4)。そのためもあって、彼はただひとりの者に皇帝権か、少なくとも第一の地位(5)を移譲しようとしました。

一三　ティベリウスは、こうしたことに騙されて、自分自身や孫、一族、代言人(6)マクロ、それに全人類に冷酷無情な敵を心ならずも残したのです。

一四　マクロはガイウスがいつもとは違って感情を激発させ八つ当りしているのを見ると、ティベリウスがまだ存命していたときには穏やかで従順だったあのガイウスだったと考えて、彼を諫めたり助言したりしました。しかし、何と不幸な人間でしょう(7)。その過度の好意にたいして最高の償いをし(8)、過重な負担・厄介者(9)として彼は自分の家族全員、妻や子供たちと一緒に殺されたのです(10)。

一五　というのも、ガイウスは彼が遠くから近づいてくるのを認めると、お供の者たちに向かってこんなことを言うのでした。「笑っちゃ駄目だ。伏し目がちにしよう。ほら、諫《いさ》め屋が近づいてくる。やかまし屋、立派に成人した皇帝の家庭教師を今つとめはじめたお方だ。今じゃもう、幼少時からの[わたしの家庭教師をつとめた」者たちは追い立てられお払い箱にされているのに(11)」。

（1）マクロがティベリウスの死に加担し、また彼がガイウスが統治権を獲得できるようひと肌ぬいだことについては、『使節』三二、タキトゥス『年代記』第六巻五〇、スエトニウス『カリグラ』一二六、ディオン『ローマ史』第五十九巻一〇-六を参照。

（2）タキトゥス『年代記』第六巻四六によれば、ティベリウスはもうひとりの年上の孫ガイウスに向かって「おまえはこの孫（ゲメルス）を殺すだろう」と預言した。

（3）『使節』三五をも参照。

（4）「とくにいとこに献身的である」。同一の表現が『使節』三六でも見られる。

（5）「第一の地位（τὰ πρωτεῖα）」。スエトニウス『カリグラ』一九によれば、ティベリウスは一時期、皇帝権を「血のつながった孫」ゲメルスに移譲することを考えていたらしい（タキトゥス『年代記』第六巻四六も同じ）。

（6）「代言人（παράκλητος）」。このギリシア語は、後出二二、二三のほか、一五一（弁護人）、一八一（弁護人）で登場するレピドスにも使用されている。

（7）『使節』五二はマクロを「不幸な男（ὁ δυστυχής）」、同書五九は「不幸な男（ὁ κακοδαίμων）」、同書六一は「惨めな男（ὁ δείλαιος）」と評している。

（8）「その過度の好意にたいして最高の償いをし」。これはフィロン好みの反語的表現。『使節』五九を参照。

（9）「厄介者（παρενόχλημα）」。ガイウスは義父のM・シラヌスを奸計でもって殺すが、『使節』六五は同じ語を使用して、シラヌスがガイウスにとって「厄介者」となったと評している。

（10）ディオン『ローマ史』第五十九巻一〇-六によれば、マクロはエジプト総督に任命されたが、ガイウスの不興を買い、後三八年に妻のエンニアとともに自決を強要された（『使節』六一をも参照）。それは三八年の春とされる（バルスドン『ガイウス』三八頁）。マクロに代わって任命されたのがフラックス。

（11）『使節』五二―五三を参照。

第四章

一六　さて、マクロも死んだことを知ると、今やフラックスは、一縷の望みを完全に捨て、もはや政務を取り仕切ることなどできず、とことん弱り切ってしまったため、健全な判断などできなくなりました。

一七　アルコーンたる者(1)が統治することを放棄すれば、お定まりのコースは、統治される者たち、とくに、些細な日常的な出来事にも扇動されやすい者たちがすぐさま反抗的になることです。なかでもエジプト人はそうで(2)、ちょっとした小さな火種でも燃え上がらせて大きな騒動にするのがいつものことです(3)。

一八　他方、なす術《すべ》もなく途方に暮れたフラックスは、忍耐心を失い、同時に理性的な判断が鈍ったために、もっとも親しい者たちの扱いをはじめとして、少し前に考えたことをがらりと変えたりしました(4)。一方で彼は好意をもつ者たち、とくに友人たちを疑って遠ざけ、他方で最初から敵であると公言していた者たちと手を結び、すべてのことの相談役として重用しました。

一九　しかし、彼らは依然として敵意をもちつづけました。一見和解したように装いましたが、それは言葉だけの偽りのもので、実際には和解など不可能な恨みつらみを抱き、まるで劇場の中においてのように、真の友人役を演じながら、彼を完全に抱き込もうとしました。アルコーンたる者が支配される者になり、支配される者が支配者となったのです。彼らはまったくの役立たずの提案を行ない、即座に承認の印をそれに与えました。

二〇　彼らは自分たちの陰謀をすべて実行し、フラックスを舞台の上の唖《おし》のように、ただ見せかけのためにアルケー[5]の称号を刻まれた者として扱いました。ディオニュシオス一派の者たち[6]は民衆扇動家、ランポン一派の者たち[7]は記録改竄《かいざん》屋[8]、イシドロス一派の者たち[9]は騒ぎの扇動家、ちょっかい屋、悪事の考案家、焚きつけ屋でした。とにかく、こうした呼称が彼らには付けられたのです。

二一　これらの者たちはみな、徒党を組むとユダヤ人にたいするもっとも由々しい陰謀を仕かけました。彼らはフラックスの所にやって来ると、こっそりと進言しました。

---

(1) ギリシア語アルコーンの使用については、後出七六および補註Yを参照。

(2)「なかでもエジプト人はそうで」。テクストでは「(そうした)者たちの間でエジプト人は第一の地位を得ている」。一二節に照らしてみれば、術語「第一の地位（τὰ πρωτεῖα）」の使用には、痛烈な皮肉が読み取れる。フィロンのエジプト人観は『農事』六二を参照。

(3) ディオン『ローマ史』第五十一巻一七-一二は、アレクサンドリアの住民の特性として「騒動好き」をあげている。ここでのフィロンの非難の対象はギリシア人であると思われるが、本書および『使節』においては、ギリシア人にたいする直接の非難は隠蔽されている。

(4)「少し前に考えたことをがらりと」。少しばかり意訳してある。

(5) ここでの「アルケー」は「統治（者）」「支配（者）」「主権（者）」の意。

(6)「ディオニュシオス一派の者たち（ディオニュシオイ）」。ここでのディオニュシオスについては補註Jを参照。

(7) ランポンについては後出一二八以下を参照。

(8)「記録改竄屋（γραμματοκύφων）」。これはアテナイやその他の都市の公認の記録係（γραμματεύς）に与えられた渾名。

(9)「イシドロス一派の者たち（Ἰσίδωροι）」。イシドロスについては後出一三七以下を参照。

二二　「ティベリウス・ネロ(1)が少年だったころからの閣下の目論見は頓挫いたしました。彼の亡き後の希望、すなわち閣下のお仲間マクロに託された望みも頓挫し、皇帝陛下からの庇護は期待できるようなものではありません。われわれはガイウスに執り成すために真に強力な代言人を捜し出さねばなりません。

二三　その代言人はアレクサンドリア市民の都市です。最初からアウグストゥス家の全員が、またとくに現在のわれわれの主君(2)がこの都市に敬意を払ってきました(3)。この都市は、閣下の贈り物から何ほどかを受けるならば、執り成しをするでしょう。ユダヤ人どもを犠牲《いけにえ》に差し出す、この都市にとってこれにまさる素晴らしい贈り物はないのです」。

二四　こんな進言に接したときには、進言者たちを扇動者・共通の敵として退け、眉をひそめるべきでしたが、フラックスはその進言に乗ってしまったのです。最初彼は、いくぶんはっきりとしない仕方で敵意を示しました。すなわち彼は、公平で偏らない聴聞を係争中の双方の側に与えずに一方の側に加担し(4)、他の事柄に関しても等しい発言権を与えず、ユダヤ人がやって来れば、それが誰であれ、いつも追い返し、彼らだけには不快な素振りを示しました。しかし、後になると、彼はその敵意を公然と示したのです。

第五章

二五　彼の思慮を欠いた行動は、彼の性格からというよりは他の者たちの教唆によるものでしたが、それにはさらに、次の出来事が加わりました。

ガイウス・カエサルは、ヘロデ王[5]の孫アグリッパ[6]に祖父の領地の三分の一を与えられました[7]。そこからの歳入はそれまで、アグリッパの父方の叔父である四分邦領主ピリッポス[8]が享受していたものです。

二六　ガイウスは船出しようとしているアグリッパさまに、ブルンディシウム[9]からシリア[10]までの長い退屈な[11]船旅は避け、季節風[12]を待ってアレクサンドリア経由の最短のコースを取るよう助言されました。彼はアグリッパさまに、そこからは船足の早い積荷用の船があり、しかも舵取りたちはいずれも経験豊かで、御者が馬を御すように操舵し、途中で寄港することなく直進のコースを取ると告げられました。アグリッパさまは

（1）ティベリウス帝を指す。
（2）ガイウスを指す。
（3）『使節』三三八を参照。
（4）ここで言及されている係争はユダヤ人とギリシア人の間の係争であろう。
（5）前三七年から前四年までユダヤの王。ヘロデの興起とその治世は、ヨセフス『戦記』第一巻一九七以下、『古代誌』第十四巻－第十七巻を参照。
（6）この人物については補註Kを参照。
（7）ヨセフス『古代誌』第十八巻二三七、第十九巻三五一、『戦記』第二巻一八一、ディオン『ローマ史』第五十九巻八－二を参照。
（8）この人物はヘロデとエルサレム出身のクレオパトラの間に生まれた子（ヨセフス『古代誌』第十七巻二一を参照）。
（9）ギリシア語表記ではブレンテシオン。アプリアの海岸につくられた港町で、ローマ時代には一種の軍港。アッピア街道はここで終わる。
（10）当時のシリアはローマの属州。
（11）「退屈な」。あるいは「困難な」。
（12）「季節風（ἐτησίαι [ἄνεμοι]）」。エーゲ海で、大犬座の見られる七月二十日から三〇日間にわたり吹き荒れる北東の風（プリニウス『博物誌』第二巻一二四、第十八巻二七〇）。ストラボン『地誌』第十七巻一－七によれば、アレクサンドリアの住民は、この季節風の吹く夏をもっとも快適に過ごす。

ガイウスの助言にしたがいましたが、ひとつには主君にたいする敬意から、また同時にその助言が有益であるように思われたからです。

二七　彼はディカイアルケイア(1)に下り、アレクサンドリアの船が停泊して出帆の準備をしているのを見ると、随行の者たちと一緒に乗船し(2)、順調な航海の後、数日後には(3)、誰にも予期されずにまた見られずに［アレクサンドリアの港］近くまで達しました。パロス島(4)が視界に入った午後の遅い時刻になると(5)、彼は舵取りに帆の巻き上げを命じ、日がすっかり落ちるまで、島の外で島から遠くない海上に停泊し、夜になったら港に近づくように命じられました(6)。すべての者が寝込んだときに上陸し、誰にも見られることなく彼をもてなしてくれる家に向かえるというわけです。

二八　そのときアグリッパさまは、かくも控え目な仕方で［アレクサンドリアに］滞在しようとされましたが、それはもし可能ならば、町の誰にも気づかれずにそこからこっそりと出ようとされたからです。というのも、彼はティベリウス［帝］に拝謁するためにローマに向けて船旅をしたときに当地に滞在されたことがあり(7)、今回はアレクサンドリアを見るためにやって来たのではなかったからです。帰国のための最短コースを取りたかっただけなのです。

二九　ところが、［アレクサンドリアの］住民たち(8)は、激しい嫉妬心に燃え――中傷したりすることはエジプト人の国民性でした――、他の者たちの幸運は自分たちの不幸だと想像し(9)、また同時にユダヤ人にたいする古くからの敵意のために、いや生得の敵意のためにと言うべきでしょうか(10)、まるで彼ら一人ひとりの者が父祖たちの王国を奪われていたかのように、ユダヤ人が王に立てられたことに不快を覚えたのです(11)。

三〇　さて側近の者たちは、再びこの哀れなフラックスを焚きつけ、彼らと同じ嫉妬心を起こさせようとしました。彼らはこう言ったのです。

「この男の滞在は閣下の権威の崩壊を意味します。彼がまとう名誉と評判の重さは、閣下のそれにまさるものです。彼はすべての市民たちの注目を自分自身に向けさせております。彼らは金や銀をかぶせた武器で

（1）この港町については補註Lを参照。

（2）ヨセフス『古代誌』第十八巻二三八—二三九もアグリッパの出発を報告する。その時期は三八年の八月の終わりころか（一五頁註（12）の季節風の終わった直後の時期を想定すれば）。

（3）「数日後には」。イタリアからアレクサンドリアまでの船旅は、通常、二週間かかる。ここでの誇張は「解説」参照。

（4）この島については、ストラボン『地誌』第一巻二-二三、三〇、三-一七、第三巻一-九、第十二巻二-四、第十七巻一-六、プリニウス『博物誌』第三十六巻八三を参照。

（5）後出五一頁の註（4）を参照。

（6）ここでの記述は一一〇節の記述と類似する。

（7）アグリッパのこの旅については補註Kを参照。

（8）「[アレクサンドリアの]住民たち」。この表現については補註Mを参照。

（9）アグリッパ一世はかつて零落していた（補註Kを参照）。ヨセフス『古代誌』第十八巻二三九—二四〇は、アグリッパの運命の転変を描いている。

（10）ヘレニズム・ローマ時代のエジプト市民のユダヤ人にたいする敵意は、ヨセフス『反論』を参照。

（11）文脈からしてユダヤ人が王に立てられたことに不快を覚えたのはエジプト人だったかのような印象を受けるが、ギリシア人である。ここでの「父祖たちの王国」とはプトレマイオス王朝を指す。

着飾った槍持ちの護衛兵の一団を目の当たりにしているからです。(1)

三一　順風のおかげで自分の領地に向けて無事安全に航行できたときに、他の者の領地に入ることは正しいのでしょうか？　もしガイウスがそうするよう許可されたとしても、いや無理強いされたとしても、その国の州知事が(2)面つを失うことのないよう、当地への立ち寄りを回避できるよう懇請すべきでした」。

三二　フラックスは、このような言葉を聞くと、さらにいっそう苛立ちました。彼はアグリッパさまを遣わした人物を恐れるあまり、公人としては同志にして(3)友人として振る舞いましたが、個人的には(4)嫉妬心をむき出しにし、憎しみを投げつけ、陰湿な仕方で彼を侮辱しました。面と向かってそうする勇気がなかったからです。

三三　彼は、仕事もなくぶらぶらしている(5)都の民衆、(6)すなわちおしゃべりに熱中し、(7)悪口や中傷に日がな一日を過ごす群衆に王をそしることを許しました。その罵りはフラックス自身が口火を切ったか、そのようなことで彼に奉仕することに慣れている連中を介して、彼自身が焚きつけ扇動したかのどちらかによるものでした。

三四　こうして彼らは騒ぎの機会を手にすると、ギュムナシウムで、(8)王を嘲笑したり、侮りの言葉を投げたりして一日を過ごしました。実際彼らは、道化師や喜劇役者たちを彼らの指南役として使い、生来の才能を発揮して恥ずべきことを行なったのです。彼らは善き業《わざ》を教えられてもなかなか頭に入らないのですが、その反対のことを学ぶとなると恐ろしく早く、即座に飛びつくのです。

三五　なぜフラックスは怒りをぶつけなかったのでしょうか？　なぜ彼らを連行しなかったのでしょう

か？　なぜ彼らの悪意に満ちた中傷を取り締まらなかったのでしょうか？　たとえアグリッパさまが王でなかったとしても、カエサル家の一員であることには変わりはないのですから、(9) 彼はなにがしかの特権と名誉を受けるに値しなかったのでしょうか？　反対に、フラックスが中傷の共謀者だった明白な証拠があります。なぜなら、諫めたり、少なくとも最後の段階で制止することのできる立場にあったにもかかわらず、彼は何の手も打たなかったからです。ほかならぬ彼自身が許可したのは明らかです。そして、どんな方向であれ、無統制な民衆が乱暴狼藉の機会を得れば、彼らはそこでとどまることはなく、次から次へと進み、つねに新

(1) この辺りの記述は、誰にも気づかれずに上陸し、一時滞在後にアレクサンドリアを離れようとしたそれまでのアグリッパの行動とは矛盾するように見えるが、ここでの記述の方がより真実に近いものであろう。アグリッパの大胆な行動は、彼の性格と彼自身がローマ育ちのユダヤ人だった事実から説明できる。

(2)「州知事（ἡγεμών）」。「総督（ἐπίτροπος）」と区別して、州知事という訳語を与える。エジプトは「州（ノモス）」に分けられていた。この語は、後出一三一、一三三、一四三、一六三でも使用されている。

(3)「公人としては」。あるいは「人の見ている所では」。

(4)「個人的には」。あるいは「陰では」。

(5)「仕事もなくぶらぶらしている」。後出四一にも類似の表現が認められるが、『使節』一二八はユダヤ人を襲撃した者たちとして「仕事がなくていつもぶらぶらしている連中の一部の者たち」をあげている。

(6)「都の民衆」。フィロンの民衆（オクロス）観については補註Nを参照。

(7)『使節』一六二、一七〇を参照。

(8) ギリシア語ではギュムナシオン。この施設については補註Oを参照。

(9) アテネから出土した碑文には、ユリウス・アグリッパと刻まれている。シューラー『歴史』第二巻、四四二頁（註1）を参照。

しい形の暴力をさらに完全にやり遂げるのです。

第六章

三六　ここにカラバス(1)と呼ばれる頭のおかしな男がおりました。その気のふれようは粗暴でも獣のようなものではなく——粗暴であれば本人やその者に近づく者たちにとって危険です——、生気に乏しいより穏やかなものでした。彼は裸のままで昼や夜を通りで過ごし、暑さや身を切るような寒さ(2)を避けることなどせず、ぶらぶらしている子供や若者たちのからかいの対象となっていました。

三七　人びとはこの哀れな男をはやし立ててギュムナシウムの中へ追い込み、誰でもが見えるようにと高い所に立たせると、その頭の上につば広にしたビュブロス(3)でつくった冠を王冠の代わりに置き、身体の他の部分を、クラミュス(4)の代わりにカマイストロートス(5)で包み、他方道端に捨てられていた土地に自生する一本のパピルスに気づいた者が、短い王笏の代わりにそれを与えたのです。

三八　そして劇場の道化芝居のように、彼が王であるしるしを受けて王に扮すると、護衛兵に扮した若者たちが、肩に杖をのせて、男の両側に槍持ちとして立ちました(6)。ついで他の者たちが近づくと、ある者は敬礼するふりをし、ある者は裁定をくだすふりをし、またある者は国家の諸問題に関して男に相談するふりをしました(7)。

三九　ついで、男の周囲に立っていた群衆の中から、男を「マリン(8)」と呼びかけるわざとらしい(9)大きな声

があがりましたが、それはシリア人の間では「主君[10]」を指して使われる呼称であると言われております[11]。彼

(1) スモールウッド『ユダヤ人』二三九頁は、カラバスを「キャベツ」の意に解している。

(2)『使節』一二三もアレクサンドリアの気候に言及しているが、そこにもここにも誇張がある。

(3) ビュブロスはパピルスのことであるが、後出のパピルス（エジプトに自生する三角形の茎をもつもの）と区別されている。ビュブロスの用途についてはヘロドトス『歴史』第二巻九二、九六、第五巻五八、第七巻二五ほか、それがナイルの河口のデルタ地区で繁茂することについては、ストラボン『地誌』第十七巻一-一五を参照。

(4) クラミュスは通常袖の短いマントを指すが、ここでは「王衣」の意で使用されている。ストラボン『地誌』第十七巻一-八は、アレクサンドリアの町の形状をクラミュスにたとえている。

(5) 丈の長いボロ布。

(6) この光景はアレクサンドリアにおけるアグリッパ一世の行進を揶揄したもの。

(7)「相談するふりをしました」。あるいは「嘆願するふりをしました」。

(8)「マリン」はアラム語で主君に呼びかけるときの定式のひとつ。コリント人への第一の手紙一六-二二に「マラナ・タ」（主よ、来てください！）とある。

(9)「わざとらしい」。あるいは「場違いな」。

(10)「主君」の原語は *κύριος*。

(11) 他人事のように使われている伝聞の「言われております」から判断すると、この一節は、次節の情報にもとづく後の付加であるかもしれない。群衆はなぜアグリッパ一世に扮したカラバスにアラム語で呼びかけたのか。アグリッパ一世は、アラム語よりはギリシア語に堪能であっただけに（ディオン『ローマ史』第六十巻八-二）、それは分析するに値する。ユダヤ人の忠誠がローマ皇帝に向けられていないことを皮肉るためなのか。

らはアグリッパさまの生まれがシリアであることや、[1]彼が王として支配するシリアの大きな領地を所有していることを知っていたのです。

四〇　フラックスはこれらの出来事について聞いたときには、いや目にしたときには、自分たちよりも優れた者を侮辱する機会を野次馬連中[2]に与えることのないよう、気のふれたその男を捕まえて拘禁し、仮装させた連中を処罰すべきでした。なぜなら彼らは、王にしてカエサルの友人であり、しかもローマの元老院によって法務官の栄誉[3]を受けた人物を、行為と言葉において公然ともしくは間接的に、[4]大胆に侮辱したからです。ところが彼は、彼らを処罰しなかったばかりか、臆病にも拘禁すらできず、そのため悪意や敵意をもつ連中に、恐れなしに狼藉を働くことを許してしまったのです。彼は目にしても見なかったふりをし、耳にしても聞かなかったふりをしました。

四一　群衆がこれに気づくと――群衆は穏やかでも公共心に富む者でもなく、野次馬根性や、刹那的なチャランポランな生き方、常習的な怠惰ともてあました暇のために、[5]いつもすべての出来事を騒ぎと騒擾漬けにしてしまいます――、早朝に劇場内に押し入り、すでにフラックスを二足三文の値段で買収済みだったので――名声をもとめ魂を売り渡してしまうこの男は、自らの破滅ばかりか、共同体の安寧の破滅のために、それを受け取りました――、祈りの家[6]にガイウスの像[7]を設置するよう大声をあげて要求しました。[8]彼らは律法に反する、まったく新しい先例のないことを提案したのです。

四二　そして彼らはこのことを知っておりましたが、いかなる犯罪行為も法的には結びつけられないカエサルの名を抜け目なく使い、それを隠れ箕としました。彼らは悪事にかけてはすばやかったのです。

四三　では、この国の総督は何をしたのでしょうか？　彼は［アレクサンドリアの］都とエジプト全土に二種類の住民、すなわち、われわれと彼らが住んでいることや[9]、アレクサンドリア、およびリビア[10]方面に伸びる

（1）アグリッパ一世をシリア生まれとする情報は他にないが、フィロンはここでパレスチナの南部を指して「シリア」と呼んでいるようにも思われる。呼称「パレスチナ・シリア」は『アブラハム』一三三にも見られる。『モーセ』第一巻二三七、第二巻二四七、『徳』二二六をも参照。

（2）「野次馬連中」。あるいは「激しく罵る者たち」。

（3）「法務官の栄誉」。この栄誉については補註Pを参照。

（4）「間接的に」。あるいは「陰湿に」。

（5）この一節は一九頁の註（5）を参照。

（6）この「祈りの家」については補註Qを参照。

（7）ガイウス像の設立については『使節』一三四を参照。同書一三五によると、ギュムナシウムから持ち込まれたクレオパトラの像を設置された祈りの家もあったらしい。エルサレムでのガイウス像設置をめぐっての騒動は、『使節』二〇七以下のほか、ヨセフス『戦記』第二巻一八五以下、『古代誌』第十八巻二六一以下を参照。

（8）ガイウス像の設置を要求したのはギリシア人だと思われるが、フィロンはその特定を避けている。

（9）フィロンはここでアレクサンドリアの都とエジプト全土の住民を「二種類の住民」、すなわち「われわれと彼ら」として、ギリシア人には言及していない。反ユダヤ主義の運動の一方の立て役者がギリシア人であったのに、である。

（10）ギリシア語ではリビュエー。リビアについては、とくにストラボン『地誌』第十七巻三-一以下が詳しい。

傾斜地[1]からエチオピア[2]の国境[3]までの土地に一〇〇万をくだらない[4]ユダヤ人が住んでいること、この攻撃は全ユダヤ人にたいするものであり、われわれの父祖たちの慣習を攪乱することなど得策でないことなどを知っておりましたが、彼はこれらすべてを無視して、ガイウスの像の設置を許可したのです。もちろん彼は、アルコーンからの命令もしくは友人の助言として、いくらでも警告を与えることができたのですが。

第七章

四四 この人物は、彼らの犯罪行為のすべてに手を貸し、より大きな権力を盾に、つねに新手の悪事を加えては騒ぎを煽り、その権力が及ぶ範囲の中で、全世界を民族の抗争で満たしたと言って差し支えありません[5]。

四五 アレクサンドリアにおいて流布しはじめた祈りの家の破壊という噂が、たちまちエジプトの諸州に広がり、エジプトから東の土地や東方の国々に、リビアの郊外のヒュポタエニア[6]とマレア[7]から西の土地や西方の国々にまでかけめぐることは明白でした。ユダヤ人の数があまりにも多いために、一国だけでは彼らを収容することができないのです[8]。

四六 そのため彼らは、ヨーロッパやアシアの本土[9]や島々の中のもっとも人口稠密でもっとも繁栄している都市に定住し[10]、いと高き神[11]の聖なる神殿[12]の立つ聖都[13]を彼らの母なる都[14]と見なしておりますが[15]、彼らはみな、自分たちの父や、祖父、大祖父、さらに遡る先祖たちから相続して住んでいる土地を、彼らが生まれ育った

(1)「傾斜地（καταβαθμός）」。ヨンゲ『フラックス』やシューラー『歴史』第三巻、四四頁は、καταβαθμόςを固有名詞扱いする。καταβαθμόςは、ストラボン『地誌』第十七巻一-五、一四、第十七巻三-二二で言及されている。

(2)ヨセフス『戦記』第二巻三八四もユダヤ人の住むエジプトの地としてエチオピアに言及する。

(3)エジプトの国境エレファンティネには、すでに前六世紀にユダヤ人共同体がつくられていた。

(4)ここでの人口数については補註Rを参照。

(5)この文章の主語その他については補註Sを参照。

(6)この場所は、リビアの海岸線近くの地域を指す。この場所はストラボン『地誌』には見られない。

(7)この場所はストラボン『地誌』には見られない。

(8)『使節』二一四、二二六、二四五、二五六も、ディアスポラのユダヤ民族の人口の多いことに触れている。ヨセフス『古代誌』第十四巻一一五―一一八に保存されているストラボン前掲書の言葉を参照。それはストラボンの時代、すなわちアウグストゥス帝時代の離散のユダヤ人について語ったもの。

(9)小アジアを指す。「世界（οἰκουμένη）」をヨーロッパとアジアに分ける二分法はフィロンに顕著である。たとえば、『使節』一〇、二二、四八、八八、一四四、二八〇、二八一、二八三、『不変性』七五、『夢』第二巻五四、『ヨセフ』一三四、『モーセ』第二巻一九、『善人』九四、一三二ほかにも見られる。

(10)『使節』二八一―二八二は、ユダヤ人の住む離散の地の名前をあげている。旧約外典『マカベア第一書』一五-二二―二三も参照。

(11)「いと高き神（ὁ ὕψιστος θεός）」。この表現は『使節』一五七、二七八、三一七ほか、ヨセフス『古代誌』第十六巻一六三、マルコ五-七、ルカ八-二八、行伝一六-一七ほかで見られる。

(12)「いと高き神の聖なる神殿」。『使節』二七八でも同一の表現が見られる。

(13)エルサレムを指す。エルサレムが聖都と見なされたのは、神殿の存在するそこに「聖性（τὸ ἱεροπρεπές）」が宿ると考えられたため。『使節』二〇二はユダヤの地全体に聖性がおよんでいると考え、同書二〇五はユダヤの地を「聖なる地（ἱερὰ χώρα）」と呼ぶ。このギリシア語は『使節』二二五、二八一、二八八、二九九、三三〇、三四六でも使用されている。

(14)「母なる都（μητρόπολις）」。このギリシア語は『使節』二〇三、二八一、二九四、三〇五、三三四でも繰り返し使われ、『夢』第一巻一八一にも見られる。

(15)この一節については補註Tを参照。

父なる土地[1]と見なしております。ある地区には[2]都市の創建時に、その創建者たちを喜ばせるために、植民者として送られてやって来た者もおります[3]。

四七　アレクサンドリアの騒ぎをきっかけとして、都の至る所に住む者たちが[4]彼らの同胞市民[5]であるユダヤ人たちを脅し、祈りの家や父祖たちの慣習をめちゃくちゃにするの[6]ではないかと危惧されました。

四八　さてユダヤ人たちは、本来、平和を志向する者たち[7]でしたが、すべてのことが起こるまで手をこまねいていたのではありません。すべての者が、自分たちの慣習のために戦う決意を示し、それが命を賭す危険を圧倒したからばかりでなく、自分たちの祈りの家と同時に恩恵を施してくれる方たちへの敬虔の念[8]を失う――感謝を捧げる聖なる境内[9]をもたねば、それは万死に値すると見なされるでしょう――太陽の下の唯一の民族[10]となるからです。彼らは敵どもに向かってこう言ったでしょう。

四九　「おまえたちは、われわれの主君たちに与える名誉を増し加えるのではなく、奪っているのだ。おまえたちはそのことを理解していない。祈りの家は、誰の目にも明らかなように、世界の各地に住んでいるユダヤ人にとって、アウグストゥス家への宗教的敬意の燃え上がる場所であり、もしこれが奪われれば、他のいかなる場所が、いかなる手段が敬意を表わすために残されるかを、おまえたちは分かっていない。

五〇　われわれの慣習がそうすることを認めていても、もしわれわれが少しの敬意しか払わなければ、十二分な返礼をしていないという理由で、われわれは最高の処罰に値するだろう。もし不十分で、われわれがアウグストゥスも喜んで確認されるわれわれ自身の法に庇護をもとめたとしても、われわれが大小いかなる犯罪を犯したのか、わたしには分からない。もしわれわれに非難されるところがあるとすれば、慣習の改変

――それは、本来、他の民族に起源をもつものだとしても、そうする者たちにしばしば致命的な結果をもたらすが――に反対してわれわれ自身を守らず、知らずしてうっかり法を犯すことであろう[11]」。

(1)「父なる土地(*πατρίς*)」。このギリシア語は「祖国」とか「生まれ故郷」と訳されるが(たとえば『使節』二八一を参照)、ここでは前出「母なる都」と対照させられているので、「父なる土地」という訳語を与える。

(2)ここでの「ある地区」は複数形。

(3)旧約偽典『アリステアスの書簡』一一二を参照。

(4)「至る所に住む者たち」。これはフィロン好みの誇張的表現。類似の表現は『使節』四八、八〇、一五九、三七〇、『徳』一七五にも見られる。

(5)「同胞市民(*οἱ πολῖται*)」。あるいは「都に住んでいる者たち」。これは後出五二の「一緒に住んでいる者たち(*τοῖς συνοικοῦσι*)」と同義語であろう。

(6)「祈りの家や父祖たちの慣習をめちゃくちゃにする(*εἰς τὰς προσευχὰς καὶ τὰ πάτρια νεωτερίζοντες*)」。動詞 *νεωτερίζω*(原義は「根本的に改める」)を使った同一の表現は『使節』一五二、一五六にも認められる。後出九三で使用される「革命騒ぎ(*νεωτερισμόν*)」はこの動詞に由来。

(7)「本来、平和を志向する者たち」。類似の表現は後出九四や『使節』一六一、二三〇にも認められる。これは護教的－プロパガンダ的表現のひとつ。

(8)「敬虔の念(*εὐσέβεια*)」。この語は次節の「宗教的敬意(*ὁσιότης*)」同様に、本来は神々にたいする敬虔な態度を表わすために使われるが、「ロンドン・パピルス一九一二」でも、クラウディウスがアレクサンドリア人にたいして「おまえたちは……アウグストゥス家にたいして敬虔である」と言っている。フィロンはユダヤ人が歴代の皇帝に払ってきた敬意にたいしては *εὐσεβέω* を用い(後出一〇三)、他民族の場合には *τιμάω* を用いて(後出五一、八一)区別する。『使節』二七九、および『十戒』一一九を参照。

(9)祈りの家を指す。

(10)「太陽の下の唯一の民族」。これはフィロン好みの誇張的な表現。類似の表現は後出一〇一、一二三でも認められる。

(11)「うっかりして犯す罪」と「知っていて犯す罪」を区別する。前出七を参照。

五一　ところがフラックスは、言うべきことを言わず、言わなくてもよいことを口にして、わたしたちを不当に扱ったのです。ところで、彼がその好意を得ようとした者たちの目的とは何だったのでしょうか？彼らは皇帝に敬意を払おうと望んだのでしょうか？　それとも［アレクサンドリアの］都には神殿(1)が十分になくて、都の中のもっとも重要な場所が、彼らの望む像を安置するために、神聖な杜とされたのでしょうか？

五二　さてわたしたちは、喧嘩っぱやい者たちや陰湿な仕方で恫喝を働く者たち――彼らは、一見、悪事を働いているようには見えず、身の危険から、その被害者が反対することなどできなかったのです――の衝動について語りました。

閣下らよ、(2)法(3)を廃棄したり、父祖たちの慣習を攪乱したり、一緒に住んでいる者たちを恫喝したり、他の都市の者たちに仲間意識を軽視するよう教えたりすることほど不名誉なことはありません。

第八章

五三　さて、わたしたちの律法への攻撃は、祈りの家を略奪し(4)、その名(5)を残すことさえしませんでした(6)。フラックスにとってそれは成功したように見えたので、彼は次にもうひとつの陰謀、すなわちわたしたちのポリーテイアー(7)の剝奪に進みました。それは、わたしたちの生命が係留されている唯一のもやいである父祖たちの慣習と政治的権利(8)への参与が断ち切られれば、わたしたちが、その安全を託す綱を失って、最悪の災禍をこうむることになるからです。

五四　それから数日後、[9]彼は布告を発し、その中でわたしたちを外国人にして移住者と[10]呼び、異議申し立てをいっさい認めず、一方的に裁定をくだしたのです。いったい、こんなにひどい暴君的な宣言があるでしょうか？　彼は自らすべてのものに、すなわち告発者、敵、証人、裁定者、処罰者となり、ついで先の二つの犯罪に第三の犯罪を加え、略奪する際、ユダヤ人を襲撃したい者たちにそれを許したのです。

五五　この免罪符[11]を得た者たちは何をしたか。都にはアルファベットの最初の頭文字のつけられた五つの

---

(1) アレクサンドリアの都にはセラピス神を祭る神殿ほかがあった。

(2)「閣下らよ（ὦ γενναῖοι）」。この表現から、本書が本来政治的なプロパガンダ文書であったことが分かる。

(3) ここでの法はユダヤ人の慣習法を指す。

(4)『使節』一三二、一三四を参照。

(5) ここでの「その名」は「祈りの家」を指すものと思われるが、『使節』一九四を参照。

(6) ここではアレクサンドリアの祈りの家すべてが襲撃されて、破壊されたことを言おうとしているのだろうが、『使節』一三四に照らしても、それは多分に誇張である。

(7) ポリーテイアー（市民権）については補註Uを参照。

(8) ここでの「政治的権利」は、前出の「ポリーテイアーの剝奪」からすれば、ユダヤ人社会が彼ら自身のポリーテイアーによって運営される権利、すなわちローマの歴代の皇帝によって保証されてきた権利を指しているように見える。

(9)「数日後」という表現は前出二七や後出一一〇に見られるが、そこでの「数日後」は誇張のための創作であるから、ここでの「数日後」にどれほどの時間的正確さが込められているかは疑問。

(10)「外国人にして移住者（ξένος καὶ ἔπηλυς）」。『使節』二〇〇は「移住者」を表わすのに μέτοικοι を使用。ἔπηλυς の使用は、『夢』第一巻一六一、『十戒』五三ほかに認められる。

(11) ここで「免罪符」と訳したギリシア語は、逮捕される「恐怖からの自由（ἄδεια）」を意味する。

地区があり、[1] そのうちの二つは、ユダヤ人の大半がそこに居留していることから、[2]「ユダヤ人地区」[3]と呼ばれております。[4] もちろん他の地区にも、少なからざる数の散在した者たちが住んでおります。[5] では、彼ら暴徒たちは何をしたのでしょうか？　彼らは四つの頭文字の地区からユダヤ人たちを追い出し、ひとつの地区の非常に狭い場所に彼らを駆り立てたのです。

五六　他方、その数が多かったために、一部のユダヤ人たちは、着の身着のままで、海岸や、むさ苦しい不潔な場所、墓地に[6]まで流れ込みました。[7] 彼ら暴徒たちは無人となった人家を荒し回り、略奪を働き、略奪物を戦利品のように分配しました。制止する者がいなかったので、ドルシラのための服喪で[8]閉じているユダヤ人の店に[9]押し入り、目にしたいっさいのものを――その数は非常に多かったのですが――持ち出し、他人の所有物を自分たちのものであるかのように扱って、市場の中に運び込みました。[10]

五七　略奪よりも深刻だったのは仕事を奪われたことでした。交易商人たちは仕入れた商品[11]を失い、誰もが、農夫も、船主も、商人も、熟練工も日々の仕事をすることを許されなかったのです。[12] そのため貧困が二方向から顕在化しました。ひとつは略奪によるもので、人びとは、所有していたものを完全に奪われて一日で無一文となり、[13] ひとつは日々の営みから生計を得ることができなくなったことによるものでした。

第九章

五八　これらのことは耐えがたいことでしたが、その後に起こった出来事と比較すればまだましでした。

（1）すなわち、アルファ地区、ベータ地区、ガンマ地区、デルタ地区、エプシロン地区である。ギリシア人が主として居住したベータ地区には宮殿や、図書館、法廷、公設市場などの公共の建築物があった（『戒め』第三巻一六九を参照）。アレクサンドリアの区割りその他については、ストラボン『地誌』第十七巻一・八を参照。

（2）ここでの訳文その他については補註Vを参照。

（3）「ユダヤ人地区（Ἰουδαϊκαί）」。ヨセフス『戦記』第二巻四九五によれば、ユダヤ系住民が密集していたのは「デルタ地区」であったから、そこは「ユダヤ人地区」と呼ばれたであろう。他のもうひとつの地区は不明。

（4）アレクサンドリアのユダヤ人地区に関しては、ヨセフス『古代誌』第十四巻一一五―一一八の保存するストラボンの言葉、『戦記』第二巻四八六、および『反論』第二巻三三―三六をも参照。

（5）『使節』一三二は、祈りの家が「都のそれぞれの地区に多数」あると述べているが、この一節もユダヤ人が都の「ユダヤ人地区」以外の地区に散在していたことを物語る。

（6）アレクサンドリアの一部の地区は墓地で、ネクロポリスと呼ばれていた。ストラボン『地誌』第十七巻一・一〇、一四、ヨセフス『反論』第二巻三六を参照。

（7）『使節』一二七を参照。

（8）ドルシラはガイウスの姉妹。彼女の死は後三八年六月十日で（シューラー『歴史』第二巻、三九一頁、註一六一）、それは二三歳の死。スエトニウス『ガイウス』二四によれば、ガイウスは祖母アントニアの家でドルシラと一緒に育てられていたが、「彼女が亡くなるとカリグラは国喪を布告した。その期間中、人々は、両親や妻や子供と一緒に談笑し風呂に入り夕食をとると死刑になった。…………」（国原吉之助訳『皇帝』下から）。自分の姉妹の死で国喪を布告するのは異常。ディオン『ローマ史』第五十九巻一〇・八をも参照。

（9）「店」。あるいは「仕事場」。

（10）『使節』一二二を参照。

（11）「仕入れた商品（ἐνθήκη）」。あるいは「倉庫」「資本」。

（12）交易商人（ποριστής）、農夫（γεωργός）、船主（ναύκληρος）、商人（ἔμπορος）、熟練工（τεχνίτης）。これらは当時のアレクサンドリアのユダヤ人の経済活動を知るに貴重な情報。

（13）『使節』一二三を参照。

たしかに貧困は、とくに敵どもによってもたらされたときには深刻なものでしたが、身体に加えられた暴行――たとえ軽微なものであっても――よりはましでした。

五九 わたしたちの民族の者たちがこうむった災禍はわたしたちの想像をはるかに越えるものでしたので、誰もこの暴行や乱暴狼藉を十分な言葉で語れないでしょうし、前代未聞の残酷さの規模ゆえに――それと比較すれば、捕虜たちに容赦がなくて当然の戦争における征服者たちの報復ですら穏やかに見えます――、それを表わす適切な言葉がなくて途方に暮れるようにわたしには思われます。

六〇 これらの征服者たちは金品を略奪し、大勢の者を捕虜にしますが、もし敗れれば、自分たちのものを失う危険を冒した上であります。それればかりか彼らは、その保釈金が親族や友人たちによって調達された者たち多数を釈放します。もちろんそれは弱気になって憐れみ深くなったからではなくて、金の亡者だからでしょうが。では、この事態は？ 人はこれについて言うでしょう。「災禍を少しでも受けない手段は無関心のそれである」と。

六一 公平で人道的な者たちは、自分たちの費用で、戦闘で倒れた敵兵といえども埋葬します。他方、死んだ相手にたいして敵意を示した者たちでさえ、休戦ともなれば、最後の恵みの儀式に与れないことがないよう遺体を引き渡します。戦闘中に敵意を抱いていた者たちでさえこれらのことを行なうのです。

六二 では、昨日の友たちが平時にいかなることを行なったかを見てみましょう。(1) 略奪され追い立てをくらい都の大半の地区から暴力的に追放された後、ユダヤ人たちは、敵に包囲されたので、その周囲を壁で囲まれた者たちのようになりました。(2) 彼らは生活必需品の恐ろしい欠乏(3)で困窮し、人為的につくりだされた飢

饉のため、妻や幼子たちが目の前で滅んでいくのを目撃しました。(4)

六三　他の場所はどこでも食べ物が潤沢に満ち溢れており、田畑は河川(5)の増水で豊かに水をたたえ、低地の穀倉地帯は肥沃な土地のおかげで、有り余るほどの穀物の収穫があったというのにです。

六四　一部のユダヤ人たちは、これ以上困窮に耐えられなくなったため、それまでそんなことをしたことはなかったのですが、親族や友人たちの家を訪ね、わずかばかりの糧をお恵みとして物乞いし、他方、高貴な生まれで志の高い者たち(6)は、物乞いたちの運命を自由を奪われた奴隷のそれとして避け、他の誰のためでもなく、自分の家族や自分自身のための食糧を買うために市場に出かけていったりしました。

六五　不運な者たちは、最前線で暴徒制圧の武器を振りかざす者たちによって簡単に一網打尽に捕らえら

(1) 以下の一〇節の記述は、『使節』一一九―一三一を参照。そこではガイウスがユダヤ人を憎んでいるというアレクサンドリアの住民たちの信念に暴力の勃発が帰せられている。

(2)『使節』一二八に「壁に囲まれたようなこの者たち」という表現が見られる。

(3)「生活必需品の恐ろしい欠乏で」。テクストでは「欠けと生活必需品の恐ろしい欠乏で」。ここでは欠乏状態を強調するために、同義語の *ἀπορία* と *σπάνις* が重ねられている。

(4)『使節』一二八を参照。

(5) ナイル川を指す。ナイル川のもたらす恵みは、『モーセ』第一巻四を参照。

(6)『使節』一二五によると、「高い志」は「自由人で高貴な生まれの者」に値するそうであるが、この一節にはフィロンの上流意識が認められる。その意識は同書一四三、一九五、三三二にも認められる。

れると殺され(1)、その死体は都の中を引きずりまわされ、踏みつけられ、ずたずたにされ、万人が与れる埋葬のための一片の肉片も残されなかったのです(2)。

六六 しかも、猛り狂って獣のようになった者たちは、これまで実践してきた極悪な残忍さを発揮しようと多種多様な悪事でもって、この者たち以外にも非常に多くの者たちを打ち負かし滅ぼしました。ユダヤ人たちの中でどこかに姿を見せた者がいれば、彼らはその者たちに投石するか、棍棒でしこたま殴るかし(3)、しかもその際には早く死んでそれだけ早く苦痛から解き放たれることのないよう、最初は急所をはずして殴打したのです。

六七 一部の者は、もたらされる災禍の結果などを恐れて手を休めたりはせず(4)、血気盛んな若者のように振る舞い、効果の鈍い武器など眼中におかず、すべての中でもっとも効果的な火と鉄製の武器を手にすると、その鉄製の剣で多数の者を殺し、少なからざる数の者を火で滅ぼしました。

六八 実際、この無慈悲きわまりない者たちは、都の中で、一族全員を、妻たちと一緒にいる夫たちを、両親と一緒にいる幼子たちを焼き殺し、年老いた者たちにも、若者たちにも、何の悪事も働いていない年齢の子供たちにも、一片の憐憫の情をかけることさえしなかったのです。木材がなくなれば板切れを集め、火でというよりは煙でいぶり殺したのです(5)。こうして彼らは、この哀れな犠牲者たちにたいして、より痛い、そしてよりじわじわと迫りくる破滅を考案したので、焼け焦がれた遺体が散乱しました。それは痛ましい胸を引き裂かれるような光景でした。

六九 もし板切れを集める者たちが手間取っていれば、彼らは略奪した家財の上でその持ち主を焼き殺しました。高価な家財はそのまま残されましたが、役立たずの家財はひとまとめにされて火が放たれ、そこらの木材代わりとされました。

七〇　彼らはもっとも残酷な死を考えだし、まだ生きている多くの者たちを、足首を縛りつけて引きずりまわし、その上を飛んだり跳ねたりして踏みつぶしました。(6)

七一　こうしてユダヤ人たちは命を落としましたが、彼らの狂気に終わりはなかったのです。彼らは犠牲者の体により手荒な危害を加え、死体や、皮、肉片、筋肉などがでこぼこした地表でずたずたにされるまで、都の小路という小路を引きずりまわしたのです。そのため、関節などの全身をひとつにする諸部分は、ばらばらにされて四方八方に飛び散り、跡形もなくなりました。(7)

七二　これらのことを、あたかも舞台の上の道化役者のように平然とやってのけた連中は、被害者を装いました。他方、真の被害者たちの友人や親族たちは、知り合いの不幸を嘆いたというそれだけの理由で、し

---

(1)「殺され（δολοφονοῦνται）」。ギリシア語の原義によれば「策略で殺され」「陰謀で殺され」。このギリシア語は後出一七九でも使用されている。

(2)『使節』一三一を参照。

(3)『使節』一二七を参照。

(4)「……恐れて手を休めたりはせず（ἀδεῖα καὶ ἐκεχειρίᾳ）」。コルソン『フラックス』にしたがい、写本の読みを改める。『ケルビム』九二、『献げ物』一三、『善人』四八では、ἄδεια は ἐκεχειρία と対になって使用されている。

(5)『使節』一三〇を参照。

(6)『使節』一三一を参照。

(7)これらの残虐行為に走った者たち、あるいはその者たちを背後で操る者たちはギリシア人であったと思われるが、フィロンはそれには言及しない。

よっぴかれて行き、鞭打ちされ、拷問を受けました。(1) そして肉体が耐え忍ぶことのできたすべての暴行の後、最後に取っておかれた罰は十字架でした。(2)

第十章

七三　フラックスは、強盗のように万事に押し入り、(3) ユダヤ的な生き方のあらゆる側面に悪質きわまりない陰謀を仕かけ残すことがなかったのです。彼は次に、ある前代未聞の恐ろしい悪事を考えだしました。彼はとんでもないことをしでかす人物、(4) 新しい悪事の考案者でした。

七四　救済者にして恩恵者であるアウグストゥスは、アレクサンドリアと［エジプトの］国の二期目の総督に就任しようとしていたマギウス・マクシムスへの(5)命令を介して、ゲナルケースの(6)死後、ユダヤ的生き方を統括するわたしたちのゲルーシアを(7)設立されましたが、(8) フラックスは、［このゲルーシアの役員のうち］自宅にいた三八人を逮捕すると、ただちに縛り上げるように命じ、がんじがらめに縛り上げられた長老たちを——一部の者は革ひもで、また一部の者は鎖で縛られました——市場の中を整然と行進させたあげくに、劇場の中へ連れ込んだのです。それは大きな憐れみをもようさせる、時節柄不適切な光景でした。(9)

七五　ついで彼は、屈辱を味わっている姿を披露するために、座している敵どもの前に立たせて彼ら全員に服を脱がせ、通常であれば極悪非道人を痛めつけるために使われる鞭でしこたま打つよう命じました。この鞭打ちのため、一部の者は担架に乗せられて［自宅に？］運ばれましたがすぐに死亡し、他の者は回復の望みのないまま長い間床に伏しました。

七六　この陰謀の規模は、他の者たちによっても余すところなく語られてきました。それは、どれも同じですが、以下に語られることからもっと明白に示されるでしょう。

ゲルーシアの三人の役員、エウオドス、トリュポン、アンドロンは、わずか一回の攻撃で自宅にあった全

---

(1)「拷問を受けました（ἐτροχίζοντο ＜ τροχίζω）」。あるいは「車輪に縛りつけられて回されました」。車輪（トロコス）に縛りつけてそれを回転させる拷問は、『使節』二〇六以外にも、旧約偽典『マカベア第四書』五-三で言及されている。

(2)十字架刑は古代ローマの刑罰のひとつだが、その起源は古く、ダレイオス大王はバビロンで敵王たちを（ヘロドトス『歴史』第三巻一五九ほかを参照）、アルタクセルクセスはイナロの叛徒たちを（トゥキュディデス『歴史』第一巻一一〇-二ほかを参照）十字架に架けている。なお、この記事とは直接関係しないが、アレクサンドリアで見られたであろう十字架の光景は、『夢』第二巻二一三を参照。

(3)「強盗のように万事に押し入り（πάντα δὲ διορύξας καὶ τοιχωρυχήσας）」。ここでの分詞を構成する二つの動詞 διορύσσω（「穴を掘る」の意）と τοιχωρυχέω（「壁に穴をあける」の意）は似たような意味をもつので、訳文上「強盗のように……押し入り」とするが、テクストの絵画的イメージは弱まるかもしれない。

(4)「とんでもないことをしでかす人物（ὁ μεγαλουργός）」。もしここに痛烈な皮肉が込められているのであれば「天晴れなことをしでかす人物」となろう。

(5)この人物の詳細は不明。

(6)この役職については補註Wを参照。

(7)この機関については補註Xを参照。

(8)この時期は、アキラがエジプト総督だった後一〇年か、一一年（シューラー『歴史』第三巻、九二―九三頁）。このアキラの名は、ヨセフス『古代誌』第十九巻二八〇以下で引かれるクラウディウスの勅令の中に見られる。

(9)具体的には後出八一を参照。

財産を強奪されて無一文となりました。フラックスはこの災禍を知らなかったわけではありません。なぜならこの出来事は、都の他の地区に住む者たち(1)との和解を装ってわたしたちのアルコーンたち(2)を呼び出したときに(3)、彼に明らかにされていたからです。

七七　フラックスは事の経緯をよく承知しておりましたが、それにもかかわらず彼は、財産を奪われた者たちを、強奪者どもの見ている前で打ったのです。その結果、彼らは二重の災禍、すなわち困窮とともに肉体に加えられた暴行を耐え忍ぶことになり、他方、強奪者どもは二重の快楽、すなわち人さまの富を刈り入れ、強奪された者たちの体面が傷つけられるのをたっぷりと堪能したのです。

七八　わたしはそのときの出来事のひとつを知っておりますので、それが取るに足らぬ事柄と見なされて、かくも悪質な蛮行の規模に注意が向けられないことのないよう、ただただ躊躇しながら述べることにします。たとえ小さな事柄であるにしても、それはけっして小さくはない悪意の証拠です。

都の中での鞭打ちにはさまざまなものがあり、それは鞭打ちされる者の社会的地位によって区別されております。エジプト人は異なる執行人によって異なる鞭で打たれますが(4)、他方、アレクサンドリア市民(5)はスパテー(6)で、しかもそのスパテーで打つ者はアレクサンドリア市民です。

七九　フラックスの前任者たちや、最初の何年か(7)のフラックス自身は、わたしたちにもこの慣行を尊重しました(8)。たしかに、不名誉な措置において(9)、名誉回復(10)のために小さな事実を発見したり、暴行が加えられようとする場合、その停止のための新しい事実を発見することは、鞭打ちによって可能です。もしそれ自体の価値にもとづいて事柄の性質を十分に吟味することが許され、個人的な悪しき感情(11)――それは入り混じったより穏健な形のすべての要素を引き離し、ばらばらにしてしまいます——が介入しなければです。

八〇　それゆえ、アレクサンドリアの一般のユダヤ人(12)が鞭打ちに値するようなことをしたと思われて、自由人や市民(13)に使用される鞭で打たれることがあっても、アルコーンたちやゲルーシア(14)——その名は老齢と名

---

(1)「都の他の地区に住む者たち」。フィロンの念頭にはギリシア人地区に住むギリシア人が置かれていると思われるが、彼はそれを隠蔽している。

(2)この者たちについては補註Yを参照。

(3)この時期は、五一節以下で述べられている略奪の後のことであろう。

(4)この一節は、執行人次第では鞭の種類が変わることを示唆。

(5)ここでの「アレクサンドリア市民」はギリシア人を指すが、フィロンはその特定を回避している。

(6)これはボートのオールのような平たくて長いものであろう。

(7)この期間は最初の五年間を指すであろう（前出八を参照）。

(8)この一節については補註Zを参照。

(9)「不名誉な措置において（ἐν ἀτιμίᾳ）」。あるいは「市民権剥奪において」。

(10)「名誉回復（ἐπιτιμία）」。あるいは「市民権回復」。

(11)「個人的な悪しき感情」。あるいは「個人的な、陰謀を企む思い」。

(12)フィロンはアレクサンドリアのユダヤ人社会では上流社会に属する人物だが（それについては「解説」を参照）、彼は明らかに意識の中で、上流社会に属するユダヤ人とそうでない「一般のユダヤ人（ἰδιῶται …… Ἰουδαίων）」を区別している（後出一一七をも参照）。

(13)「市民（πολιτικώτεραι）」。ここでの市民とは「政治的権利への参与」（前出五三）が許された者たちである。後出一四一の「市民（δῆμος）」とは区別される。

(14)コルソン『フラックス』はこのゲルーシアを、それにつづく一節「その名は老齢と名誉を意味します」にもとづく後の書き込みと推定する。ゲルーシアの前に接続詞 καί が抜け落ちていることがこの推定を支持するだろう。もしそうであれば、ここで「アルコーンたちやゲルーシア——その名は老齢と名誉を意味する——が」を、「その名は老齢と名誉を意味するアルコーンたちが」と読むことを勧める。

誉を意味します――がこの点で同じ仕打ちを受ければ、彼らは、彼らの下にある者たち(1)よりも劣る者とされ、まるでエジプト人の中のもっとも卑しくて最大の犯罪を犯した者たちのように扱われるのです。こんな馬鹿な話があるでしょうか？

八一　ついでながらわたしは、たとえ彼らが多くの犯罪を犯したとしても、フラックスは時節柄(2)処罰を延期すべきだった、と言いたいのです。なぜなら、アルコーンたちの中で正しく政治を行ない、敬意を払っているふりをするのではなく、歴代の恩恵者たち(3)に真に敬意を払う者たちは、著名なアウグストゥス一族の誕生日と祝典(4)が終わるまで、有罪とされた者たちの誰をも罰しないことを慣行としているからです(5)。

八二　フラックスはその祝典で慣行を無視し、何の悪事も働いていない者たちを処罰しましたが、もしその気があれば、処罰を後日に延期することができたのです。ところが彼は性急で、［ユダヤ人たちに］敵対する民衆の歓心を買うために事を急ぎました。そうすれば民衆を自分の考えに同調させることができると考えたのです。

八三　わたしはこの種の祝日のはじまる前に、柱に架けられた者たち(6)がそこから降ろされ、埋葬と通常の儀礼を受けるのが適切であるとされて、その遺体が親族の者たちに引き渡された例をいくつか知っております。死者もまた、皇帝の誕生日にはなにがしかの恩恵に与り、同時にその祝典の厳粛さが守られるのは適切だったからです。

八四　ところがフラックスは、十字架の上で死亡した者たちを降ろさなかったばかりか、生きている者たちを柱に架けるよう命じたのです。時節柄、恩赦が、完全な赦免のためではなく処罰の延期のために、すべての者にたいしてではありませんが、わずかな数の者たちに与えられるというのにです。しかも彼は劇場の中で鞭打ちを加え、火と剣で拷問を加えた後に、これを行なったのです。

八五　この見せ物はいくつかの部分に分かれておりました。第一幕は夜明けから第三時か第四時(7)までつづくものでした。そこではユダヤ人たちは鞭打ちされ、柱に吊され、車輪に縛りつけられ、手ひどく扱われ(8)、オルケストラ(9)の中を引きずりまわされて死にました。この華麗な見せ物(10)の後に、踊り子たちや、道化役者、

---

(1) ヨンゲ『フラックス』は「下にある者たち」を下僕たちと解する。これは、多分、正しいであろうが、三九頁註(12)で指摘した「一般のユダヤ人」かもしれない。

(2) フィロンの念頭にはガイウスの誕生日(八月三十一日)がある。

(3) 歴代のローマ皇帝、すなわちアウグストゥスとティベリウスを指す。

(4) 「著名なアウグストゥス一族の誕生日と祝典」。テクストでは「著名なアウグストゥス一族の著名な誕生日と祝典」であるが、形容詞「著名な」が重複していることから(ἐπιφανεῖς と ἐπιφανῶν)、二番目のものは転写上の誤記とされる。「ロンドン・パピルス一九一二」は、アウグストゥス一族の誕生日が「アウグストゥスの日」として守られていたことを教えてくれる。

(5) アウグストゥスにたいしてフィロンの払う敬意は、『使節』一四三以下を参照。

(6) 十字架に架けられた者を意味する。

(7) 第三時は朝の九時、第四時は朝の一〇時。

(8) 「手ひどく扱われ(καταικιζόμενοι)」。写本の「不当な判決をくだされ(καταδικαζόμενοι)」を訂正。

(9) オルケストラとは舞台と観客席の間に設けられた半円形の場所で、その空間で踊り子たちが踊ったりした。

(10) 「華麗な見せ物」。あるいは「美しい見せ物」。「美しい」の反語的用例は七一頁の註(10)を参照。

フルートを吹く者、その他舞台上の競演に花を添える者たちの余興がつづきました(1)。

第十一章

八六　しかし、なぜこれらのことを詳述する必要があるのでしょうか？　なぜならフラックスは、奇妙な偽りの告発を行ない、わたしたちを包囲するために多数の兵士の使用を画策して、第二の強奪計画を考えだしていたからです。その告発とは、ユダヤ人たちが自宅にあらゆる種類の武器を隠匿しているというものでした。そこで彼は、自分がとくに信頼しているカストスという名の百人隊長(2)を呼び寄せると、配下の部隊のもっとも獰猛な兵士たちを引き連れて急行したら予告なしにユダヤ人たちの家に押し入り、武器を準備していないかどうか捜索するよう命じたのです。

八七　カストスはいつものように急いで命令を実行しました。最初その企みを知らなかったユダヤ人たちは、驚愕のあまり呆然自失し、妻や子供たちは、拉致される恐れから(3)、涙を流しながら彼らにまとわりつきました。彼らはつねにこの事態を予期しておりましたが、これはこの強奪事件から派生したものです。

八八　「どこに武器を隠したのだ？」と捜索している者たちのひとりが言うのを耳にしたとき、彼らは少しばかり安堵し、いっさいのものを、奥の間にしまっているものさえも開けて見せました。

八九　彼らは一方で喜び、他方で嘆きの声をあげました。彼らは告発の反証が自ずとあがることを期待して喜びましたが、同時に苛立ちを覚えました。なぜなら第一に、敵どもによってでっちあげられた自分たちにたいするかくもひどい中傷がいとも簡単に信じられたからであり、第二に、家の戸口に近づくことさえせずに家の中に留め置かれている妻たちや、私室に置かれている娘たち(4)――彼女たちは慎みのために男たちの目線、いや家の者たちの目線さえ避けておりました(5)――が、そのとき、見知らぬ者たちの目ばかりか、兵士たちの暴行の恐怖にもさらされたからです。

九〇 ところが何と、隅なく捜索された結果はというと、大量の防御用の武器しか発見されなかったのです！ ヘルメット、胸当て、盾、手のひらにおさまる小さなナイフ、ほこ、甲冑の類いが持ち出されて山積みにされました。その一部の中に、飛び道具の類い、槍、石投げ器、矢があったのでしょうか？ これらのものは何ひとつなかったのです。(6) 毎日の生活で包丁代わりになる大きなナイフさえ一本も見つからなかったのです！

九一 この事実は、華美や贅沢な暮らしを避ける彼らの生活の簡素さをはっきりと示すものでした。華美や贅沢な暮らしから生まれるものは傲慢であり、傲慢の子は、すべての悪のはじまりである暴力です。

---

(1) この一節は補註＊Aを参照。
(2) 百人隊長は一〇〇人の部下を指揮するローマ軍団の隊長。
(3) 「拉致される恐れから(διὰ τὸν επ' αἰχμαλώτοις φόβον)」。テクストの直訳は「捕囚の恐れから」となるため、コルソン『フラックス』は戸惑いを見せている。
(4) 『戒め』第三巻一六九は、男性は平時にも戦時にも屋外の生活に適しているが、女性は屋内の生活が適していると述べ、「処女(παρθένοι)」が奥の間を、「成人した女性(τέλειαι)」が外の間を占めるとしている。
(5) 家で働く下僕たちを指すものと思われる。
(6) この一節については補註＊Bを参照。

九二　しばらく前のことですが、こんな出来事もありました。地方に住むエジプト人たちの武器狩りが、フラックスがこの仕事を命じたバッスス[1]とかいう人物によって行なわれたとき、岸の方に航行してきて川べりの港湾に停泊していた多数の船団が見られました。どの船もあらゆる種類の武器や、左右の均衡を取るために束ねた槍を両わき腹に縛りつけられた多数の駄獣を満載しておりました。また陣営から送られてきた荷馬車もあり、そのほとんどすべてが武器の類いを満載し、整然と一列縦隊をなして進んでおりました。港湾と、武器が置かれる王宮の武器庫の間の総距離は一〇スタディオン[2]くらいだったと思われます。

九三　これらの武器を準備した者たちの家宅捜索はなされて当然でした。なぜなら彼らはしばしば謀反し、革命騒ぎに関与している疑いをかけられていたからです。実際、この国の指導者たちは、聖なる競技のまねごとでもして、エジプトにおける武器の狩り集めを記念する三年祭を新たに主催すべきでした。そうすればエジプト人たちは武器を準備できないか、再度の準備時間がなくて、大量の武器ではなくて少数の武器しか準備できないでしょう。

九四　しかし、なぜわたしたちがこのような災禍を耐えねばならないのでしょうか？　いったいいつ、わたしたちは謀反の疑いをかけられたのでしょうか？　わたしたちはすべての者にたいして平和を志向する者たち[3]ですが、いつそうでないと考えられたのでしょうか？　わたしたちが日々したがっているわたしたちの生き方は非難されるべきものではなく、都の秩序と安寧に寄与するものではないでしょうか？　実際、もしユダヤ人が武器を傍らに所有していたら、財産を奪った者たちによって追い立てられて彷徨する者となった、四〇〇軒以上の家屋から没収されていたでしょう。それにしても、なぜこれらの強奪者の持ち物を調べてみなかったのでしょうか？　彼らは、彼ら自身のものではない武器を、略奪したものの中に隠しもっていたのではないでしょうか？

九五　しかし、既述のように、この事態全体はフラックスと群衆の残忍さに起因する陰謀であり、そのことは女性たちでさえ享受したのです。(4)　彼女たちは、市場においてばかりか劇場の中においても、まるで捕虜のように一網打尽に捕まえられ、とんでもない虚偽の告発にもとづいて、耐えがたいはなはだ野蛮な暴行を受けながら舞台の上にあげられたのです。

九六　女性たちが他の民族の者であることが判明すると――とにかくろくな取り調べもしないで、多くの女性がユダヤ人女性として逮捕されました――、釈放されましたが、彼女たちがわたしたちの民族の者であることが分かったときには、この見せ物の見物客たちは恐ろしい暴君に変じ、豚肉をもってこさせそれを彼女たちに与えるよう命じました。(5)　処罰を恐れてそれを口にした女たちは、それ以上の恐ろしい罰を耐え忍ぶことなく釈放されました。しかし、意志のより強固な女たちは拷問を加える者たちに引き渡されて、癒しがたい暴行を受けましたが、これこそは彼女たちが何の悪事も働いていなかった明白な証拠です。

（1）この人物の詳細は不明。
（2）一〇スタディオンは二キロメートル弱。
（3）「平和を志向する者たち」。この表現は二七頁の註（7）を参照。
（4）「そのことは女性たちでさえ享受したのです」。これはフィロン好みの反語的表現のひとつ。以下で語られる女性たちへの侮辱は、本来、前出八五の記事に接続するものであろう。なお、補註＊Cを参照。
（5）豚肉を強制的に食べさせることについては補註＊Dを参照。

第十二章

九七　以上語ってきたこと以外にも、フラックスが、自らの手を介してばかりでなく、皇帝を利用してわたしたちを苦しめようと画策したことがありました。(1) わたしたちはガイウスにあらゆる名誉を与えると決議し、行動でもって承認しましたが、それは法(2)によって可能とされたことであり許されたものです。(3) わたしたちはその決議文をフラックスに提出しておりました。その際わたしたちは、使節の派遣を要求しても認められないであろうから、彼自らが伝達してくれるよう懇願しました。

九八　彼はそれを読むと、決議文の主要な箇所にくるたびごとに(4)何度もうなずいて同意してみせ、穏やかな笑みを浮かべ、喜ぶかそのふりをして言いました。(5)

「予はおまえたち全員をその敬神の念ゆえに賞讃し、(6) おまえたちの願いどおりにこの決議文を送るか、ガイウスがおまえたちの感謝の気持ちを知るために、予自身が使節の役割を買って出るつもりだ。

九九　その際予自身が、予が承知しているおまえたちの秩序を尊ぶ従順な行動の多くを、他に贅言を加えずに証言しよう。なぜなら、真実そのものが最高の賞讃だからだ(7)」と。

一〇〇　わたしたちはこれらの約束に喜び、決議文がすでにガイウスのために読まれたかのような希望に満たされて、感謝の気持ちを抱きました。それは当然でした。なぜなら、臣下のアルコーンたち(8)によって至急に送られたものはすべて、皇帝によって、無条件でただちに目を通されるからです。
一〇一　ところがフラックスは、わたしたちの意向への配慮や、彼自身の言葉、彼自身の同意を反古にし、決議文を手元に留め置いたのです。それは太陽の下の人類の中でただわたしたちだけが(9)、ガイウスの敵対者

(1) 以下の出来事は、時系列的には、前出二五以下で語られている物語に接続する。コルソン『フラックス』三五七頁は、以下の出来事がフラックスの没落の直接の原因になったとする。

(2) これはユダヤの法（定め）を指しているように思われる。エルサレムの神殿ではローマ皇帝とローマ市民の安寧を祈るために、対ローマのユダヤ戦争の直前まで毎日献げ物が捧げられていた。

(3) 『使節』三五六は、アレクサンドリアのユダヤ人社会がガイウスのために犠牲を捧げたことに言及するが、その最初は彼が即位したとき。

(4) 「決議文の主要な箇所にくるたびごとに」。テクストでは「決議文の中に（書かれている事柄の）各所で」。

(5) 『使節』二五四は、これとは正反対の反応、すなわちガイウスがシリア知事のペトロニウスの書簡を読んだときの反応を描いて、「ガイウスはそれを読みながら苛立ちはじめ、要所要所で怒りに満たされた」と述べている。どちらの記述もフィロンの想像的創作。

(6) 「賞讃し」。テクストでは「受け入れ」。

(7) 「なぜなら、真実そのものが最高の賞讃だからだ」。テクストでは「なぜなら、真実は最高に自己充足的な賞讃だからだ」。ここでの術語「自己充足な（αὐτάρκης）」は犬儒派の用語。

(8) 「臣下のアルコーンたち（οἱ ὕπαρχοι）」とはアルコーンの「下に（ὑπό）」ある統治者。ここではアルコーンが皇帝とされ、その下にあるフラックスがヒュパルコス（臣下のアルコーン）とされている。

(9) 「太陽の下の人類の中でただわたしたちだけが」。この表現は二七頁の註（10）を参照。

であると見なされるためでした。これらの措置は、長期にわたって行なってきた寝ずの警戒とわたしたちにたいする用意周到な陰謀を示すものではなかったでしょうか？　それは理性的判断の狂いからタイミング悪く現われ出た狂気による発作的行動ではありません。

一〇二　しかし、明らかなことですが、人間界の諸事に心配りされる神[1]は、欺きのためのわざとらしい彼の追従の言葉と、わたしたちにたいする策謀を練る彼の無法な精神の評議会[2]を拒否し、わたしたちへの憐れみから、わたしたちの期待が裏切られないという根拠を間もなくして与えられました。

一〇三　なぜならアグリッパ王は、［アレクサンドリアに］滞在していたとき、わたしたちからフラックスの陰謀について聞かされますと、わたしたちのために事態を正常化させ、そして、その決議文の伝達を約束してそれを受け取ると、われわれが聞くところによれば、［ガイウスのもとに］送られたからです。そして王は、遅延に関しても、わたしたちが恩恵者の家に敬意の念を表明することに遅く[3]はないこと、いや反対に最初から[4]それを示すことに熱心だったが、指導者の悪意ある扱いによりタイミングよくそれを示す機会を奪われたと弁明されました[5]。

一〇四　この時点で[6]、不正を働かれた者たちのための闘士にして擁護者、聖ならざる人間や働きの復讐者である正義[7]が、フラックスに立ち向かいはじめました。なぜならフラックスはまず、アウグストゥス家が［全世界の］陸と海の覇権を握って以来[8]、いかなる臣下のアルコーンにも見舞わなかった前代未聞の侮辱と災禍を受ける羽目になったからです。

一〇五　実際、ティベリウスの時代や彼の父カエサル[9]の時代に支配権を握った者たちの中には、［被統治民への」配慮と［彼らの権利の］擁護を独裁と暴政に変え、買収や、強奪、不正な判決、何の罪も犯していない者たちの追放と流刑、裁判なしでの有力者の処刑などで［総督として支配する］土地を癒しがたい悪で満たした者たちがおりました[10]。しかし歴代の皇帝たちは、統治の任期が満了した後ローマに戻ってきた彼らを審問し、とくに不正を働かれた都市が使節を送ってよこしたときには、彼らの行なったことにたいして釈明を要求しました[11]。

（1）「人間界の諸事に心配りされる神」。同じような表現が、後出一二二、一二六、一四六に見られる。

（2）「彼の無法な精神の評議会」。これに類した表現は補註＊Eを参照。

（3）「敬意の念を表明することに（μαθόντων εὐσεβεῖν）」。テクストの直訳は「敬意の念を表明することを学ぶことに」であるが、ユダヤ人はアウグストゥス帝以来すでにしてこのことを知っている。もっともこのテクストを「敬意の念を表明することを知っているので」と解せば、問題は消滅する。

（4）この「最初から」とは、ユダヤ教が帝国の公認宗教と認知されたユリウス・カエサルとアウグストゥスの時代からの意であろう。

（5）この一節については補註＊Fを参照。

（6）「この時点で」。あるいは「これらの言葉を受けて」。

（7）「正義（ἡ δίκη）」。本箇所および後出一〇七、一一五、一八九において、正義が神格化されているので、「正義の女神」と訳すことも可能。

（8）アウグストゥスが世界の覇権を握ったのは前二七年。

（9）アウグストゥスを指す。

（10）この一節については補註＊Gを参照。

（11）たとえば、ピラトはシリア知事ウィテリウスの命令でローマ行きを命じられ（ヨセフス『古代誌』第十八巻八九を参照）、第十代のローマ総督クマヌス（後四八－五二年）は、クラウディウス帝によってローマに召喚された後追放されている（ヨセフス『戦記』第二巻二四六を参照）。

一〇六　そのような機会では、歴代の皇帝は自らが公平な裁定者となり、告発する側と弁明する側の双方を等しく聴聞し、裁判なしに誰をも罪に定めることはせず、敵意や贔屓によってではなく、真実の本来的性格によって、正しいと思われる裁定をくだされました。

一〇七　さて、悪を憎む正義は、その際限のない過度の不正と無法に立腹して、統治後ではなくそれ以前にフラックスを召し出しました。

第十三章

一〇八　フラックス逮捕の経緯は以下のとおりです。彼は嫌疑をかけられている事柄に関して、ひとつには書状――それは世辞に満ち溢れたものでした――の急送により、またひとつには人びとにしばしば語りかけた演説――この手の演説において、彼はわざとらしい賛辞を呈し追従の言葉と仰々しい措辞を並べ立てました――において、またひとつには都の主要地区(1)で獲得している非常に高い評判から、ガイウスがすでにご機嫌を直していると想像しました。

一〇九　しかし、彼は自らを欺いていることに気づかなかったのです。悪しき人間たちの希望は根拠のないものです。彼らは何事も都合のよいように解釈しますが、彼らの受ける報復こそ、彼らにふさわしいものです。なぜならこの場合、ガイウスのじきじきの指名により、百人隊長のバッスス(2)が、彼の率いる一団の兵士とともにイタリアから派遣されたからです。(3)

一二〇　彼は船足のとくに早い帆船のひとつに乗ると、数日後の午後の遅い時刻には、(4)パロス島の対岸のアレクサンドリアの港に到着しましたが、人目につくのを避けるため、日没まで湾外で待機するよう舵取りに命じました。それはフラックスが彼の到着を事前に察知して暴力行為か何かを企み、使命の遂行に支障をきたすのを恐れたからです。

一二一　夕方になると、船は港に入りました。バッススは配下の兵士たちと一緒に下船すると、誰をも認めることなくまた誰にも認められることなく進みました。途中で四人一組の警護の兵士(5)のひとりを見つけると、彼は軍団の指揮官の家に案内するよう命じました。というのもバッススはその者に、もし多数の兵士(6)が必要となれば応援部隊をもてるよう秘密の指示を与えようとしたからです。

（1）この「主要地区」は、ベータ地区を指す（三一頁の註（1）を参照）。ここは明らかにギリシア人地区であるが、フィロンは意図的にそれを特定しない。

（2）この人物は、前出九二のバッススと同名である。コルソン『フラックス』によれば、バッススはありふれた名前なので、これが本当の名かどうか疑ってかかれるらしい。

（3）バッススがイタリアから派遣される事態に至ったフラックスの「嫌疑をかけられている事柄」（前出一〇八）は不明。スモールウッド『ユダヤ人』二四一頁は、フラックスの罪状として、騒動の知らせがローマに達したならば、属州の失政が罪状となりうるが、ティベリウスの友人としての交わりにもとづく「政治的なもの」と推定する。

（4）「午後の遅い時刻には」。この表現は前出二七や『使節』二六九でも使用されているが、この時刻の設定は、フィロンの想像から生まれたものであろう。

（5）夜警時は四つに分かたれ、四人一組の兵士団（τετράδιον）四組がそれぞれ三時間の警戒にあたった。

（6）「多数の兵士」。テクストでは「多数の手」。

一二　バッススは指揮官がフラックスと一緒に誰かと食事をしていることを知ると、ティベリウス・カエサルの解放奴隷のひとりで招宴者であるステファニオの家に足早に向かいました。彼ら二人が接待を受けていたのは彼の家だったからです。バッススは、そこから少し離れた所に身を潜めると、部下のひとりを、誰にも気づかれぬように従者の服装をさせて偵察に遣わしました。部下は客人の家僕のひとりを装って宴会の間に入り込み、細心の注意で中の様子をすべて探り出すと、バッススのもとに戻り、彼に知りえた情報を伝えました。

一三　玄関口の辺りの警戒が手薄になっていることや、フラックスの従者たちの数が非常に少ないこと――わずか一〇人か一五人の奴隷の家僕が同行しておりました――を知ると、バッススは配下の者たちに合言葉を与えてなだれ込みました。帯剣した兵士たちの一部は宴会の間に入り込むと、フラックスが彼らを認める前に彼を取り囲みました。そのときフラックスはある人のために乾杯し、一座の者たちをくつろがせているところでした。

一四　バッススが中に入ってくると、フラックスはすぐに彼を認めましたが、驚きのあまり口もきけない状態になりました。そして、立ち上がろうとした彼は、自分の周囲の警護の手薄さを認めると、ガイウスが自分に何を画策しようとしているのか、いかなる命令がそこにやって来た者たちに与えられているのか、これから起こる自分の運命が何かなどを聞くよりも先に悟りました。たしかに直感(1)は、これから先の長い時間のうちに起こる個々の出来事すべてを瞬時にして見たり、いっしょくたに聞いたりする恐ろしい力をもっているのです(2)。

一一五　フラックスと一緒に宴席にいた者たちはみな、がたがたと震えながら立ち上がったもののいすくまってしまいました。一緒に食事をしていたために罰せられるのではないかと恐れたのです。しかし、その場から逃げ出すことは安全でなかったばかりか、玄関口が固められていたので、不可能でもありました。フラックス自身は、バッススの命令で、兵士たちによって引かれて行きました。こうして彼は、饗宴の席で、最期の運命を迎えたのです[3]。正義[の女神]が、何の不正も働いていない無数の者たちの家庭の炉床を破壊した者[4]を滅ぼすのに、炉床[5]から復讐をはじめたのは至極当然でした。

第十四章

一一六　このような先例のない一撃が、自分の統治している国の中でフラックスに見舞いました。彼は戦争捕虜のように生きたまま引かれて行きました。思うにこれは、彼が増長してユダヤ人たちを完全に滅ぼそうと決意したためです。彼が逮捕された時期もまた、ひとつの明白な証拠です。そのときはユダヤ人たちに

---

(1)「直感（ὁ νοῦς）」。あるいは「知力」。前出一〇一の「理性的判断（λογισμός）」、後出一八六の「魂（ψυχή）」はフィロンにとって類語であろう。

(2)この一節を後出一八六と比較せよ。

(3)「最期の運命を迎えたのです」。テクストでは「この最期の[生の]解き放ちを行なったのです」。

(4)「無数の者たちの家庭の炉床を破壊した者」。今様に訳せば、「無数の者たちをホームレスに追いやった者」となる。五七頁の註（3）を参照。

(5)この炉床は、饗宴の間のそれであろう。

とって、仮庵の中で暮らすのが慣習となっている全民族的[1]な秋分祭[2]の最中だったからです。

一一七　しかし、祭の行事は何ひとつとして営まれてはおりませんでした。彼らのアルコーンたちは、癒しがたく耐えがたい無礼な扱いと暴行を受けた後もまだ拘禁されており、他方、一般のユダヤ人たちも、この者たちの災禍を全ユダヤ民族が共有すべきものと考え、また彼らの一人ひとりが、個人的に耐え忍んだ特別な苦しみのためひどく落ち込んでいたからです。

一一八　そのもろもろの苦しみは、祭を祝うことのできない者たちの場合、とくに祭の期間中に倍加するものです。ひとつには祭に固有な心弾む楽しさを奪われるからであり、ひとつには悲しみを共有し――彼らはかくも手ひどい仕打ちにたいする癒しを何ひとつ見出すことができなかったのです――、それに圧倒されていたからです。

一一九　彼らがはなはだ大きな苦痛をなめ、非常に重い重荷[3]で圧し潰されていたとき、フラックスが逮捕されたことを伝える者たちが彼らの所にやって来ました。彼らはそのとき、夜になっていたので、家の中に集まっておりました。彼らはその知らせが真実ではなく自分たちを試すものだと想像し、自分たちが嘲笑され罠を仕かけられているように思われて、さらにいっそう大きな苦痛を覚えるのでした。

一二〇　しかし、都の中が騒然とし、夜警の者たちが四方八方に走り回り、騎兵たちが陣営の中へ向かって、また陣営から馬を激しい勢いで駆っていたので、一部の者は、野次馬気分から、何事が起こったのかを知ろうとして家から出てきました。

一二一　何か新しい事態が発生したことは明らかでした。彼らはフラックスが引かれて行ったことや、彼がすでに網にかかっていることなどを知ると、両手を天に向けて讃歌をうたい、人間界の諸事を見守っておられる神[4]に勝利の歌を捧げました。彼らは言いました。

「主よ、われわれは敵に加えられた処罰に小躍りしたりはいたしません。人間的な同情心をもつよう聖なる律法によって教えられているからです。しかしわれわれは心から[5]あなたに感謝いたします。あなたがわれわれに憐れみと同情を示され、途切れることなく次々と襲った苦しみを取り除かれたからです」と。

一二二　彼らは夜を徹して讃歌や頌歌をうたいつづけました。そして夜が明けると同時に門からなだれ出ると、祈りの家が取り上げられていたので、近くの海岸に向かいました。そして、そのもっとも広い空き地に立つと、心をひとつにして大きな声をあげて言いました。

一二三　「死すべきものと不死なるものの大いなる王よ。われわれは全宇宙の諸部分にして全体である世界の地と海と、大気と天[6]に呼びかけ、あなたへの感謝を捧げるためにここにやって来たのです。それらはわれわれが住む唯一の場所でありますが、われわれは人間によってつくられた他のいっさいのものから締め出さ

（1）「全民族的な（πάνδημος）」。あるいは「全市民的な」。『使節』二八〇には「全市民的な（δημοτελεῖς）」という表現が見られる。

（2）この秋分祭は仮庵の祭を指す。この祭については『戒め』第一巻一八九、第二巻二〇四以下を参照。

（3）「非常に重い重荷で」。あるいは「非常に重い悲しみで」。同一の表現は後出一六〇に見られる。

（4）「人間界の諸事を見守っておられる神」。この表現は四九頁の註（1）を参照。

（5）「心から」。あるいは「正しくも」。

（6）この部分については補註＊Hを参照。

れ、都とその中にある公共の建造物や個人の家を奪われ、太陽の下にある者たちの中でわれわれだけが、アルコーンの陰謀のために、都の喪失者、炉床の喪失者となったのです。(1)(2)(3)

一二四　あなたはすでにわれわれの祈りに同意しはじめてくださったので、残されている者たちの立ち直りに関して励みとなる希望の大まかなところをわれわれのためにくださいました。実際あなたは［ユダヤ］民族の共通の敵、彼らに災禍をもたらした指導者にして教師、途方もなく思い上がり、そしてこれらのことゆえによき評判を得るだろうと考えた男をたちどころにして片付けられ、しかもそれは、彼が遠隔の地にいて、そのため苦しめられた者たちが彼の逮捕を噂によって知り安堵する仕方ではなく、より明白な顕現で、かくも身近な所で、痛めつけられた者たちのほとんど目の前で、速やかにかつ思いもかけぬ仕方で出撃されたのです」。

第十五章

一二五　以上述べたことに、さらに第三の出来事が加わりましたが、それはわたしには神の摂理によって引き起こされたように思われます。というのもフラックスは、冬の季節のはじまったときに連れていかれましたが、全宇宙の要素を不敬虔な行為で満たした彼は、海上での恐怖をたっぷり味わわねばならなかったからです。そしてさんざん苦労した末にかろうじてイタリアに到着した彼を待ち受けていたのは、もっとも手ごわい二人の敵イシドロスとランポンによる告発でした。(4)(5)(6)(7)(8)

一二六　この二人はしばらく前までは臣下の地位にあり、彼を主君、恩恵者、救済者などと呼んでおりましたが、今や敵対者[9]であり、対等の力ではなく、逆転した優位な立場からより大きな力を誇示していたのです。彼らは、自分たちの申し立ての正しさに大胆になっていたばかりではありません。彼らの最大の強みは、人間界の諸事を司るお方[10]がフラックスをご自分の不倶戴天の敵であると見ておられたことです。実際、そのお方は誰をも裁判にかけずに予断で罪に定めたりはしない裁定者を装われますが、他方、その業《わざ》において敵

(1) ここでの「公共の建造物」とは祈りの家ほかを指す。なおここで「建造物……家」と訳したギリシア語は περίβολοι（＜ περίβολος）であって、通常それは城壁を意味する。コルソン『フラックス』は「都の城壁の中にある公共と個人の建物」とするが、構文上無理がある。ヨンゲ『フラックス』が正しい。

(2)「太陽の下にある者たちの中でわれわれだけが」。この表現は一二七頁の註（10）を参照。

(3) フラックスは前出一一五で「炉床の破壊者」として言及されている。『使節』一二三に「家屋の喪失者、炉床の喪失者」という表現が見られる。

(4)「神の摂理」。あるいは「神的な摂理」。「摂理」を表わすギリシア語 προνοία は、後出一七〇でも使用されている。

(5) この時期は「冬の季節のはじまったとき」からして、後三八年の十月以降。

(6) 補註＊Hを参照。

(7)「海上での恐怖をたっぷり味わわねばならなかったからです」。ここでは「享受する」の意の動詞 ἀπολαύω が反語的に使用されている（前出九五をも参照）。ここでの記述はアグリッパの順調な航海と対比させ、フラックスの航海を一方的に惨めなものにしている（後出一五五も参照）。

(8) 以下の告発ついては補註＊Iを参照。

(9)「敵対者（ἀντιδίκων）」。このギリシア語が法廷用語として使用されているのであれば「原告」。

(10)「人間界の諸事を司るお方」。この表現は四九頁の註（1）を参照。

意を示され、告発や弁明のなされる前にすでに心中で罪に定め、フラックスにたいしもっとも厳しい処罰をくだしておられたのです。

一二七　より優れた者にとってはより劣った者によって、アルコーンたちにとっては臣下の者によって告発されることほど耐えがたいものはありません。それはちょうど、主人たちが自分の家で養育した奴隷や金で買い取った奴隷たちによって告発されたようなものです。

第十六章

一二八　しかし、わたしたちが見るところ、これとても、もうひとつのもっと大きな災禍と比較すれば軽微なものでした。というのも、彼らはたんなる臣下の地位にあって、ある日突然相計って攻撃しフラックスを告発したのではなく、彼がこの国を総督として治めていた大半の期間中、他の誰よりも、とくに彼を敵視していたからです。ランポンはティベリウス・カエサルへの不敬のために裁判にかけられておりましたが(1)、その裁判が二年もだらだらとつづいたために、すっかり参っておりました。

一二九　というのも裁定者が、たとえ無罪になっても、とにかくこれから起こることの漠たる恐怖をできるだけ長くランポンの上に吊し、生きていることが死よりも苦痛なものとしようとして、悪意から審理の遅延や引き伸ばしを画策したからです(2)。

一三〇　また後になってのことですが、勝訴したように見えたとき、彼は、その資産ゆえに不当に利用されたと述べました。[3] ギュムナシウムの長[4]になるよう強制されたというのです。[5] 事実は、その莫大な支出を賄う十分な資産がないという口実で、その出費に関してどけちぶりを発揮するか、実際になかったかのどちらかでしたが、試練にあう前の彼は、なかなかの資産家であることを装いました。しかし、厳しい取り調べの結果、大金持ちではないことが明らかにされました。実際、不正な蓄財以外、ほとんど何もなかったのです。

一三　州知事たち[6]が裁定をくだすとき、彼は彼らの傍らに立ち、訴訟持ち込み人の地位を利用して[7]審理

---

(1) ティベリウス帝の死が後三七年の三月十六日であるから（九頁の註（3）を参照）、「二年もだらだらつづいた」裁判をティベリウス帝治下のものとすれば、ランポンがローマで裁判にかけられ投獄された時期は後三五年か三六年となるが、ムスリロ『殉教者』一二五頁は、それを「多分、後三六年から三八年の間」とする。

(2) ここでの裁判官はティベリウス帝であると思われるが、審問への帝の無関心ぶりは、ヨセフス『古代誌』第十八巻一七〇、一七八を参照。

(3) この時期は不明であるが、ここでの裁判と前節で言及されている裁判は別のものである。『イシドロスの事蹟』は、アレクサンドリアの使節がクラウディウス帝によって召喚され、イシドロスの審問が行なわれたことを伝えるが、そこにランポンが登場する。このパピルスについては「付録―関連史料集」二を参照。

(4) ギュムナシウムの長については補註＊Jを参照。

(5) ランポンがギュムナシウムの長の地位にあった期間については補註＊Kを参照。

(6) ここで州知事が複数形なのは、アレクサンドリアの歴代の州知事を指しているから。ランポンがアレクサンドリアの歴代の州知事に奉仕したことが分かる。

(7) ボックスによれば、パピルスに「訴訟持ち込み人（εἰσαγωγεύς）」という言葉の使用が認められる（コルソン『フラックス』五三六頁を参照）。

の詳細を記録し[1]、次にこの記録改竄屋は、故意に証言の一部を削除したり無視したりするか、口にされてもいない言葉を挿入したりするのでした。彼は記録をつくり直したり配列し直したりし、またひっくり返したりして改竄し、文字の一点一画ごとに金の取り立て[2]もしました。

一三二　全市民はしばしば、声をひとつにして、彼をペンによる殺人者[3]だと率直かつ適切に宣言しました。その書き込むものが多くの者を死に至らしめ[4]、また生きている者を死んだ者たちよりも惨めにしたからです。彼らは訴訟で勝利すれば豊かな生活を享受することができたのに敗れ、そのためはなはだ不当な貧困に耐えておりました。敵対するどちらの側も、他人の所有物を安売りし叩き売りする彼によって買収されていたのです。

一三三　かくも広大な国を統治する州知事たちにとって、次から次に持ち込まれる[5]個人や市民に関わる新たな事件のすべてを心に留め置くことなどは不可能でした。彼らはそれらの事件を裁定していただけでなく、歳入と分配のことに頭を使い、一年の大半をその調べのために費やさねばならなかったからです。

一三四　ところがランポンは、最高の信頼を必要とされる職務、すなわち正義とそれにもとづくもっとも神聖な裁定の守護を託されていたにもかかわらず、裁定者たちが［個々の訴訟の詳細を］覚えていないことにつけ込み、勝訴するはずの者たちを敗訴した者たちとして、他方、敗訴するはずの者たちを賄賂——いや報酬と言うべきなのかもしれませんが——と引き換えに、勝訴した者として記録したのです。

第十七章

一三五　ランポンはこのような人物であり、告発者としてフラックスと対決しました。他方イシドロスも性悪さにおいて劣ることはなく、騒ぎを起こし攪乱させることに腐心する者、民衆に媚びる者、民衆を扇動する者、平和と安寧の敵、存在しもしない騒擾と紛糾を準備し、つくりだされたそれを組織し拡大する天才、雑多な烏合の衆からなる無統制ですぐに事を起こす人びと[6]をつねに自分の周囲に集めておくことに熱心な男でした。この連中は、シュンモリアー[7]のような単位に分けられておりました。

（1）ムスリロ『殉教者』一二四―一二五頁は、フィロンがここでランポンが「審理記録官（*ὑπομνηματογράφος*）」の地位にあったことを語っているとするが、同時にフィロンの記述の正確さを疑っている。

（2）「文字の一点一画ごとに」。同じ表現がマタイ五―一八に見られる。

（3）「ペンによる殺人者」。ここでのペンは葦でつくられたもの。

（4）「多くの者を」。テクストでは「何万もの者を」。

（5）「次から次に（*ἀεὶ*）」。あるいは「絶えず」。コルソン『フラックス』にしたがい、テクストの *διὰ* を改める。

（6）「雑多な烏合の衆からなる無統制ですぐに事を起こす人びと」。この表現は前出七頁の註（5）を参照。

（7）「シュンモリアー」。フィロンがここでいつの時代のシュンモリアーを念頭に置いているのかは不明だが、前四世紀のアテナイでは富裕な市民は二〇のシュンモリアーに分けられ、各シュンモリアーが順番で不時の出費を負担した。コルソン『フラックス』はこのギリシア語に「シンジケート」という訳語を与える。

一三六　都には多数の会員を誇る各種のクラブ[1]があります。その交わりは健全なものではなく、混じりもののない酒と酩酊、乱痴気騒ぎ、そしてそれらの落とし子である傲慢[2]などに支配されるものでした[3]。この手の会合は土地の者たち[4]によってシュノドスとかクリーネー[5]と呼ばれております。

一三七　そのすべてか大半のクラブで、イシドロスはボス的な地位を占め、宴会幹事とかクリーナルケース[6]、盛り立て屋と呼ばれておりました。それゆえ、彼が何かばかばかしい企画を実行しようとして号令の一声でもかければ、彼らはたちどころに馳せ参じ、その命じられたことを口にしたり実行したりするのでした。

一三八[7]　あるとき、イシドロスがフラックスの怒りを買ったことがあります。最初彼はフラックスから一目置かれていたように見えましたが、後になってもはや同じような敬意を払われていないことが分かると、ふだん声をはりあげている呼び込み屋ども[8]を金で雇い——彼らは、市場の中で買物しそうな者たちに向かってするかのように、その大声[9]を売っておりました——、人びとをギュムナシウムに連れ込むよう命じたのです[10]。

一三九　彼らはそこをいっぱいにすると、何ひとつ根拠もないのにフラックスを非難しはじめ、なされてもない告発をでっちあげ、偽りの言葉を緩急自在に延々と投げつけたので、フラックスばかりか他の者たちも、予期せぬ攻撃に仰天し、その背後に彼らが奉仕しようとしている黒幕がまちがいなくいることや——実際いたのですが——、彼ら自身は何の癒しがたい被害もこうむっていないこと、その関係がぎくしゃくしてしまった都の他の地区[11]について彼らがよく承知していないことなどを見てとりました。

一四〇　そこで関係者たちは、熟慮の末、一部の者を捕まえ、かくも一方的で唐突な狂気と憤激の原因を探ろうとしました。拷問を受けることなく逮捕された者たちは、真実を告白し、同時に事実にもとづく証拠、[たとえばイシドロスと彼らの間で] 合意された金——支払い済みの金と、約束にしたがい後になって支払われ

(1)「クラブ」と訳したティアソス（θίασος）は本来、宗教上の同信徒の寄り合いを指した（たとえば、ヘロドトス『歴史』第四巻七九を参照）。

(2)「それらの落とし子である傲慢」。前出九一に類似の表現が見られた。

(3) 前出四を参照。

(4) この「土地の者たち」とは、このようなクラブに所属できなかった土着のエジプト人たちを指すのであろう。

(5) クリーネーは宴会などのときに横たわるための寝椅子であるが、コルソン『フラックス』五三六頁は、それに「長椅子」という訳語を与えた上で、訳出不能な言葉であると断わっている。「土地の者たち」がこの手の集まりを指して軽口として言う場合には「寝そべり」くらいの意味をもつものと思われる。

(6) このギリシア語は、「宴会の上座に座る者」を意味するように思われる。

(7) 以下で語られている出来事は、前節および前出四からして、また後出一四六に見られる「遠い過去の正義に反すること」という表現からして、フラックスがギリシア人たちの各種のクラブを禁止した直後か、それに近い時期（後三二年か三三年ころ）に起こったものと思われる。

(8)「呼び込み屋ども（ἀλειφόβιος）」。このギリシア語は、他の用例がアリストパネスの断片からのみ知られる稀語であるが（リッデル／スコットは ἀλειφόβιος の意味として「油を塗って生活する者」「（一般に）貧しい者」をあげている）、訳者は先行する「ふだん声をはりあげている」から判断して、この訳語を与える。コルソン『フラックス』では「乞食ども」。

(9)「大声（καταβόησις）」。このギリシア語には「接頭辞」の κατά がついているので、その大声とは「[……に反対する]大声」である。

(10) この時期にイシドロスがギュムナシウムの長であったかどうかは不明。補註＊Kを参照。

(11) 主としてギリシア人地区を指す。

る金——、騒ぎの首謀者で金の分配責任者として選ばれた者たち、賄賂の受け渡しのあった場所と時なども付け加えました。

一四一　当然のことながら、誰もが立腹し、都の人びとも一部の者たちの思慮を欠く行動のためその名が汚されると苛立ったので、フラックスは、次の日に市民の中のもっとも公正な者たちを召集し、彼らの前に金の分配者たちを引き出そうと決意しました。イシドロスに反駁し、同時に不当に投げつけられた彼自身の行政に関する非難にたいして弁明するためでした。公正な者たちが召集されたことを知ると、賄賂を受けたことが暴露されることになる者たちを除いて、高位高官の者たちばかりか都全体の人びとがやって来たのです。

一四二　さて、この結構な奉仕を行なった連中[1]は、壇上にあげられると——それは高い所にあげられて人目にさらされた彼らが、すべての者に知られるためでした——、イシドロスが、騒ぎと、フラックスを中傷した者たちの黒幕であり、少なからざる数の者に金と酒とを与えたことなどを証言しました。

一四三　彼らは言い張りました。

「いったいどこからわれわれがこんな大金を手に入れることができたというのか？　われわれは貧しく、生活必需品を買うのに必要な日々の金にすら事欠く始末だ。われわれは怨恨を抱くよう強制されたなどと、とんでもない恐ろしい告発を州知事から受けている。だが、そうではない。イシドロスがこれらすべてのことの黒幕であり仕掛人だ。彼は成功している者たちをいつも妬む、よき秩序の敵だ」と。

一四四　その場の者たちは、この発言の正しさを認めると——なぜならその言われた事柄は、告発された者の性格と目的を余すところなく示していたからです——、騒ぎ立てました。ある者は市民権剥奪を、ある者は追放を、またある者は死刑を要求してです。多数派だったのはこの最後の者たちであり、他の者たちも意見を変えて同調したので、すべての者が心と声をひとつにして騒ぎ立てて言いました。「われわれの共通の破壊者、表舞台に出てきて人びとの共通の利益にくらいついて以来、都の一部分とて汚し損なうことのなかった男に死刑を！」と。

一四五　イシドロスは、逮捕を恐れてその場からこっそりと逃げ出しました。他方フラックスは、彼が自らの判断で消え失せたのだから、以後都に騒ぎや陰謀などがなくなると考えて、彼には何の手も打たなかったのです。(2)

第十八章

一四六　わたしはこれらのことを長々と語りましたが、それは遠い過去の正義に反することを想起するた

(1)「この結構な奉仕を行なった連中」。テクストでは「この美しい奉仕に奉仕した連中」。この反語的表現は七一頁の註(10)を参照。
(2) この一節については補註＊Lを参照。

めではなくて、人間界の諸事を見守っておられる正義(1)を賞讃するためでした。というのも、最初から(2)彼に敵意を抱き、そのため彼がもっとも憎んだ者たちが彼への告発を引き継ぎ、彼を苦しみのどん底に落とし込んだからです。敵であると公言する者たち(3)によってなされた告発ほど真に恐ろしいものはありません。

一四七　フラックスは臣下の者たちによって告発されたアルコーン、最近まで個々の者の生殺与奪の権限をもつ主君だったためにつねに敵対する者たちをもったばかりではありません。彼は全力をあげて有罪とされ(4)、驚喜した敵たちによってその没落が嘲笑されたことで――それは物事をよく考える人間にとって死よりもつらいものです――、二重の苦しみを味わったのです。

一四八　次に彼を襲ったのは、年貢の納め時の到来でした。全財産はただちに没収されました。それは両親から相続したもの(5)と彼自身が手に入れたものです。彼はとくに装飾の施されたものを好みました。富は彼にとって一部の金持ちたちのように、どうでもよいものではありませんでした。すべてのものが手の込んだものであるかどうか吟味されました。杯や、衣服、寝台、家具、その他すべての家の装飾品は、どれもこれも一級品でした。

一四九　それればかりでありません。家の使用人も容姿端麗と健康を判断規準にして、また必要な奉仕を落度なくこなせるかどうかで最良の人物が選ばれました。どのような仕事を割り当てられても、彼らは抜きんでていたので、同じ仕事をする者たちの中で第一の者か、さもなくば第二の者と見なされました。

一五〇　［装飾品にたいする彼の趣味を示す］よい証拠は、有罪とされた者たちの所有する多数の家財が競売にかけられましたが、フラックスのそれだけは、皇帝のために取っておかれ、若干のものだけが、有罪とされた者たちにたいしてかく定められた法に抵触しないよう別扱いされました。

一五一　家財の没収につづいて流刑の宣告がくだされましたが、彼は本土全土――そこは人の住む世界の中のより大きくより快適な土地です――からばかりか、［自然などの］幸運に恵まれたどの島からも追い払われました。彼は、弁護人のレピドス(6)がつけられていなかったならば、ギュアラ(7)と呼ばれるエーゲ海の島々の中のもっとも貧しい島(8)に追いやられることになっておりましたが、この人物の尽力で、ギュアラからその近くに横たわるアンドロス島(9)に変えられたのです。

一五二　フラックスはローマからブルンディシウムまでの道を進みましたが、彼はその同じ道を、エジプ

---

(1)「人間界の諸事を見守っておられる正義」。この表現は四九頁の註(7)を参照。

(2)フラックスの「統治のはじめから」の意であろう。

(3)前出一八に「最初から敵であると公言していた者たち」という表現が見られたが、ここでのフィロンの念頭にはイシドロスをはじめとする同じ敵がある。

(4)「有罪とされ」。あるいは「捕らえられ」。

(5)後出一七一を参照。

(6)この人物の詳細は不明。

(7)エウボイアの南東、デロス島を囲んで「房(キュクロス)」を構成する一五の島々(キュクラデス群島)の最北端のアンドロス島(次出)の南西に位置する。ローマ時代、この島は犯罪者の流される島として知られた(ユウェナリス『諷刺詩』第一巻七三、第十巻七〇を参照)。

(8)ストラボン『地誌』第十巻五-三は、アラトスの『カタ・レプトン』を引いて、その貧しさを説明している。

(9)キュクラデス群島の中の最大の島のひとつ。ぶどう酒で有名で、島全体はディオニュソスに捧げられた聖なる島と見なされた(パウサニアス『ギリシア案内記』第六巻二六-二を参照)。ストラボン『地誌』第十巻一〇、同書第五巻七をも参照。

トとその近隣のリビアの総督に任命された何年か前に旅をしていたので、そのとき大きな幸運をこれみよがしに見せつける誇らしげな彼を目の当たりにした都市は、今度は不名誉で満ちた彼を目の当たりにすることになりました。

一五三　人びとから指さされ罵りを浴びせられた彼は、運命の一変で生じた悲嘆の念で圧し潰されました。なぜなら彼の不幸は、新たな災難も加わってつねに新しくされて(2)焚きつけられたからであり、(3)それが再発する宿痾《しゅくあ》のように、しばらくの間忘れていたように見えた往時の悪事の記憶を呼び戻すからでした。(4)

第十九章

一五四　彼の乗った船はイオニア湾を横切ると、コリントに至る海を航行しました。ペロポネソス半島の沿岸都市の住民にとって、フラックスの運命の突然の変化を知らされると、［彼の到着は格好の］見せ物となりました。なぜなら、彼が上陸するたびに、人びとが押しかけたからです。性質《たち》の悪い者たちは臆病者のまねをし、(5)他人の運命の転変を冷静に考える習慣のある者たちは彼に同情しました。(6)

一五五　そして、レカイウム(7)からイストモス(8)を横切って対岸に至り、コリントの港町ケンクレアイ(9)に下ってくると、彼は警護の者たちにせきたてられ――彼らは少しの休息も与えなかったのです――小さな交易船に乗せられると海上に出ましたが、激しい向かい風に翻弄されてさんざんな目にあい、(10)かろうじてペイライエウス(11)に入港できたのです。

（1）六年前を指す。

（2）「新しくされて」。テクストでは「動かされ」であるが、コルソン『フラックス』にしたがって読み改める。

（3）「焚きつけられたからであり（ζωπυρουμένης）」。このギリシア語の使用は、フィロンがここで前出六八で描いた光景を念頭に置いていることを示唆する。

（4）「再発する宿痾のように……呼び戻すからでした（καθάπερ ἐν ταῖς νόσοις ὑποτροπιαζούσαις ἀνάγει）」。マンジャリーの提案にしたがい、また後出一八二に同一の表現が見られることにより、テクストのギリシア語を読み改める。

（5）ここでのフィロンの念頭にはアレクサンドリアの劇場での黙劇俳優の仕草があるのであろう。

（6）「……者たちは」。テクストでは「他方……他の者たちは」。日本語ではくどすぎる。

（7）ギリシア語読みではレカイオン。コリントが誇る三つの港のひとつ。ストラボン『地誌』第一巻三-一四、第八巻六-二二を参照。

（8）この場所（地峡）についての記述は、ストラボン『地誌』第一巻三-一八、第六巻一-三以下、パウサニアス『ギリシア案内記』第二巻一-六以下を参照。

（9）イストモスの東端にある港町。東方との交易で重要な地位を占めた。ストラボン『地誌』第八巻六-二二は、ケンクレアイをコリントから約七〇スタディオン離れた港町とする。

（10）フラックスが送り出されたのは後三八年の秋で、航海には季節はずれの時期だったが、この辺りの記述にはフィロンの想像と願望が濃厚であると同時に、アレクサンドリアの使節の一員としてローマに出かけたフィロンの海上での体験が投影されているようにも見える。

（11）アテナイの南西五マイルの所に位置するもっとも重要な港町。ストラボン『地誌』第一巻三-一八、第九巻一-二、一四-一五、第十二巻三-一四、第十四巻二-九、パウサニアス『ギリシア案内記』第一巻一-二－一-三を参照。

一五六　嵐が止むと、彼はアッティカ沿いにスニオン岬[1]まで進み[2]、ついでヘレネ島[3]、キア島[4]、クトヌス島[5]などの一連の島々や、次から次に浮かぶその他の島々に沿って船旅をつづけ、最終目的地であるアンドロス島民の島に到着しました。

一五七　この不幸な男[6]は、遠くからこの島を認めると、まるで泉からのように頬[7]に涙を流し、胸を打ちながら、悲嘆のうめき声をあげて言いました。

「予の警護の者[8]と随行の者たちよ。フラックスが住むことになったのは幸運に恵まれたイタリア[9]ではなくてこの美しい土地[10]、いや何の恵みも受けていないアンドロス島だ。

一五八　予は大都ローマ[11]で生まれ、育てられ、教育を受けた。予はアウグストゥスの孫たちの学校仲間[12]であり、一緒に生活した者だ。ティベリウス・カエサルの宮廷では第一の友人のひとり[13]に選ばれ、彼の所有する最大の領地エジプトを六年間[14]託された男だ。

一五九　こんな大きな運命の転変、これはいったいどういうことなのだ。まるで日食が起こったように、昼間の中の夜が予の生活を覆ってしまった。こんなちっぽけな島を何と呼べばいいのだ？　これが予の流刑先[15]なのか、それとも第二の祖国[16]、幸運とは無縁の逃れの地なのか？　これにふさわしい名は墓場だ。この不幸な男である予は、予自身の遺体を墓所に運ぶかのようにして[17]旅してきたからだ。予は苦悩のゆえに予の惨

（1）ラテン語ではスニウム岬。海上から三〇〇フィートの所にアテナとゼウスを祭った神殿が建てられていた（パウサニアス『ギリシア案内記』第一巻一-一二を参照）。ストラボン『地誌』第二巻一-四〇、第七巻の断片一三、第九巻一-一、第十

巻四-二をも参照。
(2)ストラボン『地誌』第九巻一-二は、ペイライエウスからスニオン岬までの距離を三三〇スタディオンとする。
(3)ギリシア語読みではヘレネー。ストラボン『地誌』第十巻五-三は、アルテミドロスを典拠に、キュクラデス群島はこの島からはじまると述べている。
(4)ギリシア語読みでもキア。この島はストラボン『地誌』第十巻五-三が数え上げる一五のキュクラデス群島の中には入っていないが、彼はヘレネ島にもっとも近い群島のひとつとしてケオをあげているので、ここでのキア島はケオ島かもしれない。
(5)ギリシア語読みではキュトノス。キュクラデス群島のひとつ。ストラボン『地誌』第十巻五-三を参照。
(6)「この不幸な男(ὁ κακοδαίμων)」。後出一五九でも使用されているこの語と次出の「幸運に恵まれたイタリア(τῆς εὐδαίμονος Ἰταλίας)」の間には、言葉遊びが認められる。一一頁の註(7)を参照。
(7)この表現については補註*Mを参照。
(8)「警護の者(φύλακες)」と次出のフラックス(ギリシア語読みではフラッコス)の間には言葉遊びが認められる。
(9)「幸運に恵まれたイタリア」。前出一五一に「幸運に恵まれたどの島からも」、後出一六三に「あの大きな幸運に恵まれた国エジプト」という類似の表現が認められる。
(10)「この美しい土地」。これは反語的表現のひとつ。
(11)「大都ローマ」。あるいは「皇帝の都ローマ」。
(12)ユリアと彼女の二番目の夫M・アグリッパの間に儲けられたC・カエサル、L・カエサル、アグリッパを指す。これらの者たちはいずれも若くして死んだが、当時まだ最年少の者が存命していたら五〇歳くらい、最年長の者が存命していたら五八歳くらいとされるから、ここから、フラックスの年齢が推定される。
(13)五頁の註(9)を参照。
(14)この期間は補註Dを参照。
(15)「流刑先」。あるいは「逃れの町」。
(16)「第二の祖国」。あるいは「新しい祖国」。写本によっては「空しい祖国」。
(17)ここでフィロンが「墓場」や「墓所」をメタファーとして使用するのは、アレクサンドリアの町の一角がネクロポリス(大墓地)だったからだろうが、それ以上に後三八年の夏の迫害でユダヤ人たちが家を破壊されて「海岸や、むさ苦しい不潔な場所、墓地」(前出五六)にまで追いやられたからだろう。

めな生の糸を断ち切るか、[1] それとも生きながらえることができても、先送りされた死を日々意識しながら待つかだ」。

一六〇　フラックスはこのようなことを口にして嘆きました。そして船が港に入ると、非常に重い重荷で圧し潰された者のように、全身を前かがみにして、さまざまな災禍で首をへし折られたかのようになって上陸したのです。道の両側に立ち並んだ彼に会いに来た者や見物にやって来た者たちに、頭をあげる気力や勇気さえ欠いておりました。

一六一　彼に随行した者たちは、アンドロス島民の民会に彼を連れて行くと、全員に引き合わせ、彼らを島への流刑人の到着の証人としました。

一六二　随行した者たちは、その役目を終えると去って行きました。見慣れた顔がもはやひとつも見られなくなると、フラックスの感情は、これから起こる光景がより鮮明に浮かんできて新たにされるのでした。そして、自分の周囲が広大な荒地であることを知ったとき――彼はその中央に取り残されました――、彼には祖国において暴力で殺されるほうが、より軽微な災禍か、現在の窮状と比較すれば、望ましいものであるかのように思われました。彼の感情の起伏は非常に激しく、狂人のそれと何ら変わりませんでした。彼はしばしば飛び跳ねたり、走り回ったり、手を打ったり、膝を叩いたり、地上に身を投げ出したり、そしてしばしば大声をあげて言いました。

一六三　「予はフラックスだ。予はつい最近まで、あの大都市、あの多くのポリスの集合体であるアレクサ[2]ンドリアの州知事、あの大きな幸運に恵まれた国エジプトの総督だった。予には何万何十万という[3]住民が敬意を払った。予は統治される者たちの中に大兵力を、すなわち歩兵や騎兵、海軍を擁していた。しかもそれはたんに数ではなく、全員が訓練を積んだ者たちだった。(4) 予が毎日外に出るときには、大勢の護衛がついていた。

一六四　これは現実ではなく夢なのか？　予は就寝中に心を励ますもの、虚空の中を徘徊する実体なきもの、(5) 実在しもしないのに存在するかのように書きとどめる霊魂の作品を見たのか？

一六五　そうだ、予は欺かれていたのだ。それらは現実の影であり、現実そのものではなく、実体の模倣（ミーメーシス）であり、その偽りを明らかにする実体ではなかった。われわれが目を覚ましたとき、夢の中で見たものを何ひとつ見出さず、すべてが消え失せどこかに行ってしまっているように、かつて予の慣れ親しんだあの明かり(6)は時の一瞬の回転で消え失せてしまったのだ」。

（1）「予は苦悩のゆえに予の惨めな生の糸を断ち切るか」。類似の表現が後出一七九にも見られる。

（2）「多くのポリスの集合体である（πολύπολις）」。補註Uを参照。

（3）「何万何十万という（τοσαῦται μυριάδες）」。数を表わすこのギリシア語に適訳を与えることは難しい。

（4）前出五を参照。

（5）「虚空の中を徘徊する実体なきもの」。ここで使用されているギリシア語「実体なきもの（εἴδωλον）」は偶像を指して用いられるものであるが、フィロンの念頭には祈りの家に持ち込まれたガイウス像があるのかもしれない。

（6）「あの明かり」。あるいは「あの栄光」。

第二十章

一六六　フラックスは終始このような思いにねじ伏され、言うなればその首をへし曲げられたのです。[1]その付きまとう屈辱感のために、彼は大勢の人に会うのを避け、港に降りて行ったり市場に出かけたりすることはせず、家の戸口を踏み越える勇気すらもたず、家に閉じこもって身を潜めておりました。

一六七　ときには他の者たちがまだ寝静まっている朝の暗い時刻に、誰にも見られずに姿を現わして壁の外に進み、[2]ひとりきりで[3]一日をつぶすのでした。誰かがどこかで挨拶しようとすると、姿を消しました。その魂は、走馬灯のようによみがえる悪事の記憶によって、ずたずたに引き裂かれ食い尽くされておりました。そしてこの惨めな男は、夜が深まると中に入り、夜が朝になるようにと、尽きることなく終わることのない苦悶の中で祈りましたが、寝つくことができても暗闇と恐ろしい幻にうち震えたのです。朝になると、彼は再び夕のために祈りました。[4]彼を取り巻く暗黒の世界が、すべての明るいものに敵対したからです。

一六八　数ヵ月後、[5]彼は小さな土地を購入し、一日の大半をひとりでそこで費やし、自分の運命を嘆き嗚咽しました。

一六九　伝えられるところによれば、ある日の真夜中ころ、彼はコリュバントの祭司たち[6]のように霊にとりつかれました。[7]彼は自分の建てた掘っ立て小屋から外に出ると、目を天や星辰の方に向け、真に世界の中の世界[8]を凝視しながら声をあげて言いました。

一七〇「神々と人間の王よ。(9) まことにあなたはユダヤ民族をないがしろにはされず、また彼らはあなたの摂理(10)について偽りを申してはおりません。あなたの中に勇者、擁護者の姿を見ないと言う者はみな、健全な教えからはずれております。わたしがその明白な証拠です。わたしがユダヤ人にたいして狂人のように行な

---

(1)「ねじ伏され……その首をへし曲げられたのです」。ここでのフィロンのイメージの中にはギュムナシウムのマットの上でギップ・アップするレスリングの選手がいる（『使節』二九を参照）。

(2) フィロンはここで、後三八年の夏の迫害のときのユダヤ人の光景、すなわち狭い場所に押し込められた同胞たちがこっそりと壁の外に出て行って食べ物を探したその光景を思い浮かべている。

(3)「ひとりきりで（ἐπὶ τῆς ἐρημίας）」。ここでは後出一六八の「ひとりで（μονούμενος）」の意味で使われていると思われるが（『使節』一七一を参照）、そうでなければ「荒野で」「人のいない所で」。

(4) フィロンはここで申命記二八・六六—六七（多分ギリシア語訳）の言葉を念頭に置いているように見える。

(5)「数ヵ月後」。「数日後」の用例からして（二九頁の註（9）を参照）、この「数ヵ月後」にどれほどの時間的正確さが込められているかは不明。

(6) コリュバント（コリュバス）はプリュギアやその他の小アシアの女神キュベレの祭司。動詞 κορυβαντιάω は「コリュバスの熱狂にとりつかれる」の意になる。この熱狂主義については、『創造』七一参照。

(7) フィロンは『移住』三五で、自分がコリュバスの祭司たちの霊にとりつかれたことがあると告白している。

(8)「真に世界の中の世界」。類似の表現は、『アブラハム』一五九の「真に世界の中の世界として形づくられた天」、『報酬』四一の「世界の中で動いている真の世界」に見られる。

(9)「神々と人間の王よ」。類似の表現は、『モーセ』第二巻二〇六の「神々と人間の主」、二三八の「人間と神々の主」ほかに多数認められる。

(10)「あなたの摂理」。テクストでは「あなたからの摂理」。

ったすべての犯罪のために、わたし自身が苦しめられているのです。

一七一　わたしは略奪者たちに彼らの所有物を奪うのを許しました。まさにこのため、わたしは父や母から受け継いだものや、寄進や贈り物として受けたすべてのもの、その他わたしが手にしたもろもろのものを取り上げられたのです。

一七二　彼らは市民権を有する居留者ですが、彼らの敵対者を喜ばせるために、わたしは彼らを市民権のない外国人であると口汚く罵ったこともあります。(1)〔彼らに敵対するこの連中は〕無統制で付和雷同する者たち(2)で、このわたしは運悪く彼らの追従に騙されたのです。このため、わたしは市民権を喪失し、人の住むすべての世界から追い立てられてここに幽閉されているのです。

一七三　わたしは一部のユダヤ人たちを劇場の中に連れ込み、彼らをもっとも憎んでいる者たちの見ている前で拷問が加えられるよう、不当にも命令をくだしました。そのため肉体より先にこの惨めな魂が正当にも拷問を加えられたのです。わたしは最大の侮辱を受けて劇場やひとつの都市の中に連れ込まれたりしたことはありませんが、(3)イタリア全土を経てブルンディシウムまで、ペロポネソス全土を経てコリントまで、アッティカと島々を経てわたしの獄舎であるアンドロス島まで見せ物として引かれて来たのです。

一七四　わたしははっきりと確信しております。これがわたしの災難の最後ではなく、わたしの行なった悪事と釣り合いを取るために他の災難も待ち受けていることを。わたしは一部のユダヤ人たちを殺し、彼らが他の者たちによって殺されたときには何の措置も講じませんでした。ある者たちは石を投げつけられ、ある者たちは生きながらにして焼き殺されるか、市場の中を全身がずたずたにされるまで引きずりまわされました。[4]

一七五　この者たちの復讐の女神たち[5]がわたしを待ち受けていることを十分に承知しております。死神たち[6]は、言うなれば、すでに［黄泉の世界への］門口に[7]立って、わたしの血を虎視眈眈と狙っております。毎日、いや今このときでさえも、わたしはすでに死んだも同然で、最終の死ではなくて多くの死を味わっているのです」。

一七六　彼はしばしばびくびくと怯え、手足などはがたがたと震え、魂は恐怖に怖気《おじけ》づき、荒い息づかいと激しい動悸で揺さぶられました。人間の生を本来的に慰めることのできる唯一のもの、すなわちよき希望が失われていたからです。

---

(1) この一節は、ユダヤ人がアレクサンドリアの「市民権を有する居留者」であるかのような印象を与えるが、ここで対象とされているユダヤ人とは、市民権を与えられている一部のユダヤ人たち、たとえばフィロンのような上流階級のユダヤ人である。

(2)「無統制で付和雷同する者たち」。前出三五に「無統制な民衆」という表現が見られた。

(3)「そのため肉体より先に……ありませんが」。この一節のギリシア文は込み入っているが、内容から整理・整頓する。

(4) 前出六五を参照。

(5)「復讐の女神たち（αἱ ποιναί）」。これはヘブライ的な観念ではない。

(6)「死神たち（οἱ ἀλάστορες）」。これはヘブライ的な観念ではないが、旧約外典『マカベア第二書』七-九に見られる（新共同訳聖書は「邪悪な者」と不適切な訳語を与えている）。

(7)「門口に（ἐπὶ βαλβίδων ＜ βαλβίς）」。ギリシア語の βαλβίς は競技場のコースの出発点に張られたロープを指す。ギュムナシウムに出入りしていたフィロンならではの表現である。

一七七　吉兆[1]もひとつとして彼に現われなかったのです。すべてが不吉な前兆でした。薄気味悪いひそひそ声、心労の重なる目覚めているとき、びくびくとして寝入らねばならない夜、獣のような孤独さなどなど。では、群れのような生活[2]は彼がもっとも望んだものでしょうか？　都市での生活などはもっとも不快なものでしょう。では、辺鄙な土地でのひとりぼっちの不名誉な生活は安全だったでしょうか？　否、それは危険で仮借ないものでした。こっそりと近づいてくる者がいれば、疑ってみなければならなかったからです。

一七八　彼は言いました。

「やつは予に何かを企んでいる。足早にやって来るやつは予の後をつけるのが目的で、ただそのために急いでいるのだ[3]。愛想のいいやつは罠を仕かけている。率直に意見するやつは予を愚弄している。屠殺用の羊や山羊などに与えるように、食べ物や飲み物が予に与えられているのだ。

一七九　こんなひどい災禍に堪えるにはいつまで鉄のように強靱でなければならぬのだ。予は死にたいして腰が引けていることを知っている。過去の悪意ある行動のため、ダイモーンは予にこの惨めな生の糸を短く断ち切ることを許さない[4]。予が犯した癒しがたい悪事はまだまだ数え切れないほどあり、それらは予を断罪するために宝庫にしまわれ、予の陰謀で殺された者たちのためにいつでも引き出せるからだ」。

第二十一章

一八〇　フラックスはこんなことを止めどもなく考えたりしながら、その運命づけられた最期が一刻も早く来るのを望みました。そして、間断のない苦しみが彼の魂を動転させ錯乱させました。他方ガイウスは、性格的に残忍だったので、いかなる処罰にも満足せず、他の誰かが一度罰せられた者たちに寛大になることを望まず、終わりなき怨恨を抱きつづけ、つねに何か新しい大きな災禍を彼らにくだそうと企んでおりました。彼はとくにフラックスを憎悪しておりました。しかもそれは、その名を遠ざけたいあまり、同名の者たちを疑いの目で見るほどでした。

一八一　彼はフラックスを死罪ではなくて流刑に定めたため、しばしばそのことを悔やみ、一目置いていた彼の弁護人レピドスを難詰しました。レピドスは自分自身への処罰を恐れて反論しなかったのです(5)。

一八二　というのも彼は、ある人物(6)にくだされた判決を軽くするのに一枚かんでおり、そのため、当然のことながら、自分自身がより重い(7)処罰を受けるのではないかと恐れていたからです。

(1)「吉兆（ὄρνις αἴσιος）」。ギリシア語は、本来、鳥占いによる吉兆を意味する。
(2) ここでの「群れ」は動物の群れであるから、フィロンの念頭には後三八年の夏の迫害のときにユダヤ人が強いられた生活がある。
(3) この一節のギリシア文は、句読点の置き方次第では、「足早にやって来るやつは予に何かを企んでいる。予の後をつけるのが目的で、ただそのために急いでいるのだ」となる。
(4)「この惨めな生の糸を短く断ち切ることを許さない」。類似の表現は前出一五九に見られた。
(5)「反論しなかったのです」。あるいは次節の内容から「嘆願しなかったのです」。
(6) この人物は不明。
(7)「より重い」と先行する「軽くする」の間には言葉遊びが認められる。

さて、もはや誰も嘆願を口にする勇気をもたなかったので、ガイウスはその怒りを残忍で抑制のきかないものにしました。その怒りは、本来なら、時とともにおさまるものでしたがそうではなく、身体に宿った再発する宿痾《しゃくあ》のように(1)、さらにいっそう鋭いものとなりました。以前にもまして荒れ狂ったものとなったからです。

一八三　さて、伝えられるところによりますと、ある夜のこと、彼は眠れずに横になっていると、高位高官の者たちの流刑について、たしかに(2)彼らは不運な者たちとされるが(3)、仕事もせずに静かで真に自由な生活を手に入れていると考えるに至りました(4)。

一八四　そこで彼は海外移住と呼んで、［流刑という］呼称を改めたのです。彼は言いました。

「なぜなら、このような連中の追放は一種の海外移住であり、そこでは生活必需品を潤沢に与えられ、仕事もせずに健康を損なうことなく生きられるからだ。彼らが安寧を享受し、哲学者の生き方の果実を手に入れるとは理にかなわぬことだ(5)」。

一八五　そこで彼は、もっとも著名な者たちや、その評判がもっとも高い者たちの処刑を命じて、その名簿を与えましたが(6)、その冒頭にフラックスの名があったのです(7)。

さて、処刑人たちがアンドロス島に到着したとき、フラックスはたまたまその辺鄙な所から町に出かけようとしておりました。港からやって来た一行は彼の所に向かいましたが、双方は互いに遠くから認め合いました。

一八六　フラックスは、彼らが足早にやって来る理由を察知すると――どんな人の魂であれ、とくに苦境に置かれている者たちのそれは、これから起こることを占い師のように読むことができるものです[8]——、アンドロス島が本土ではなくて島であり、海に囲まれているので、どんなに急いで逃げ去っても無駄であることを忘れてだと思いますが、道をはずれると、ごつごつした土地を通って逃げ出しました。取るべき道は二つにひとつしかありません。ひとつはさらに先にまで逃げて行って海に落ちることであり、ひとつは岬の突端に辿りついたときに捕まることでした。

一八七　もちろん、この二つの災難を比べてみれば、海の中よりも陸の上で滅びるほうがましです。なぜなら自然は陸を、人間とそこに住むすべての生き物に、生きているときばかりか死ぬときにももっとも適切

(1)「再発する宿痾のように」。同一の表現が前出一五三で見られた。
(2)「たしかに」。あるいは「名目的には」。
(3)「不運な者たちとされるが」。あるいは「まったくツイていないと想像されるが」。
(4)『使節』三四一は、ガイウス治下で流刑された者たちに言及している。
(5)ここでのガイウスの言葉はフィロンの創作であろうが、そこにはストア派の哲学者への皮肉が込められている。「哲学者の生き方（*φιλόσοφος βίος*）」という表現は『逃亡』三四のそれと比較せよ。
(6)スエトニウス『カリグラ』二九によれば、ガイウスは十日ごとに処刑される者の名簿に署名している。
(7)ここでの記述は創作くさいが、『使節』三四二を参照。
(8)「（これから起こることを）占い師のように読むことができるものです（*μαντικώτατον*）」。コルソン『フラックス』は「高度に預言者的である」と訳出するが、それでは「占い師（*μάντις*）」が生きてこないばかりか、フィロンが意識的に使用する異教的な表現（「復讐の女神たち」「死神たち」「ダイモーン」など）が無視されることになる。この一文を前出一一四のそれと比較せよ。

な場所として割り当てたからです。それはそれらが最初に誕生したときに受け入れたのですから、生が最後に絶たれるときも受け入れなければなりません。

一八八　処刑人たちは息せききって追いつづけ彼を捕まえました。すると彼らの中のある者は急いで穴を掘り、ある者は、抵抗し大声をあげ逃げようとしてもがくフラックスを力づくで引きずって行こうとしました。その結果はというと、彼はまるで獣のように一撃に向かって行き、全身を傷で引き裂かれました。

一八九　というのも彼が自分を殺そうとする者たちにしがみつき、くんずほぐれつの取っ組みあいをしたため[1]、彼らは剣を振りかざすことができず、斜めからの突きを加えたため、彼は深手の傷を自ら受ける羽目になってしまったからです。彼はその手、足、頭、胸、横腹などをずたずたに切り裂かれ、犠牲獣のように切り分けられました[2]。正義がひとつの体に加えた屠殺の切り跡の数は、不当にも彼によって殺されたユダヤ人たちの数と同じでしたが、それは正義の意志だったのです。

一九〇　処刑の現場の一帯は、多くの静脈がずたずたに切断されたためにほとばしり出た血[3]で溢れました。他方、彼の死体はすでに掘られてあった穴の中に引きずられていって投げ込まれましたが、全身をひとつにする靭帯が切られたために、体の大半の部分が弛緩したものになってしまいました。

一九一　以上は、フラックスもまた[4]こうむった災禍です。彼はそれにより、神からの助けがユダヤ民族から取り上げられていない偽りない証しとなったのです。

(1) この辺りの描写にも、フィロンのギュムナシウムでの体験や見聞が生きているように思われる。

(2) ここで描かれている光景を前出七一で描かれているものと比較せよ。

(3) 「ほとばしり出た血」。コルソン『フラックス』にしたがい、「静脈」を修飾するテクストの ἐκχεομένων を ἐκχεομένῃ に改める。

(4) 「フラックスもまた (καὶ Φλάκκος)」。ここでの「……もまた」の含意するところは、「解説」を参照。

ガイウスへの使節

第一章

一　いったい、いつまでわたしたち老人は子供なのでしょうか？　わたしたちは、長い時の経過により、白髪の身になっておりますが、その魂は、もっとも変わりやすいものである幸運（テュケー）をもっとも変わりやすくないものと、もっとも安定したものである自然（ピュシス）をもっとも不安定なものと見なしたりして、［正しい］感覚的な認識の欠如により幼子同然なのです。[1]というのもわたしたちは、チェス盤上でのように、移動しながら行動を変えるからであり、そのため、わたしたちには、幸運の賜物が自然のそれよりも永続的であり、自然の賜物が幸運の賜物よりも不安定であるように見えるのです。

二　それというのも、わたしたちが、将来の出来事について予測できぬため、人を迷わせることのない知性によってではなく、人を迷わせる感覚的な認識にしたがい、現在の出来事によって支配されているからです。たしかに、見えるものや手元にあるものは目で捕捉されますが、理性的判断こそが目に見えない将来の出来事を予測するのです。わたしたちは、一部の者は混じりもののない酒と飽食で、また一部の者は最高の悪である無知で混乱して、体の一部である目よりも鋭敏な理性の目を曇らせております。

三　それはともかくとして、現在の時《とき》とその中で決定される多くの重要な問題は、たとえ一部の人たちには信じられなくても、神的なるもの(2)が人類のために心配りされること、そしてとくに全世界の父にして王、万物の源《もと》であるお方に仕えてきたこの嘆願者の民族(3)のために心配りされることを確信させるに十分なものです。

四　この民族はカルデア語(4)でイスラエルと呼ばれております。その名はギリシア語で「神を見るもの(5)」と解釈されておりますが、神を見ることは、わたしには、個人的であれ共同としてであれ、すべての財産の中でもっとも価値あるもののように思われます。

五　というのは、もし長老や、教師、アルコーン(6)、両親らの振る舞いの光景が彼らを見る者たちを突き動

(1) この一節は、文書を著わしている著者が老齢であることを示唆する。本書の「解説」を参照。
(2)「神的なるもの（τὸ θεῖον）」。フィロンはここで異教の読者を想定してか、「神（θεός）」を中立的な響きのする「神的なるもの」に置き換えている。
(3) ユダヤ民族を指してのギリシア語「民族（γένος）」の使用については、『フラックス』の補註Bを参照。
(4)「ヘブル語で」の意。同じ用例は『アブラハム』八、一二、九九、二〇一、『モーセ』第一巻五、第二巻二二四ほかを参照。
(5)「神を見るもの」。あるいは「神を見る民族」。フィロンはここで象徴的意味を見出している。
(6) ギリシア語のアルコーンは「統治者」「世話役」の意で使われるが、フィロンがここでとくにユダヤ人共同体の指導者たちを念頭に置いているかどうかは不明。

かして、彼らへの敬意や、よき振る舞い、そして克己の生活[1]へと熱心に向かわせるのであれば、すべての形成物を超越する非形成の神的なるもの、すなわち第一の善なるもの[2]、美しきもの、幸福なるもの、至福なるもの、もっと適切に言えば、善なるものにまさる善なるもの、美しきものにまさる美しきもの、至福なるものにまさる至福なるもの、幸運なるものそれ自体にまさる幸運なるもの、そして、もし完全なるものがあれば、前述のものにまさる完全なるものを教え込まれている魂の中に見出されると考えられる徳や高貴な振舞いは、どんなにか盤石なものであるか！

六　というのも理性は、そのどこをも触れたり動かしたりすることのできぬ神の高みに達しえず、それでもって説明への架け橋となる適切な言葉を見出せずして身を引き、消えてしまうので、わたしは［ここで］存在されるお方（ホ・オーン）については語りません。かりに天全体がひとつの明晰な声に変じたとしても、それはこのために必要な適切で適当な言葉を欠くでしょう。そのことは、その方の付随的な諸力[3]である、世界形成的な力、王的な力、先見的な力や、**七**　もし、法と掟の一部であるという理由ばかりか――どんな法も二つのもの、すなわち、よきことの顕彰と悪しきことの処罰を含まねば完全ではありません――、処罰がしばしば、罪を犯した者たちを、少なくともその隣人たち[4]を諭し正気にさせるという理由からも、懲罰的なものが恩恵的なものの中に分類されるならば、恩恵的であると同時に懲罰的でもある他のすべての力についても言えるでしょう。処罰は、多くの者たちを、同じような運命にあうのを恐れさせる恐怖でもって正すのです。

第二章

八　なぜなら[5]、いったい誰が、ティベリウス・カエサル[6]の死後[7]、ガイウス[8]がすべての地と海の統治権を継承し、争い抜きでよき法のもとに、東や、西、北、南の全地域を調和の中へ導き、平和に与りそれを享受するために、非ギリシア人の民族がギリシア人と、ギリシア人が非ギリシア人と、兵士が都市の者と、市民が軍団と、交わりと平和の享受のために協調するのを見て、途方もなく大きな、言葉では言い尽くせない繁栄ぶりに驚き、驚嘆しなかったでしょうか？

---

(1)「克己の生活」。あるいは「自制の生活」。これは『フラックス』一八四の「哲学者の生き方」に相当。

(2)「第一の善なるもの」。同一の表現は『賞罰』四〇、『混乱』一二でも見られる。フィロンはここでプラトン的な用語で神の定義を試みている。

(3) ここで「付随的な」と訳したギリシア語 *δορυφόρος* は、「槍持ちの」を意味する形容詞。われわれはここにオリエントの王との比較を見るべきかもしれない。同じメタファーは『不変性』一〇九、『献げ物』五九、『アブラハム』一二二ほかにも見られる。

(4)「その隣人たち」。あるいは「罪を犯しそうになっている者たち」。

(5) この冒頭のはじまりについては補註Aを参照。

(6) ローマ皇帝（後一四－三七年）。ティベリウスについては『フラックス』九以下を参照。

(7) ティベリウスの没年については九頁の註（3）を参照。

(8) ガイウスについては『フラックス』九以下、および九頁の註（4）を参照。

九　彼は以下のものをすぐに手に入れたのです。すなわち、その相続した山のような大量のよきもの、おびただしい数の金や銀の財宝――あるものは塊であり、あるものは通貨であり、あるものは杯のような装飾品であり、その他のものは展示のために精緻なものでした――、歩兵や、騎兵、軍船などの大規模な軍事力(1)、泉から湧出する間断なき流れのような歳入(2)、一〇　二つの川ユフラテスとラインによって境がつけられ――ラインはわたしたちからゲルマニアやもっと獣のような民族すべてを分かち、ユフラテスはパルティアや、ゲルマニア人に優るとも劣らない野蛮な二つの民族サルマティアやスキタイの民族を分かっております(3)――、適切にも人の住む世界（オイクーメネー）と呼ばれるその世界の大半を形成するもっとも重要な地域の統治権だけではなく、すでに述べたように(4)、大洋(5)の内側とその向こうの太陽の昇る所から沈む所までの統治権などでした。これらのものはすべてローマ市民や全イタリア、およびアシアやヨーロッパ(6)の諸民族にとって喜びとなるものでした。

一一　人びとはみな大きな喜びを表明しましたが、それは前任の皇帝たち(7)にたいして表明された喜びにまさるものでした(8)。彼らは私益や公益の獲得と使用を望んだのではなく、幸福が門口で待ちかまえていて、すでにして幸運か何かを有り余るほどに手にしていると考えたのです。

一二　そのため都市の中で見られたのは、もっぱら祭壇や、奉献、犠牲の獣(9)、白の外衣をまとった者たち、花冠をかぶった者たち、目を輝かせている者たち、うきうきした表情で好意を丸だしにしている者たち、祭礼、祝祭の催し、音楽の祭典、戦車競技、酒盛り、フルートや竪琴を奏しながらの夜を徹しての陽気な騒ぎ、喜び、くつろぎ、休暇、五感の司るあらゆる類いの快楽だったのです。

一三　そのころは、金持ちが貧しい者にたいして、栄誉を手にした者がそうでない者にたいして尊大に振る舞うことはなかったのです。金貸しが借り手にたいして、主人が奴隷にたいして優越的になることはなく、時（カイロス）は法の前での平等を与えたのです。実際、詩人たちによって描かれたクロノスの時代[10]は、もはや神話的なつくり話であるとは考えられず、繁栄と安寧のおかげで、悲しみや恐怖からの解放が見られ、またどの家にもどの人びとにも歓喜が見られました。それは昼も夜も、最初の七ヵ月間、途切れることなく連続的につづいたのです。

一四　ところが、八ヵ月目[11]に、重い病がガイウスを襲ったのです。彼は、ティベリウスが存命していたと

（1）ティベリウス帝治下のローマの軍事力は『フラックス』の補註Gを参照。
（2）フィロンは「泉」をメタファーとして好んで使用する。それについては、『フラックス』の補註＊Mを参照。
（3）フィロンがいかなるイメージでユフラテス川とライン川を捉えていたのかは不明。
（4）これは、多分、前出八の「すべての地と海の統治権」に言及するものであろう。
（5）この言葉については補註Bを参照。
（6）フィロンはしばしばその著作の中で「人の住む世界」をアシアとヨーロッパに分けるが、それについては二五頁の註（9）を参照。
（7）フィロンはここでカエサルの王朝が近年のものであることを忘れている。
（8）ガイウスの皇帝即位でギリシアやその他の地が表明した喜びについてはスモールウッド『ガイウス』一六一頁を参照。
（9）ユダヤ人たちはヘカトンベを捧げた（後出三五六および二一一頁註（4）参照）。ローマで捧げられた犠牲の獣については、スエトニウス『ガイウス』一四を参照。
（10）この「クロノスの時代」については、補註Cを参照。
（11）スモールウッド『ガイウス』一六四頁は、この時期を後三七年の十月の中頃から十一月の中頃にかけてと想定。

きにはしばらくの間実践していた、もっと質素で、それゆえにもっと健康的な生活様式を放縦なものに変えたのです。混じりもののない酒を浴びるように飲み、贅沢なものを口に運び、胃の腑が一杯になっても欲望はまだ満たされず、その時刻でもないのに熱いサウナに入り、嘔吐しながらもすぐにまた杯に手を出したり、食卓に向かってがつがつと食べ、少年や女性たちを相手に淫らな行為にふけり(1)、魂や肉体を、そしてそのそれぞれの中にあって、その二つをひとつにする絆を破壊するいっさいのことをやってのけたのです。自制の実践は健康と意志の力によるものであり、他方不摂生は意志の弱さと、死と隣り合わせの病によるのです。

第 三 章

一五　さて、ガイウスが病気だという噂は、航海がまだ可能でしたので(2)――その時期はまだ秋口でした。秋は航海の季節の終わりで、船乗りたちは各地の交易の港から自分たちの港や停泊地に戻りますが、とくに外国の地で冬を過ごさぬようにする者たちはそうでした――全地をかけめぐりました。人びとは［ガイウスが病気であるという噂を聞くと］贅沢三昧な生活をやめ(3)、がっくりと肩を落としました。どの家もどの町も不安と落胆に満たされ、彼らの最近までの喜びは、それに劣らぬ悲しみで釣り合いを取らされたのです。

一六　というのも、人の住む世界の全地は彼と病を分かち合ったのですが、彼らの病はガイウスを襲ったものよりも重かったからです。彼のは彼の身体だけでしたが、全世界のあらゆる土地のあらゆる人びとの病(4)は、魂の安寧や、平安、希望、よきことなどに与り享受することに影響を与えるものでした。

一七　彼らは無秩序の混乱から生じる多くの大きな悪のことをあれこれと考えました。それは飢饉や、戦争、略奪、土地の荒廃、財産の喪失、誘拐、奴隷にされたり殺されたりする恐怖などでした。これらの恐怖はいかなる医師も癒すことができず、唯一の癒しはガイウスの回復にありました。

一八　そのため、病状が落ち着きはじめると、その吉報は短期日にして地の果ての者たちにさえ知られたのです。というのも、噂ほど早いものはなく、またどの町も、定期的にやって来る旅人たちからガイウスの完全な回復のよき知らせがもたらされるまで、よりよい知らせをいつも待ちこがれて鶴首していたからです。この吉報により、どの本土にもどの島にも、いま一度かつての喜びが戻りました。人びとは自分自身が彼の回復に与ったと考えたのです。

一九　全世界が、皇帝権を継承したときのガイウスや、病から回復したガイウスに感じた大きな喜びにまさる喜びを、ひとつの国やひとつの民族が統治者の救いや回復に感じたことを誰も覚えてはおりません。

二〇　彼らは今やはじめて、遊牧的で獣的な生活から、一緒になって暮らし同じものを食べる生活に向かいはじめたかのように、あるいは、山の麓の掘っ立て小屋などでの孤独な生活から、城壁をめぐらされた都

（1）スエトニウス『ガイウス』一四、三六、四一、ディオン『ローマ史』第五十九巻二八-九を参照。

（2）地中海の航海の季節は三月の十日から十一月の十一日までとされた。季節風については、一五頁の註（12）を参照。

（3）この時期およびガイウスの妹ドルシラの服喪の時期の市民生活は、スエトニウス『ガイウス』一四、二四、二七、ディオン『ローマ史』第五十九巻八-三、一〇-八、一一-六を参照。

（4）「あらゆる土地のあらゆる人びと」。この誇張的な表現については、一二七頁の註（4）を参照。

市の中に落ち着いたかのように、あるいはまた、守護者のいない生活からよく飼い慣らされた群れの牧者[1]である守護者[2]のもとで居住地を選んだかのように思ったのです。彼らは真実を知らなかったのです。

二一　人間の精神は真の益の認識にたいして明るくなく、知識ではなく、もっぱら推測や見当を導きとしてしまうのです。

第四章

二二　ガイウスは、遠い昔ではなく〔近年になってはじめて〕、揺るぎない繁栄のためにアジアやヨーロッパに、それぞれには別個にまた全体には共通的に、祝福の新しい泉の水を振りかける救済者にして恩恵者[3]と見なされたのですが、彼は〔皇帝になると〕ただちに[4]、諺にあるように「マスター・カードを弄びはじめて[5]」野獣と化し、いや偽善の仮面の下に隠していた獣性をあらわにしたのです。

二三　というのも彼は、統治権を共有するために残された[6]、彼よりも後継者にふさわしいいとこを[7]――ガイウスは養子縁組でティベリウスの孫でしたが、他方は血筋の上で孫でした――、陰謀を口実にして殺したからです[8]。このような告発は、その年齢からしても無理なものでした。というのもこの哀れないとこは、そのときは少年から若者になろうとしていた年頃だったからです。

二四　一部の人たちはこう言っております。「もしティベリスがもう少し生きながらえていたら、ガイウスは、致命的な嫌疑をかけられていたので排除され、実の孫の方が唯一の統治者、祖父の統治権の継承者となったであろう[9]」と。

二五　しかしティベリウスは、その目的を果たす前に、運命によって奪い去られたのです[10]。他方ガイウスは、詐術を弄し、皇帝権の共有者にたいする正義を踏みにじっているではないか、という非難から逃れうると考えました。

二六　その詐術とは次のようなものでした。彼は高位高官の者たちを集めると、こう言ってのけたのです。

（1）後出四四、七六でも、統治者が「牧者」にたとえられている。

（2）「守護者（ἐπίτροπος）」。あるいは「総督」。ἐπίτροπος の用例については、『フラックス』補註Dを参照。

（3）「救済者にして恩恵者」。この称号はプトレマイオス王朝やセレウコス王朝の王にしばしば冠せられた。

（4）ここでの「ただちに」という表現は後出三四、五九の言説と矛盾。なお、スエトニウス『ガイウス』五〇、ヨセフス『古代誌』第十八巻二五六、第十九巻一九三を参照。

（5）この表現の由来およびその使用については、スモールウッド『ガイウス』六七頁を参照。同じ表現が後出一〇八にも見られる。

（6）「統治権を共有する」。同一の表現は『フラックス』一〇に見られる。

（7）ティベリウス・ユリウス・カエサルを指す。ヨセフス『古代誌』第十八巻二〇六によれば、その渾名はゲメルス。タキトゥス『年代記』第二巻八四によれば、その生年は後一九年。

（8）この時期はティベリウスの没年からすると、ゲメルスは一七歳か一八歳になるが、後出二六、三〇の表現からすると、ゲメルスはもっと若い少年となる。殺害の真相は不明であるが、ディオン『ローマ史』第五十九巻八-一-三を参照。

（9）この言説にたいしてはスエトニウス『ガイウス』一九、ヨセフス『古代誌』第十八巻二一一-二一九をも参照。

（10）ティベリウスの死については、スエトニウス『ティベリウス』七三、ヨセフス『古代誌』、第十八巻二二四を参照。

「予は、亡くなったティベリウスの意志を重んじ、出生により予のいとこであり、愛情により兄弟である者と皇帝の権力を分かち合いたいと願っている。だがご覧のように、彼はまだ幼子同然であって、養育係や、教師、家庭教師たちを必要としている。

二七　皇帝権のかくも重い重荷をたったひとつの魂や肉体に背負わせないで、重荷を軽くし支えてくれる者をもてるとは、世にこれほど素晴らしいことがあろうか？」(1)

ガイウスはつづけました。「予は養育係以上の者、家庭教師以上の者、そして教師以上の者であり、予は予自身を彼の父、彼を予の息子とするであろう」と。

第五章

二八　ガイウスはこう言ってその場に集まった者たちと少年を騙したのです。養子縁組は彼が望んでいた皇帝権の共有のためではなく、少年がすでに手にしていた皇帝権を奪うための罠でした。そしてガイウスはさらに自分の共同の継承者(2)であって正統のパートナーである者にたいして、何の恐れもなく、またすべての反対を無視して陰謀を働いたのです。なぜならローマ法によれば、皇帝としての無責任きわまる支配は別として――彼が何をしようと、誰もあえて彼に釈明を求めたりしなかったし、できもしなかったのです――、子にたいする絶対的な権限は父親にあったからです。

二九　ガイウスは、この惨めな、若死にさせられた、共同の統治者にして共同の継承者を、ティベリウスにもっとも近い血縁関係のゆえに、いつの日か唯一の皇帝になることが期待された者を――孫たる者は、父が死ねば、祖父の前で息子の地位を得るからです――、試合で勝ち抜いてきたチャンピオンをねじ伏せるよ(3)うにして扱い、一緒に育て上げられたことにも、その親族関係にも、その若さにも憐憫の情を示さなかったのです。

三〇　人びとによれば、少年は自らの手で自害するよう命じられたそうです(4)。その際、百人隊長や千人隊長が立ち会いましたが、彼らは、皇帝の子孫は他の者の手で殺《あや》められることがあってはならぬということで、その呪われた儀式に手出しをせぬよう指示されておりました。というのもガイウスは、不法な行為の中で法を、聖ならざる行為の中で聖なるものを思い起こし、それらの真実の性格を茶化して見せたのです。しかし少年は自害などできなかったのです。誰かが殺されるのを見たことなどなく、また武器を使用しての武闘訓練――それは、皇帝権のために育て上げられている子弟たちに、戦争に備えての予備的な訓練(5)を施すためのものです――を積んでいなかったからです。そこで少年は最初、その場に来た者たちに首を差し出すと、

---

(1) ここで言及されている養子縁組については、スエトニウス『ガイウス』一五、ディオン『ローマ史』第五十九巻一-三、八-一を参照。

(2)「共同の継承者」。同一の表現は後出二九、六七、七五、八七でも認められる。

(3)「チャンピオンをねじ伏せる」。これはギュムナシウムでのレスリング用語。

(4) スエトニウス『ガイウス』二三-二はゲメルスの死を処刑によるものとしているようにも読める。

(5)「予備的な訓練」。軍事的訓練は一七歳からであるので、それに先立つ三年間の訓練を指す。

殺してくれるよう嘆願したのです。

三一　そして彼らが実行できないでいると、彼自らが剣を取りましたが、無知と不慣れのために、狙いを定めた一撃で惨めな生を断ち切る致命的な部分はどこかと彼らに尋ねる始末でした。そこで、運悪く介添役のような役をになわされた彼らは指示を与え、(1)剣を突き刺すべき所を示してやりました。少年はこの最初にして最後の教えを受けると、自らの手で自害したのです。ああ、何と哀れな少年よ！(2)

第六章

三二　ガイウスはこの最初の大きなコンテスト(3)で勝利しました。一部の者たちは彼の不幸を願い、彼を疑いの目で見ておりましたが、彼らが肩入れする皇帝権の共有者がいなくなったので、彼はただちに第二の企みをマクロ(4)にたいしてぶつけていったのです。(5)マクロは、彼ガイウスが皇帝に任命された後ばかりでなく――追従はまちがいなく成功に奉仕するものです――、それ以前にも皇帝権を手に入れるために、彼の支配がうまくいくよう万事に手を貸した人物でした。

三三　ティベリウスは、深い観察力をもち、人間の隠された願いを読み取ることにかけては同世代のすべての者たちの中でもっとも巧く、(6)また運のよさと同じほどに判断力のよさでも抜きんでていたため、しばしばガイウスを、クラウディウスの全一族にたいして悪意を抱き自分の母方の一族にのみ好意的な者として疑(7)いの目で見、そして孫のことで、もし若くして残されれば、滅ぼされるのではないかと危惧していました。(8)

三四　さらにティベリウスはガイウスを、その非社交的で非友好的な性格のために、またその気まぐれな気質のために、(9) そのように大きな支配権にはふさわしくない人物と見なしていました。というのもガイウスには異常で気違いじみた性癖が見られ、言葉においても行為においても一貫性がまるでなかったからです。
三五(10) マクロは、機会があれば、これらの欠点をなんとかして矯正しようとし、また孫についての絶えざる不安のためにティベリウスを悩ませているように思われる事柄に関して、彼の疑念を取り除こうとしました。
三六　マクロはガイウスを友好的で従順な人物と評し、とくにいとこには献身的であるので、(11) 骨肉の愛情

(1)「運悪く介添役のような役をになわされた彼らは」。テクストでは「不幸の教師たちは」。
(2) ゲメルスの死の時期は不明であるが、ディオン『ローマ史』第五十九巻八-一は、それを後三七年の出来事とする。
(3)「最初の大きなコンテスト（ὁ πρῶτος καὶ μέγιστος ἆθλος）」。ἆθλος の原意は「賞金のかかった試合」。メタファーとしてのこの語の使用は後出七四にも認められる。
(4) この人物は『フラックス』一一－一五で登場する。
(5)「ぶつけていったのです」。これはギュムナシウムでのレスリング用語。
(6) スエトニウス『ティベリウス』二一-五－六を参照。
(7) ガイウスの母はアウグストゥスの娘ユリアの娘。
(8) この危惧はヨセフス『古代誌』第十八巻二一五－二二三、タキトゥス『年代記』第六巻四六-八、ディオン『ローマ史』第五十八巻二三-二でも言及されている。
(9) ガイウスの性格は後出二三九以下、およびスエトニウス『ガイウス』五一、ディオン『ローマ史』第五十九巻三－四でも言及されている。
(10) 以下三五－三八は『フラックス』一二を参照。
(11)「とくにいとこには献身的であるので」。同一の表現が『フラックス』一二に見られる。

から進んで身を引き、彼だけに統治権を残すのを望むであろうと明かしたのです。［彼はこう言いました。］「謙譲は多くの場合益なきものであるが、その謙譲のために、愚直なガイウスが狡猾な人物と見なされるのである」と。

三七　しかし、この人物評に説得力がないと分かると、彼は契約書の誓約条項を持ち出してこう言ったのです。「わたしは誓約する。わたしの言葉は信じるに値する。わたしが特別な意味で親カエサル派であり、親ティベリウス派であることの証拠は、セヤヌス(1)を攻撃し破滅させる仕事がわたしに委ねられたときに十分に示しました」と。

三八　もし疑念から生じた曖昧で漠とした非難や告発に向けられた弁明を適切にも賞讃と呼ぶなら、彼はガイウスへの賞讃ではまずまずの成功を収めました。というのも、人が自分の兄弟や実の息子を真に賞讃して口にする言葉を、それと同じかそれ以上に、マクロはティベリウスにたいして、ガイウスのために使ったからです。

三九　多くの人の語るところによれば、そのため今度はそれが原因で、ガイウスが自分の皇帝権にたいし圧倒的な、いや絶大な力を振るう者としてマクロのご機嫌取りに汲々となりましたが、マクロの妻(2)は妻で、その非難が公然とはなされなかったことを幸いに、青年［ガイウス］への熱意と助力を惜しまないよう毎日夫を焚きつけ、尻を叩いたのです(3)。妻というものは、とくにふしだらであれば、自分の夫を麻痺させ道(4)をはずさせるのに非常に賢く、良心の呵責から、いつもにもまして追従の言葉を口にするのです。

四〇　他方、夫は夫で、結婚と家庭の破綻に気づかぬままに、追従の言葉が純粋な好意であると考えて欺かれ、彼女の手練手管で自分が自分の最悪の敵をもっとも親しい友人と思い込まされていることにほとんど気づかないのです。

第七章

四一　さてマクロは、破滅の淵にまで行ったガイウスを自分が数え切れぬほど(5)救ったのを知っていたので、率直でかつ忌憚《きたん》のない忠告を与えました。というのも彼は、よき作り手のように、自分の手作りの作品が彼や他の者によって壊されたりせずに無傷のままで残ることを願ったからです。

四二　そこで彼はガイウスが宴席で舟をこいでいるのを目にすれば、礼儀作法と身の安全――居眠りしている人間は陰謀の標的にされやすいものです――という二つの目的から、起こしてやるのでした。あるいはまたガイウスが踊り子たちに夢中になり、ときに一緒に踊ったり、スキャンダラスな場面や笑いを誘う黙劇に謹厳な笑みを浮かべるのではなくて若者のようにゲラゲラと笑ったり、竪琴の奏者やコーラスの歌い手た

---

(1) この人物は、『フラックス』の補註Aを参照。
(2) エンニアを指す。
(3) タキトゥス『年代記』第四巻四五、ディオン『ローマ史』第五十八巻二八を参照。
(4) 「妻というものは……麻痺させ」。スモールウッド『ガイウス』一八〇頁は、これが失われた詩文からのものと想定。
(5) 「数え切れぬほど（*μυριάκις*）」。後出五八では「三度」、『フラックス』一一では「しばしば」。

ちの調べに陶然としたり唱和したりすれば[1]――ときにそうすることがあったのです――、彼はガイウスの近くに座るか、もたれかかるかして、彼に注意を与えるか慎むようにさせたのです。

四三　他の誰にも聞かれぬよう、彼はしばしば耳元でささやき、次のように言って、優しく穏やかに諫めるのでした。

「芝居を見たり演奏を聞いたりするときや、その他五感に関わるすべての機会において、陛下はご自身の周囲にいる者たちのひとりであったり、誰か他の人たちのひとりであったりしてはなりません。陛下はもろもろの幸運で彼らにまさっているのですから、どんな日常の振る舞いでも、彼らの範にならねばなりません。

四四　地や海の覇者が、歌や、踊り、下品な冗談、その類いのものに打ち負かされたりするのはふさわしいことではなく、どこにいようとつねにその皇帝権を、すなわちご自分が牧者であり群れの先頭に立つような人物であることを思い起こし、何が語られようと、何が行なわれようと、そこからご自分を高めるものを引き出さねばなりません」。

四五　彼はこうつづけました。

「陛下が劇場の芝居やギュムナシウム[2]の競技、戦車競技などに臨席されるとき、演じられているものではなく、その演技の中で示される正しい事柄に注意を向け、それについてご自分でお考えください。

四六　たとえ一部の者たちが人間の生活に何の益ももたらさず観客にただ喜びと快楽しか与えないものをかくも苦労してつくりだし、その結果、賞讃や拍手喝采を受けたり、世に知らしめられる名誉や、栄誉、冠などを手に入れたとしても、最高・最大の術（テクネー）を学んだ者は何をなすべきでしょうか？

四七　すべての中で最大・最善の術とは、低地や高地の地味豊かな土地が耕作され、欠けているものを受け取り、代わりに余剰なものを送り出す、国々が交わりをもとめて行なう商品の交換のために、どの海も荷を積んだ船が安全に航行できる統治の術なのです。(3)

四八　嫉妬は一度として全世界の主人になったことはなく、その大きな部分を構成する全ヨーロッパや全アシアの主人になったこともないのです。けれどもそれは、毒をもつ蛇のように、小さな隠れ場所の中に、ひとりの人間やひとつの家の中に、そしてもしその吹きかける息が強烈なものであれば、ひとつの都市の中にも忍び込むのです。しかしそれは、民族や国のより大きな所には、その周辺にも入り込めません。とくに陛下のご一族、真のアウグストゥス一族が全世界のすべての者たちを支配しはじめられた以降は。(4)

四九　なぜなら、わたしたちの間でわがもの顔にのさばっていた悪事はすべて最奥の、タルタロスの淵に(5)追いやられ、流刑をくらっていたかのような有益で役立つものを、陛下のご一族は地や海の果てからわたしたち人間の住む世界へと導き戻されたからです。これらすべての舵取りは、陛下のひとつの手に託されてい

(1) ガイウスのこの方面の情熱についてはスエトニウス『ガイウス』一八、五四―五、ディオン『ローマ史』第五十九巻二―五、五―二―五、七―二―九を参照。

(2) ギュムナシウムについては、『フラックス』の補註Oを参照。

(3) アウグストゥス帝治下の航海の安全は後出一四六でも言及されている。

(4) 「全世界のすべての者たち」。この誇張的表現については、一二七頁の註(4)参照。

(5) タルタロスはハデス(地獄)の下の底無しの淵。ゼウスがタイタンを幽閉した所。

るのです。

五〇　陛下は自然の護りのもとで船尾のもっとも高い場所に押し上げられ、舵の柄が陛下の手に委ねられたのですから、統治される者たちに恩恵を施すことに無上の喜びと満足を覚えながら、全人類の共通の船(1)の舵取りをしっかりとやってください(2)。

五一　個々の市民が都市の中で強制されて行なう貢献にはさまざまなものがありますが、統治者にもっともふさわしい貢献とは、統治される者たちの益のためによき提言を行ない、提言されたことを正しく実行し、物惜しみしない手と判断でよき贈り物をもたらし、将来の不確かさを見越して備蓄できるものを蓄えることです」。

第八章

五二　この不幸な男は、このような言葉でなだめすかしてガイウスを矯正しようとしたのです。しかし、ガイウスは喧嘩好きで争い好きだったので、あたかもマクロによりそちらへと誘われたかのように、自分の考えを正反対の方に向けました。そして彼は次第に大胆になり自分に諫言する者をあからさまに蔑視するようになり、マクロが少し離れた所からやって来るのを見ると、近くにいる者たちに向かってこんなことを言うのでした。

五三(3)「ほら、やって来た。もはや学ぶ必要のない人間さまの教師が、もはや子供ではない人間さまの家庭教師が、もっと賢い人間さまの諫《いさ》め屋が、皇帝は臣下の者にしたがうべきだと言い張り、誰について統治の原理を学んだのかを予は知らぬが、(4) 統治の知識を学んで自らをその教師だと称する男が！

五四　予には産着をまだ着せられていたときから、大勢の教師たちがついた。父や、兄弟、おじ、いとこ、祖父母、一族の開祖に至る先祖、血でつながっている母方と父方の親族たち全員である。彼らには、その生み出された最初の種子に統治のための王のような力の何かが秘められていた事実は別にしても、独立の力を手にしているのだ。

五五　ちょうど種子的なロゴス(5)が身体上の類似性を姿や、形、所作などにおいて、また魂の上の類似性を意志や行動の中で保持しているように、多分、同じ種子的なロゴスの中にも、統治することになる同様性が大まかに下書きされているのだ。

五六　ではいったい誰が不遜にも、誕生前にまだ腹の中、すなわち自然の仕事場(6)にいるときに皇帝として形づくられた予に教えを垂れるというのだ？　知恵なき者が知恵ある者を教えられるのか？　普通の市民に

---

(1) 後出一四九に類似の表現「帝国という船」が見られる。
(2)「船」とか「舵取り」のメタファーは港町アレクサンドリアの住民だったフィロンならではのもの。
(3) 以下五三―五六は、ネロについてのタキトゥス『年代記』第十四巻五二―六を参照。
(4) この辺りのガイウスの言葉は、『フラックス』一五を参照。
(5)「種子的なロゴス」。これはストア哲学の術語。『比喩』第三巻一五〇、『賜物』一一九、『永遠性』八五でも使用されている。
(6) ここでは子宮が「自然の仕事場」にたとえられている。このメタファーは、『永遠性』六六、『モーセ』第二巻八四、『戒め』第三巻三三、一〇九でも使用されている。

すぎない者どもが、一瞬たりといえども、皇帝の魂の意志を垣間見ることなど許されようか？　ところが彼らは、学ぶ者たちの中に登録さえしてもらえそうもないのに、恥知らずにも大胆となり、統治の原理を密儀の伝授者のようにもったいぶって伝授し授けたりするのだ(1)」。

五七　ガイウスは少しずつマクロを遠ざけはじめ、また彼にたいして偽りの告発をしはじめました。それはもっともらしく人を迷わすものでした。というのも、機転のきくおおぼら吹きの性格は、もっともらしい話をつくりだすのが巧みなのです。

五八　彼はこんなことを申し立てたのです。

「マクロは次のように言っている。「ガイウスはわたしマクロの作品だ。わたしは彼の両親以上か、彼らに劣らず彼を生んだのだ。ただの一度ではなく三度も(2)、ティベリウスが彼を殺そうとしたとき、わたしやわたしの説得がなかったならば、彼は簡単に片付けられていただろう。そればかりか、ティベリウスが死んだときでさえ、わたしの配下に軍団があったので、ひとりの男が必要とされる事態になったと教え込んで、わたしはただちに彼らを彼の陣営に送り込んだのだ。そのおかげで彼の皇帝権は完全で申し分のないものになっているのだ」と」。

五九　一部の人は語る者の狡猾な性格を知らないため、これらの告発を偽りなきものとして受け入れました。彼の人を欺く複雑な性格がまだ知られていなかったからです。けれども数日後(3)、この不幸な男［マクロ］は、妻とともに邪魔もの扱いされて片付けられ、その過度の好意の代償として最高の罰を受けたのです(4)。

六〇　恩恵を受けない者たちへの恩恵はこのようなものでした。彼らは受けた恩恵の返礼として、恩恵を施してくれた者たちに最大の罰を科すのです。とにかくマクロは、最初はガイウスの命を救うために、(5)次には彼が皇帝権の唯一の継承者になれるよう、激しい熱意と熱情をもって誠心誠意を込めてすべてにあたったのですが、その報酬はこのようなものでした。

六一　この惨めな男は自害するよう強要され、妻も同じ災禍に委ねられたと言われております。(6)彼女は一時期ガイウスと懇ろな関係にあったと考えられておりますが、よく言われるように、情熱は冷めやすいものなので、エロスにおける愛の魅力はどれも不動のものではありません。

第九章

六二　こうしてマクロも家族全員と一緒に殺害されたので、(7)ガイウスは次にもっと由々しい第三の奸計を

(1) ヨセフス『古代誌』第十九巻三〇、七一によれば、ガイウス自身密儀宗教に興味を抱いていた。

(2)「ただの一度ではなく三度も」。テクストでは「三度も、ただの一度ではなく」。一〇一頁の註(5)を参照。

(3) いつからの「数日後」かは不明。

(4) ディオン『ローマ史』第五十九巻一〇・六はマクロの死を後三八年としている。

(5) 前出二四を参照。

(6) マクロとエンニアの自害についてはディオン『ローマ史』第五十九巻一〇・六―八を参照。

(7)「殺害された(ἱέρευτο)」。ここで使用されている動詞ἱερεύωは、犠牲獣を殺すときに使用される。『フラックス』一四も、マクロが妻や子供たちと一緒に殺害されたとしている。

企みました。彼には義父のマルクス・シラヌスがおりました。高邁な志の男で、由緒ある一族の出身でした。彼の娘[1]は夭逝しましたが[2]、彼はガイウスに変わらぬ心配りをしつづけ、義父の愛情というよりは実の父の愛情を傾けました。義理の息子を息子扱いしておけば、平等の原則により見返りがあると考えたからです。しかし彼は、それがどんなに空しい偽りのものであるかに気づかなかったのです。

六三　彼はつねに保護者の言葉で語りかけ、ガイウスの性格や、生き方、統治などをよい方に改め益になるものは何ひとつ隠しませんでした。実際彼は何事をも大胆率直に語りましたが、それは抜きんでた生まれのよさと婚姻による親密な結び付きがあったからです。しかし、娘がしばらく前に死んでいたため、姻戚関係から生じる諸権利は死に体となって息もたえだえでした。もっともそれらの生命の息の最後のなにがしかは肉体の中に閉じ込められて残されておりましたが。

六四　ガイウスは、シラヌスの諫めを侮辱として受け止めました。自分が万人の中で誰よりも分別や節度があり、さらにまた、もっとも勇敢でもっとも正しい人物だと考えていたからです。彼はその公言した政敵たちよりも教えを垂れる者たちを憎みました。

六五　彼はシラヌスを自分の奔放な情熱を妨げる厄介者[3]と見なし、彼女の父で後になって自分自身の義父になった者を殺《あや》めれば出るかもしれない亡くなった妻の復讐の亡霊（ダイモネス）についてあれこれ考えるのをやめると、彼を奸計でもって殺したのです[4]。

第十章

六六　この事件は、やがて、その後で次々に起こった要人たちの殺害とともに、人びとに知られるようになりました。そのため、これらのおぞましい出来事はすべての人の口の端にあがったのですが、恐ろしさのため公然とではなく、ひそひそと語られました。

六七　次にはそれに変化が見られました。民衆は万事において、すなわち意図や、言葉、行為などにおいて気まぐれなのです(5)。彼らは、親切で人道的で、公平で人付き合いがいいと最近まで考えられていたガイウスが一朝にしてかくも変わってしまうことなどは信じられず、そのため彼を弁護する言葉を探しつづけ、探しもとめた末、見つけたのです。彼らは、彼のいとこや共同の継承者について、こんなことを言うのでした。

---

(1) ユニア・クラウディア（クラウディラとも呼ばれた）。彼女はガイウスにその即位年の後三三年（タキトゥス『年代記』第六巻二〇-一）か、後三五年（ディオン『ローマ史』第五十八巻二五-二）に嫁いだ。スエトニウス『ガイウス』一〇-一二をも参照。

(2) タキトゥス『年代記』第六巻四五-五は彼女の死に言及。後三六年ころか？

(3) 一一頁の註（9）を参照。

(4) スエトニウス『ガイウス』二三、ディオン『ローマ史』第五十九巻八-四はシラヌスが自害に追いやられたと述べている。

(5) フィロンの民衆観は『フラックス』の補註Nを参照。

六八　「皇帝権は共有されるものではない。それが動かすことのできぬ自然の掟[1]というものだ。彼は強者なので、弱者の立場の者によって加えられようとした一撃を先んじて加えたにすぎない。これは殺人ではなくて防衛だ。少年が片付けられたのは、多分、人類の全種族の益のための摂理の結果だったのだ。ある者は彼に肩入れし、ある者はガイウスに味方し、それが原因で国内では騒乱が国外では戦争が起こったであろうから。いったい、平和にまさるものがあるのだろうか？　平和は正しい統治から生まれるものだ。唯一の正しい統治とは争いや党派争いに無縁で、そのおかげですべてが正常に機能するやつだ」。

六九　マクロについてはこう言っておりました。

「彼の誇りは分を越えてしまったのだ。彼はデルポイに書かれてある刻文『汝、自身を知れ』を正しく読まなかったのだ。知識は幸福の源泉、無知は不幸の源泉とであると言われている。いったいなぜ彼は自分の立場を逆転させ、臣下である自分を統治者の地位に、皇帝であるガイウスを臣下の地位に変えたのか？　命令することは──それこそはマクロがしたことだが──、君主にもっともふさわしいものであり、服従することは──彼はガイウスがそうするものだと考えたが──、臣下にもっともふさわしいものなのだ」。

七〇　彼らは言葉を吟味しなかったために、諫めを命令と呼び、顧問官を統治者と呼んだりしましたが、それは彼らが認識不足から事柄を理解していなかったのか、それとも追従のため言葉と事柄の性格を変えてしまったか、そのどちらかによるものです。

七一　シラヌスについてはこう言っておりました。

「シラヌスは馬鹿げた幻想を抱き、義父は義理の息子にたいして実の父親が息子にたいしてもつのと同じ影響力を行使できると考えてしまった。父親たる者は、息子が大きな権力や権威ある地位にあれば、私的な差し出がましいことはせず、第二の地位に甘んじるものだ。(2) だが、この愚か者は、もう義父ではないにもかかわらず、何かとお節介な口出しをしたのだ。婚姻による親密な関係が娘の死の道連れにされたことを理解していなかったのだ。

七二　それというのも、婚姻は見知らぬ家の間の結び付きであって、疎遠な関係を親密な関係に導くが、この結び付きが解消されれば、両家の交わりの結び付きも解消されるものだ。とくにそれが取り返しのきかぬ出来事、すなわち結婚によって他家に入った娘の死であれば、解消されるものだ」。

七三　人びとはこんなことをあれこれと勝手に推量して語っておりましたが、それというのも彼らは、皇帝が残酷ではないと思い込みたかったからなのです。彼らは、親切心と人類愛が他のいかなる前任者にもまさってガイウスの魂の中に刻まれていると願っていたので、彼がかくも突然に正反対の方に変わってしまったことなどはまったく信じがたいものだと考えたのです。

---

(1) スモールウッド『ガイウス』一八九頁は、フィロンがここで「自然(φύσις)」を神と同定し、「自然の掟」を神から発出するロゴスと同定していると指摘。

(2) その例は、リウィウス『ローマ史』第二十四巻四四-九-一〇を参照。

第十一章

七四　こうしてガイウスは、三つの最重要部門において、すでに述べた三つのコンテスト(1)に勝利したのです。そのうちの二つは国家に、すなわち元老院と騎士階級に関わるもので、第三のものは彼の一族に関わるものでした。

さて彼は、もっとも手ごわくてもっとも強力な者たちに勝利したため、他のすべての者たちに恐ろしい恐怖を植えつけたと想像しました。

七五　すなわち、元老院の議員たちにはシラヌスの殺害によって——シラヌスはその立法府の議員たちに優るとも劣らない地位の者でした(2)——、騎士階級の者たちにはマクロの殺害によって——マクロはコーラスの指揮者のような人物になっており、名誉とよき評判で第一の地位を手にしておりました——、そして彼の血族の者たち全員にはいとこと共同の継承者の死によってです。その結果、彼は自分を、人間の性質の領域内に留まるのはもはやふさわしくないと考え、神と見なされたい熱意のあまり、その向こう側に踏み込んでしまったのです(3)。

七六　この精神錯乱のはじめには、彼は次のように考えたと言われております。

「他の生き物たちの群れを率いる者たち、すなわち牛追いや、山羊飼い、羊飼いたちはみな、牛でも山羊でも羊でもなくて、少しばかりましな運命（モイラ）と丈夫な体に恵まれた人間さまだ。同じようにして、人間さまという最高の種族の群れを率いる予もまた、彼らとは異なっていて、人間さまではなく、もっと大きな神的な運命をもつ者と見なされねばならない」。

七七　この哀れな男ガイウスは、このような思い上がりを心中に封印すると、神話的なつくり話を一片の虚偽もない真実として持ち歩いたのです。そして、一度勇気を得て、神性などひとかけらもない自らの神格化を大胆にも大衆に向かって公にすると、彼は自らの振る舞いをそれに合致し調和するものにしようとし、梯子をのぼるように、一歩また一歩と上へのぼって行ったのです。

七八　というのも彼は最初自らを半神と呼ばれているディオニュソス(4)や、ヘラクレス(5)、ディオスクロイ(6)に

(1) メタファーとしてのコンテストは前出三二でも見られた。
(2) ディオン『ローマ史』第五十九巻八-六は、執政官たちがシラヌスに与えた名誉に言及。
(3) 以下のガイウスの神格化を補足する資料については補註Dを参照。
(4) 酒の神、ヘレニズム世界最大の神。なぜフィロンがここでそれを「半神」の範疇に入れたのかは不明。
(5) ヘラクレスは、ゼウスとアルクメネの子、ギリシア神話最大の英雄。エウリピデスの『狂えるヘラクレス』は有名。ヘラクレスの「十二の難事」のひとつはネメアのライオンで、彼は襲いかかるライオンを相手にオリーブの枝でつくった棍棒をふるって倒し、その皮をはぐと、それを身にまとった。
(6) ディオスクロイについては、補註Eを参照。スエトニウス『ガイウス』二二およびディオン『ローマ史』第五十九巻二八-五によれば、ガイウスはディオスクロイにほとんど敬意を払わなかった。

擬すことからはじめ、トロポニオス[1]、アンピアラオス[2]、アンピロコス[3]や、それらの類いのもの、それらの託宣、それらの秘儀的な儀式などを、自分自身の力との比較により噴飯ものとしたのです。

七九　次に彼は、劇場の中におけるように[4]、異なる機会に異なる衣装をまとい、あるときには金がどちらにもかぶされたライオンの毛皮や棍棒でヘラクレスになりすまし、あるときにはディオスクロイに扮するために頭の上にかぶりものを置き、またディオニュソスに扮するために蔦や、テュルソス[5]、子鹿の皮を身につけたりしたのです。

八〇　そして彼は自分がこれらの神々と異ならねばならぬと考えると、これらの神々のそれぞれが固有の栄誉をもち、他の神々と共有するものをもつとは申し立てなかったために、嫉妬や貪欲に満たされて、それらのすべての栄誉を、いや神々自身をまるごとわがものにしたのです。彼は三つの体をもつゲリュオン[6]に変身し、その肥大ぶりで見る者たちを惑わしたりはしませんでしたが、一なる身体の実体にすぎなかったものをエジプトのプロテウス[7]のように多形の姿のものに変貌させ変容させることで——ホメロスはプロテウスを自然の諸要素への、またそれらからなる動物や植物への、あらゆる変身を受け入れるものとして描きました[8]——、人を仰天させたのです。

八一　しかし、ガイウスよ、あなたにはこれらの神々の像を特色づけるのによく使われるしるしのうちのどれが必要とされたのでしょうか？　あなたはそれらの神々の徳を熱心に身につけるべきだったのです。ヘラクレスは地と海とを清め、その二つのうちのどちらにも有害なものを破壊するために、全人類のためにもっとも必要でもっとも有益な忍耐の試練を受けたのです[9]。

八二　ディオニュソスは野生のぶどうを栽培し、もっともおいしくて、同時に魂と身体にとってもっとも益になる飲み物をそこから注ぎだしました。彼は魂を陽気な状態にさせ、悪や、善への希望を忘れさせ、他方、身体をもっと健全で、もっと強健で、もっと敏捷なものにしたのです。

八三　彼は、私生活において、個々の人間をよりよいものにし、大きな家族や一族の悲惨で労苦の多い生活をくつろいだ形の楽しいものに変え、ギリシア人や非ギリシア人のすべての都市に祝宴や、お祭の騒ぎ、陽気な騒ぎ、祭礼などを次から次に供しているのです。これらはすべて強い酒のおかげでなされるのです。

---

(1) ボエオティアのオルコメノスの王エルギノスの子か、アポロンの子。伝説によれば、デルポイのアポロン神殿の建設者。

(2) オイクレスとヒュペルムネストラの子。曾祖父から預言の力を受けた。

(3) アンピアラオスとエリピュレの子。父のもつ預言の力を受け継いだ。

(4) フィロンが劇場や芝居をメタファーとして使用することについては、『フラックス』の補註＊Aを参照。

(5) これはぶどうの蔦を巻いた杖に松かさをのせたもの。

(6) ゲリュオン（ギリシア語読みではゲーリュオネースまたはゲーリュオーン）は、クリュサオルとオケアノスの娘カリロエの子。ここで言われているように、三つの頭と三つの体をもつ怪物。

(7) ヘロドトス『歴史』第二巻一一二以下、およびエウリピデス『ヘレネ』四によれば、プロテウスは、エジプトの王でパロスの子。

(8) ホメロス『オデュッセイア』第四歌三八五以下。ホメロスへの言及は『覚醒』第二巻五〇、『観想』九、四〇で、その引用は『混乱』四、『永遠性』三七、一七三ほかでも見られる。

(9) ここでのフィロンの念頭にはヘラクレスの「十二の難事」があるが、そのどれも海の獣を破滅させるのに関わるものではない。

八四　また、伝説によれば、ディオスクロイは二人の間で不死を共有したそうです。[1]というのも、一方が死すべきもので、他方が不死でしたので、よりよい運命に値すると見なされた方は、自分の兄弟に好意を示すことなく自己を満足させることを正しいこととは考えなかったのです。
八五　というのも彼は、心の中で無窮のアイオーン〔永遠性〕を描き、自分自身は永遠に生きるが自分の兄弟は永遠に死に、そのため不死性をもって自分の兄弟への哀悼を永遠に示さねばならぬと考えて、自分の運命に死すべき運命を、兄弟の運命に不朽性を混ぜ合わせるという大胆な組み替え作業をやってのけ、不正義の元である不平等を正義の泉である平等でもって消滅させたのです。

第十二章

八六　ガイウスよ、これらの神々はみな、わたしたちが恩義を受けているそのよき働きゆえに、過去においてそうだったように現在でも崇敬されており、礼拝と最高の栄誉に値すると見なされているのです。これに類したいかなる行為ゆえに、あなたは尊大になり誇りで膨れ上がっているのか、あなた自身の口からわたしたちに告げてください。
八七　あなたはディオスクロイをまねて兄弟愛を実践されたのでしょうか？　わたしはそこからはじめます。鉄のような心臓の持ち主で、[2]憐憫の情などひとかけらもない者よ、あなたは若さの盛りにあるあなたのいとこであり共同の継承者を残酷な仕方で殺し、[3]後になっては、あなたの姉妹たちを流刑に処されたのです。[4]

彼女たちも、皇帝権が簒奪《さんだつ》される恐怖をあなたに植えつけたのでしょうか？

八八　あなたはディオニュソスを模倣されたのでしょうか？　あなたは彼のように新しい恩恵の発見者となられたのでしょうか？　あなたは人の住む世界を喜びで満たされたのでしょうか？　あなたが授けられた贈り物はアシアやヨーロッパが手にできる以上のものだったのでしょうか？

八九　それどころか、世界共通の破壊や殺戮の張本人として、新しい技術や知識を発見すると、あなたはそれでもって、喜びや楽しみを与えてくれるものを不快や悲しみ、全世界の人びとがその名に値しないと考える生に変えられたのです。あなたはその満たされることのない際限なき欲望でもって、人びとの間で[5]善きもの・美しいものとされているもの、すなわち東方からのものや、西方からのもの、世界のそれ以外の地域——南であれ、北であれ——からのものを奪い、代わりにあなたご自身の激しい気性から生まれたものや、毒を含む呪われた魂がいつも生み出す殺傷的で有害なものすべてを与え、送り出されたのです。こんなことをされるあなたが、わたしたちにとって、新しい[6]ディオニュソスなのでしょうか？

（1）二人のディオスクロイについては補註Eを参照。

（2）「いとこ（ἀδελφός）」。ここでのギリシア語は「兄弟」の意ではなく、ゲメルスを指して「いとこ」の意で使用されている。

（3）前出二三一―三一を参照。

（4）ポンティア島への姉妹たち（アグリッピナとリウィラ）の流刑についてはスエトニウス『ガイウス』二四、およびディオン『ローマ史』第五十九巻二二-八参照。

（5）「人びとの間で」。テクストでは「（あなたを除く）他の人びとの間で」。

（6）新たに神格化された人物にはしばしば「新しい（νέος）」が冠せられた。後出三四六をも参照。

九〇　あなたはご自身の飽くことなき労苦と疲れを知らぬ勇気でもってヘラクレス(1)を熱心に模倣されたのでしょうか？　あなたは本土と島々をよき秩序と法、豊饒と繁栄、そして深い平和がつくりだすその他の潤沢な恵みで満たされたのでしょうか？　あなたは卑劣きわまりない人物、臆病そのものの人物、安寧と幸福をもたらすすべてのものを都市から奪い、そこを混乱と騒動と極貧を生み出す温床に変えられた人物ではなかったでしょうか？

九一　ガイウスよ、わたしに話してください。あなたは、破滅をもたらすかくも大きな収穫を拠り所に、不死に与ろうとしているので、短期間でも短期日でもなく永続的な災禍をつくりだそうとされているのではないでしょうか？　わたしは反対のことを考えます。たとえあなたが神であるように見えても、あなたの悪しき所業がまちがいなくあなたを死すべき存在(2)に変えるでしょう。なぜなら、徳が不死なるものを与えても、悪しき業はまちがいなく滅びをもたらすものだからです。

九二　それゆえ、兄弟たち(3)の殺害者にして破壊者となったあなたは、兄弟愛を発揮したディオスクロイと同列ではなく、また人間の生に益なるものもたらしたヘラクレスやディオニュソスの栄誉に与ることもできないのです。彼らが成し遂げたものを誤用し破壊したあなたは！

第十三章

九三　かくも大きな狂気が彼にとりつき、その狂いぶりは常軌を逸した異常なものでしたので、彼は半神たちを卒業して上へと行くと、(4)もっと偉大で父方と母方の双方で神的であると見なされている神々、つまりヘルメスや、(5)アポロン、(6)アレスら(7)を拝している者たちが払うそれへの畏怖の念を攻撃するために自らを武装したのです。(8)

九四 最初はヘルメス。彼は伝令使の杖や、サンダル、外套などを身につけ、それでもって無秩序の中の秩序、混乱の中の一貫性、錯乱の中の理性を示したのです。

九五 次にそれに満足すると、彼はそれらすべてをかなぐり捨ててアポロンに変身し、変貌し、頭を太陽の光線を模した飾りで巻き、(9)左手で弓矢を握りしめ、右手でカリス女神像を差し出す仕草をしましたが、(10)それは一方で、祝福を即座に与えるのが彼にふさわしいことや、そのため祝福が右手の一番よい場所を占めることを、他方で、処罰は控え目なものとされ、左手のより劣った場所に割り当てられていることを示すため

(1)『善人』九八—一〇四は、徳がその持ち主に授ける自由の原理としてヘラクレスを引く。
(2)「死すべき存在」。あるいは「死すべき性格」。
(3)ゲメルスとガイウスの実の姉妹たちを指す。ここでの「兄弟」は前出八七にしたがい、「いとこ」と訳せるものであるが、実の姉妹も含まれているので「兄弟」としておく。
(4)これらの半神たちはみな死すべき母をもった。
(5)ゼウスとアトラスの娘マイアとの子。ゼウスの伝令使であり、冥界への魂の案内人。
(6)ゼウスとレトの子で、アルテミスと双子。
(7)ゼウスと正妻ヘラの子で、戦争の神。後にローマ神話のマルスと同一視される。
(8)他の神々への変身については補註Fを参照。
(9)アポロンは前五世紀に太陽神と同一視されるに至った。
(10)カリス女神像と右手・左手については補註Gを参照。

でした。

九六　そして、つい最近まで彼をバッコス[1]さまとか、エウイウス[2]さま、リュアイウス[3]さまと呼びかけ、讃歌でもって栄誉をほめたたえていた者たちが、訓練を受けて合唱隊となり、彼の傍らにただちに控え、彼がディオニュソスの衣装をまとうと、彼への讃歌をうたったのです。

九七　彼はしばしば胸当てをつけ、ヘルメットや、盾、剣で身を固め、「アレスさま！」の歓呼の声を受けながら進むのでした。そしてその両側を行進したのは、この新しいアレス神へ仕える者たち[4]で、彼らは人間の血に飢えている殺人鬼に卑しい奉仕をする殺人者や公開処刑人たちでした。

九八　これらのことを目の当たりにした者たちはこの珍事に仰天しました。彼らは、同じ名誉に与ろうとするが、その行動が神々のそれとは裏腹なもので、神々の徳の実践などどうでもいいと考える人物が、神々を特徴づけるそれぞれのしるしを身にまとえるものかと驚いたのです。なにしろ、これらの装飾や飾りは、そのような名誉を与えられた神々が人類という種族に供する御利益を象徴的に示すものとして、木像や像の上に置かれるものなのですから。

九九　ヘルメスは鳥の翼のようなサンダルをはいておりますが、なぜなのでしょうか？　神的な事柄の解釈者[5]にして預言者である者――ヘルメスの名の由来はここにもとめられます――、そしてよきものを伝える者――神はもちろんのこと、賢人でも悪しき知らせを伝える者となることはできません――は、一刻を争って、ほとんど翼の早さで駆けめぐる早足でなければなりませんが、そのサンダルはそうした者にふさわしいのではないでしょうか？　人びとの益になるよい知らせは速やかに伝達されねばなりませんが、それに反して、ひそひそと語られる悪い知らせは、黙しておくのが許されなければ、ゆっくりと伝達されねばなりません。

一〇〇　ヘルメスはまた和解の合意に至るしるしとして使者の杖を手にしております。というのも、戦争は、平和を打ち立てる使者を介して、休戦したり終結したりするからです。使者なき戦争は、終わりなき災禍を、攻撃する者たちと防衛する者たちの双方にもたらします。

一〇一　では、ガイウスはどんな必要があってサンダルをはいたのでしょうか？　それは沈黙の中に埋められてしかるべき悪しき評判や悪しき名が猛烈な勢いで喧伝され、至る所で鳴り響かせるためだったのでしょうか？　そうだったとしても、なぜこうした人騒がせな振る舞いが必要だったのでしょうか？　彼は皇帝の座にとどまりながら、人の住む世界のすべての地域に、とても口では言い表わせないほど大きな災禍を次々に、尽きることのない泉からのように降らしたのです。

(1) バッコスはギリシア語読み。ディオニュソスの名。
(2) ギリシア語読みではエウエーイオス。バッコス（ディオニュソス）の渾名。呼び声の「エウアイ」や「エウオイ」に由来する。
(3) ギリシア語読みではリュアイオス。バッコス（ディオニュソス）の渾名。リュアイオス（動詞 λύω から派生）には「解放してくれる者」、「楽にしてくれる者」の意がある。
(4) ヘシオドス『神統記』九三四によれば、アレス神に仕えたのは二人の息子デイモスとポボス。
(5)「解釈者（ἑρμηνεύς）」。後続の文節に「ヘルメスの名の由来はここにもとめられます」とあることから分かるように、このギリシア語とヘルメスの名の間には、言葉遊びが認められる。

一〇二　その言葉やその行為が平和の果実のためではなく、ギリシアやその外の世界のすべての家や都市を内部抗争で満たした者に、使者の杖は必要だったのでしょうか？　この僭称者には、こんな不釣り合いな呼称を捨ててもらい、ヘルメスさまを脱いでいただこうではないですか！

第十四章

一〇三　いったい、アポロンの小道具のどれが彼にふさわしいのでしょうか？　アポロンは光線で飾られた冠をかぶっております。職人が苦労の末太陽の光線を模したものをつくったからですが、しかし太陽や光は、どんな形のものであれ、彼にとって歓迎されるべきものだったのでしょうか？　そんなはずがありません。無法な働きの性癖にとっては、夜や闇、闇よりも光のない何かこそが歓迎されるべきものではないでしょうか？　美しいものは輝き出るために昼間の溢れんばかりの明るさを必要としますが、人びとも言うように、卑しい醜いものは底なしのタルタロスの淵を必要とし、その中に投げ込まれて、それにふさわしくひっそりと身を潜めるべきではないでしょうか？

一〇四　ガイウスにはそのそれぞれの手に置かれているものを手放させ、その本来の地位を貶《おとし》めないようにさせましょう。彼の右手に弓と矢を携えさせましょう。なぜなら彼は、完全な破滅のために、男や女たちを、一族の者たち全員を、人口稠密な都市を標的にして矢を放つことを知っているからです。

一〇五　彼には今すぐにカリス女神像を投げ捨てるか、左手で隠してもらいましょう。というのも彼は、物欲しげな目つきでよだれをたらさんばかりにして広大な領地に不正な略奪を働き[1]——その所有者たちは、領地をもつ幸運に恵まれたために、不運にも殺されました——、彼女たちの美しさを辱めたからです。

一〇六　彼はまたアポロンの癒しの性格をものの見事に変えてしまいました。アポロンは人類の健康のために救命薬の発見者となり、本来の性格と献身に由来する並外れた親切心のために、他者によって感染させられた病を自分自身の手で治したのです。

一〇七　それに反して、ガイウスは健康な者たちには病を、五体満足な者たちには不具を、生きている者たちには、十把一絡げに、定められた運命より前に人為的な惨めな死をもたらしたのです。彼は破滅をもたらすすべてのものに無尽の機会を与えましたが、正義[2]の女神によって機先を制せられて彼が葬り去られていなかったならば、各都市のもっとも著名な地域はすでに滅びていたでしょう。

一〇八　というのも彼は、高位高官の者たちや[3]富裕な者たち、とくにローマやイタリアの他の都市に住んでいる者たちを攻撃する用意を万端整えていたのです。なにしろ彼らのもとには、人の住む世界の果てからすべてを集めても、とうてい及ばないほどの金銀の宝の山が置かれていたからです。このため彼は、あたか

(1) 資産家たちが犠牲になったことについてはディオン『ローマ史』第五十九巻一八-五、二一-四-六、スエトニウス『ガイウス』三八-三九を参照。

(2) 擬人化された「正義（δίκη）」の例は、『フラックス』一〇四、一〇七にも見られる。

(3) 攻撃の対象になった人物の名はディオン『ローマ史』第五十九巻二五-六、一八-四、一八-五を参照。

もマスター・カードを弄ぶかのように、(1)手始めに祖国から、平和の種を投げ捨てはじめたのです、この都市を憎む者、市民を食い尽くす者、残虐、破壊をもたらす者！

一〇九　アポロンは医者であるばかりか、人間たちの益のために、これから起こることを託宣で予告するよき預言者であると言われております。それは誰もが未来の不確かさのために闇の中に置かれて、盲人のように先が見えないために、まったく望みもしないものを最高の益として追い求めてばったりと倒れたりすることがないように、これから起こることをすでに現存するものであるかのようにあらかじめ知り、またそれを、手の中のものを身体の目で見るのと同じほどはっきりと心の目で見て警戒し、致命的な災禍を何もこうむらないようにするためなのです。

一一〇　それによって来るべき貧困や、市民権剝奪、(2)流刑、死などが各地の高位高官の者たちや権力者たちに知らされるガイウスの不吉な託宣をこれらのアポロンの託宣と同列に置くことができるのでしょうか？その振る舞いがアポロンとはかけ離れている男とアポロンの間には、どんな共通点があるというのでしょうか？　パイアン(3)を僭称するこの男に本物のパイアンをまねることなどやめてもらいましょう。いくら神の姿に似せても、偽造貨幣のようにはいかないのです。

第十五章

一一一　いったい誰が、彼のような軟弱な身体(4)や脆弱な魂が、それぞれにおいて、アレスの力に擬せられるなど期待できるのでしょうか？　けれどもこの男は、まるで舞台の上でのように、たくさんの種類の仮面をとっかえひっかえして、観客たちを偽りの姿形で欺いたのです。

一一二　そもそも、この男のどの振る舞いや動作も前述の神（ダイモーン）のそれとは似て非なるものなので、彼の身体や魂の特質などを何ひとつ吟味する必要はありません。たしかに、わたしたちはアレスの力を、神話で語られているのではなくて、勇気が与えられている、本来的に理性の領域のアレスの力を知っております。その力は、まさにその名が示すように、悪を遠ざけるものであり、虐げられている者たちを助け擁護するものなのです。

一一三　わたしには、アレスの名は「助ける」を意味するアレーゴーに由来し、そのため、そう呼ばれたように思われます。(5)アレスは戦争の破壊者、平和の創出者ですが、こちらは安寧を騒ぎと騒擾に変える平和の敵、戦争の友でした。

---

(1)「マスター・カードを弄ぶかのように」。この表現については九五頁の註（5）を参照。

(2)「市民権剝奪（*ἀτιμία*）」。あるいは「不名誉」。ギリシア語 *ἀτιμία* が「市民権剝奪」の意で使用されていると思われる例は、『フラックス』七九ほかにも見られる。

(3) これは治癒神としての側面をもつアポロンの渾名。

(4) スエトニウス『ガイウス』五〇は、ガイウスの身体が強健でなかったことを報告する。

(5) アレスの語源は不明。

第十六章

一一四　わたしたちはすでにこれらのことから、彼の性格や、彼の本質、彼の性癖などがアレスのものとは異なるので、ガイウスがいかなる神々にも、いかなる半神にも擬することなどできないことを学んだのではないでしょうか？　しかし、見るところ、盲目なのは情熱です。とくにそれがわたしたちの往時の繁栄を完全に破壊した大きな権威と一緒に、虚栄や野心を道連れにしたときには。

一一五　彼はユダヤ人たちだけを猜疑の目で見ました。彼らだけが彼とは反対の立場を取ったからですが、それは、言うなれば産着を着たときから、両親や、家庭教師、教師たちによって、また聖なる律法(1)の非常に高い権威とさらに不文の慣習によって、一なる神を世界の父にして造り手として認める(2)よう教えられてきたからです。

一一六　一方、他のものはすべて、男たちにしても、女たちにしても、都市にしても、民族にしても、国々にしても、他の諸地域にしても、いや全世界と言いたいぐらいなのですが、現下の状況にうめき苦しんでおりますが、それにもかかわらず、彼にお追従を言い、不釣り合いな大きな栄誉を与え、それと一緒にその虚栄を増し加えたのです。一部の者は、ローマ的自由という高貴な伝統を貶めて、跪拝という野蛮な風習(3)をイタリアに持ち込みさえしたのです。

一一七　ユダヤ人というひとつの民族だけは別格で、彼らは反抗を企てていると疑われました。というのも、彼らは父祖たちの慣習のひとつたりといえども——たとえそれがどんなに小さなものであっても——破壊されるのを黙過できず、死が不死であるかのように、それを進んで受け入れることに慣れているからです(4)。それはちょうど建造物の場合、たったひとつの石を土台から引き抜いただけでも、そのときまで堅牢に見えたものがぐらつきはじめ、ぽっかりと穴ができた所に向けて倒壊するのと同じです。

一一八　その動かされたことによる変化はけっして小さなものではなく、存在するすべてのものの中で最大のものでした。とくに神格化することによって——わたしたちはこの行為をもっとも由々しき不敬神なものであると断罪しております。神は人間が神になるよりも早く人間に変身できるでしょうに——、形成され朽ちる人間の本性を非形成の不朽のものに変えられたときには。それればかりでなく、それは他の最高の悪、すなわちご自分の力によって、無尽の潤沢な恵みを全地のすべての場所にお与えになる全世界の恩恵者への不信仰と忘恩をもたらしたのです。

---

(1)「聖なる律法」。モーセ五書、トーラーを指す。

(2)これは申命記六-四—九、一一-一三—二一、民数記一五-三七—四一からなる、シェマと伝統的に呼ばれてきたユダヤ人の祈りにもとづく。

(3)跪拝の風習については補註Hを参照。

(4)ユダヤ人の律法への熱心な態度については補註Iを参照。

第十七章

一一九　こうして、宣戦布告なき大きな戦争がわたしたちの民族にたいして準備されたのです。奴隷にとって主人の敵意(1)にまさる呪いがあるというのでしょうか？　統治される者たちは皇帝の奴隷であり、前任の皇帝たちは公正と法の遵守を心がけて統治したので、このことが彼らについて言えなくても、自らの魂からいっさいの穏健を切断し、無法を熱心に追求したガイウスの場合は、実際にそうだったのです。彼は自分自身を法であると考えると、それぞれの土地の立法制定者たちによってつくられたものを空疎な戯《たわ》けとして廃止したのです。そしてこの統治者が暴君に変じたとき、わたしたちは奴隷の仲間入りをしたばかりか、もっとも貶められた奴隷とされたのです。

第十八章

一二〇　アレクサンドリアびとの中の雑多ですぐに事を起こす群衆(2)はこの事態を知ると、願ってもない好機が転がり込んできたと考えてわたしたちを攻撃し、長い間くすぶりつづけていたわたしたちへの憎しみをあらわにし、すべてを混乱と無秩序の中に陥れました。

一二一(3)　彼らはわたしたちを皇帝によって公認された最悪の災禍に引き渡された者か、戦闘で圧し潰された者のように扱い、気違いじみた獣そのものの怒りを爆発させて乱暴狼藉を働き、人家を荒し回ると、その持ち主たちを妻子と一緒に追い出してそこを無人の空き家としたのです。

一二二　ついで彼らは家具や高価な装飾品などを盗み出すと――彼らはもはや捕らえられる恐怖から夜や暗闇の来るのを待っている盗人のようではありませんでした――、それを白昼堂々と運び出し、まるで自分たちがそれを相続した者か、その所有者たちから買い上げた者であるかのように、路上で出会う者たちに見せたりしました。もし多くの者が略奪物の共有に同意すれば、その戦利品を市場の中で分配しました。しばしばその所有者たちの目の前で、彼らを愚弄したり嘲笑したりしながらです。

一二三　これらのことは恐怖そのものでしたが、何の手も打つことができなかったのです。金持ちが貧乏人になり、資産家が無一物の者となり、何の不正も働いていないのに、突然、家屋の喪失者、炉床の喪失者、自分たちの家から追い出された者、逃げ出した者となりました。そのため彼らは昼間も夜間も野宿する羽目となり、太陽の焼けるような暑さや夜の凍りつくような寒さ(4)で死んだのです。

一二四　しかし、これらすべてのこともこれから語ることと比べれば軽微なものでした。彼らはこれら何

---

(1)「主人の敵意」。テクストでは「敵対する主人」。

(2)「雑多で……事を起こす群衆」。同じ語句は『酩酊』一一三、一九八にも認められる。

(3) 以下一二七までの記述を『フラックス』五五―五七と比較せよ。

(4) 寒暖の差についての記述には誇張が認められる。

万という[1]男や、女、子供たちを、全都から檻のような非常に狭っくるしい地区[2]に、家畜や羊の群れのように駆り立てて入れると、数日後には[3]集められた屍の山が見られると期待したのです。食べ物がなくて滅びるか――人びとは突如として襲った災禍を預言者的な能力でもって知ることができなかったので、あらかじめ必要な食糧を準備していなかったのです――、ひしめきあう状態や息の詰まるような暑さのために滅びるかしました。

一二五　実際、そこにはゆったりとした空間などあるはずがなく、辺り一帯の大気は、損なわれ、吐き出された息、いや真実を言えば、最後の息をしている者たちのあえぎのために、それ自体の中にあった生命力をうち捨てていたのです。大気は[4]燃え上がり、熱病の攻撃のようなもので押さえつけられながらも、熱い不快なプネウマ［息］を鼻や口から送り出し、人口に膾炙した格言を使えば、「火に火をそそいだ[5]」のです。

一二六　わたしたちの五臓六腑の機能は、当然のことながら、この灼熱の影響を受けました。夜になって外のひんやりとした冷気が蘇生させ、外気の温度が呼吸器官の働きを正常にさせても、日中になって、それが急激に上がり、火が火の中に流れ込むと必然的におかしくなるのです。

第十九章

一二七[6]　彼らはもはやその閉じ込められた場所の狭さに耐えられず、人の住まない場所や、海岸、墓場[7]などに流れ込み、なんとかしてきれいで汚れていない空気を吸おうとしました。もし誰かが逃げ切る前に都の他の地区で捕まったり、わたしたちに見舞った災難を知らずに地方からやって来たりすれば、彼らは多種多様な災禍をこうむり、(8)石を投げつけられるか、身体のきわめて重要な部分、とくに顔面を陶器のかけらや、トキワガシやカシの木片でぐちゃぐちゃにされて、死に至ったのです。

一二八　仕事がなくていつもぶらぶらしている連中(9)の一部の者たちは、すでに述べたように、都の端の狭っくるしい地区(10)に追い立てられ押しやられた［ユダヤ］人たちを取り囲んだり、ひとりでもこっそりと抜け出したりしないかと、壁に囲まれたようなこの者たちに目を光らせるのでした。それでも少なからざる数の者たちが、食べ物がないため家族の者たち全員が餓死するのを恐れて、自分の身の危険を顧みずにその壁の外に出ようとしました。彼らはこれらの者たちの脱出を厳しく監視し、捕まえた者たちを即座にあらゆる種

(1) ここには誇張がある。『フラックス』九四の、仮定法の中の言葉であるが、「四〇〇軒以上の家屋」に注意せよ。
(2)『フラックス』五五を参照。
(3)「数日後には」。いつからの「数日後」かは不明。
(4)「大気は」。テクスト上の主語は明確でない。
(5) この格言はゼノビウス五-六九やディオゲニアヌス六-七一に認められる。
(6) 以下一二七―一三一までを『フラックス』六五―七一と比較せよ。
(7) この場所は三一頁の註（6）を参照。
(8)「こうむり」。この動詞の原義は「享受し」。ここに見られる「享受する」の意の動詞 ἀπολαύω の反語的使用は、後出一八七、二九九にも見られる。
(9)「仕事がなくていつもぶらぶらしている連中」。同一の表現は『フラックス』三三にも認められる。同書四一をも参照。
(10) この地区に追い立てられた者たちの生活は『フラックス』六二―六四を参照。

類の拷問にかけて滅ぼしたのです。

一二九　別の一団は川辺の港で待ち伏せし、港に戻ってきたユダヤ人たちを襲い、彼らが商いのために運んできたものを略奪しました。彼らは船に乗り込むと船主たちの見ている前で積荷を船外に持ち出し、船主たちを後ろ手に縛り、舵用の油を使用して、舵柄や、マスト、甲板の厚板などを焼き払いました。

一三〇　凄惨きわまりなかったのは、都の中で焼き殺された者たちでした。彼らは、ときには、木材が十分になかったために、板切れを集め、それに火をつけると哀れな運命の者たちに向かって投げつけたのです。火で焼き殺されたというよりは煙で半焼きにされて滅んだのです。というのも、小低木の類いのものは着火しにくくて煙ばかり出し、少量のため燃え上がらず、すぐに消えてしまうからです。(1)

一三一　彼らはまた、まだ生きている多くの者を革ひもや縄でぐるぐると巻き、足首をしっかりと縛り、市場の中を引きずりまわし、［その者たちの体の上で］飛んだり跳ねたりし、死者の体の一部たりとも［危害を加えないで］残しておくようなことはしませんでした。(2)というのも、彼らはどんな獰猛な獣よりも残酷で残忍だったので、［この哀れな犠牲者たちの］四肢をばらばらにするとそれを踏みつけ、その顔かたちの特徴をすべて消し去りました。そのため、本来なら埋葬に与れるはずの肉片ですら、ひとかけらも残されはしなかったのです。

第二十章

一三二　もしその気にさえなれば、わずか一時間のうちに単独で暴徒支配[3]を一掃することができたのに、この国の総督[4]は見ても見なかったふりをし、聞いても聞かなかったふりをし[5]、戦いを際限なく煽り立てることを彼らに許し、そして平和を消し去りました。そこで彼らはさらにいっそう猛り狂い、もっと大胆な恥ずべき陰謀に向かって猪突猛進しました。彼らはおびただしい数の男たちからなるグループをいくつも集めると、祈りの家[6]――それは都のそれぞれの地区[7]に多数あります――の一部を徹底的に荒し回り、その一部を土台もろとも根こそぎにし、その一部には火さえ投げ込んで焼き払いました。逆上と狂気から、近隣の人家など眼中にはなかったのです。いったん木材に火がつきますと、これほど火の手の回りの早いものはありません。

一三三　そのとき一緒に取り壊されたり、一緒に焼け落ちたりした歴代の皇帝への栄誉、すなわち盾や、

（1）この辺りの光景は『フラックス』六八を参照。

（2）この辺りの光景は『フラックス』七〇を参照。

（3）「暴徒支配（ὀχλοκρατία）」。あるいは「群衆の支配」。ポリュビオス『歴史』第六巻四-六、五七-九によれば、これは民主主義の最下位に置かれる支配形態。

（4）この時期の総督はフラックス。この人物は、『フラックス』の主人公。

（5）「見ても見なかったふりをし、聞いても聞かなかったふりをし」。この表現については、『フラックス』四〇を参照。

（6）祈りの家については、『フラックス』補註Qを参照。

（7）当時のアレクサンドリアの都の区分けについては、三一頁の註（1）を参照。

金がかぶせられた冠、石板、銘文などについては、わたしは何も語らないことにします。(1)そうするには残りの紙幅が必要とされるからです。彼らは、ガイウスからの報復を恐れずにすんだので、大胆になりました。彼らはガイウスがユダヤ人にたいし口にはできない憎しみをもっていることを十分に承知しており、そのため、ありとあらゆる災禍をこの民族に加えること以上に大きな喜びを、誰も彼に与えることはできないと考えたのです。

一三四　彼らはもっと斬新な追従でもって彼に取り入ろうとしましたが、それというのも、わたしたちへの侮辱にたいして、何の釈明も要求されなかったからです。では、彼らは何をしたのでしょうか？　彼らは、非常に多くのユダヤ人が近隣に固まって住んでいたために、火を放ったり破壊して跡形なくしようにもできなかった祈りの家(2)を別の仕方で、すなわちわたしたちの律法や慣習を足蹴《あしげ》にすることで破壊したのです。彼らはどの祈りの家の中にもガイウスの像を、もっとも大きくもっとも有名な祈りの家の中には四頭立ての戦車に乗った青銅製の男子像を設置したのです。

一三五　彼らは熱心のあまり性急に事を運びました。そのため、新しい四頭立ての戦車が手元になければ、ギュムナシウム(3)から非常に古いもの、すなわち耳や、しっぽ、足、その他少なからぬ部分が切り落とされた古錆の塊で、巷間で言われているように、ひとりの女性、同名の最後の女王(4)の曾祖母にあたる、より早い時期のクレオパトラ(5)に捧げられたものを運び入れたりしたのです。

一三六　これは、それ自体で、その設置にたいして非常に由々しい告発をもたらすものでした。それは誰の目にも明らかです。もしそれが女性の新しい戦車だったらどうなのでしょうか？　もしそれが男子の古い戦車だったらどうなのでしょうか？　もし、まったくのところ、他の者に奉献されたものだったらどうなのでしょうか？　この手のものを皇帝のために奉献した者たちは、自分自身を尊厳なる者とすることに躍起になっておられた方に、事実が知られはしまいかと、多分、恐れたのではないでしょうか？

一三七　彼らは、祈りの家をガイウスに捧げられた新しい神域とすることにより賞讃を得、そしてもっと大きな、もっと輝かしい恩恵を受けることをはなはだ過剰に期待したのです。もちろん、彼らの動機は彼に敬意を払うことにあったのではなく、なんとしてでも［ユダヤ］民族を災禍漬けにすることにあったのです。

一三八　わたしたちは明白な証拠を引き出すことができるのです。最初に［エジプトの］歴代の王。過去三〇〇年の間に一〇代かそこらの継承がありましたが[6]、祈りの家に像や男子の像を設置した者はひとりもおりません。もちろん、彼らは［アレクサンドリアびとと］同じ種族にして同族であり、人びとは彼らを神[7]と見なし、そう記録し、そう呼んでいたのですが[8]。

(1) 祈りの家で皇帝への敬意が払われたことについては『フラックス』四八―四九を参照。
(2) この祈りの家は『バビロニア・タルムード』スカー五一bで言及されているアレクサンドリアで最大の祈りの家か？
(3) ギュムナシウムについては『フラックス』補註Oを参照。
(4) クレオパトラ七世（前六九―三〇年）。
(5) クレオパトラ三世。前一一六年から一〇一年まで摂政をつとめた。
(6) 前三〇四年にはじまり前三〇年までつづいたプトレマイオス王朝の支配者の数は一一人、前一四四年の数ヵ月の支配に終わったネオス・ピロパトルを入れれば一二人。
(7) テクストではこの「神」は複数形。
(8) 生ける王の礼拝という形式での支配者崇拝はプトレマイオス二世（前二〇八―二四六年）により確立された。

一三九　犬や、狼、ライオン、鰐、その他多くの獣、水生動物、乾いた土地の生き物、翼のあるものなどを神として祭り、そのためエジプト全土に祭壇や、神殿、聖堂、神域などを建てる者たちが、所詮人間にすぎない者たちをそう見なしたところで何か差し障りがあったのでしょうか？

第二十一章

一四〇　彼らは今ならそのとき口にしなかったであろうこと、すなわち皇帝たちは、地位と幸運の点でプトレマイオス一族にまさり、もっと大きな栄誉を受けるに値する、と言うでしょう。なにしろ、連中ときたら、統治者たち自身にたいしてではなく統治者たちの成功に奉仕するのを常としているからです。

一四一　わたしは中傷的な言葉を口にしたくはないのですが、あなたがた全人類の中で最高に頭の弱い者たちよ、なぜあなたがたは、ガイウスがその皇帝権を引き継いだ前任者ティベリウス[1]を、同じような栄誉に値すると見なさなかったのか？　彼は二三年間[2]も海陸の支配権を握り、ギリシアにおいても非ギリシア人の世界においても戦争の火種がくすぶるのを許さず、その生涯の最後まで、途方もなく富める手と判断力とで平和と平和の恩恵を与えられたのです。

一四二　その方の生まれはガイウスよりも劣っていたでしょうか？　いやいや、その方の生まれは父方と母方の双方において最高のものでした[3]。では教養[4]は？　いったい同時代の青年たちの中で、誰が彼よりも思慮深く雄弁だったでしょうか[5]？　では寿命[6]は？　いったいどの王や皇帝が彼よりも幸せな老齢に達したというのでしょうか？[7] 彼はまだ若かったときにすでに、その鋭敏さへの敬意から「長老」とさえ呼ばれていたのです。あなたがたが見落とし傍らに追いやった方は、かくも立派でかくも優れた人物だったのです。

一四三 ではこの方はどうでしょう？ あらゆる徳において人間的な性格を超え、皇帝の主権の大きさと高貴な性格のゆえにアウグストゥス[8]の呼称を最初に冠せられた人物です。[9] その方は相続の一部か何かのように、一族の継承によってではなく、ご自身が尊厳の始元となったために――それはその後につづく者たちにも引き継がれました――、その呼称を受けられたのです。その方は全民族の共益のために心遣いをしはじめるや、混乱し混沌とした事態を正そうと心を砕かれたのです。

一四四 というのも、当時島々は本土にたいして、本土は島々にたいして、その指導者や擁護者としてロ

---

(1) ティベリウスについては『フラックス』をも参照。
(2) 後一四年から三七年まで。
(3) ティベリウスの祖先については、スエトニウス『ティベリウス』一―三を参照。
(4) ティベリウスの教養は、スエトニウス『ティベリウス』七〇を参照。
(5) スエトニウス『ティベリウス』六は、ティベリウスが九歳で弔辞を読んだとする。
(6) ティベリウスの享年は七八（スエトニウス『ティベリウス』七三）。
(7) アウグストゥスの享年は七六（スエトニウス『アウグストゥス』一〇〇、『神皇アウグストゥスの業績録』の末尾の語句を参照）、カエサルの享年は五六（スエトニウス『カエサル』八八）。
(8) ギリシア語ではセバストス。この呼称については、ディオン『ローマ史』第五十三巻一六―八を参照。
(9) オクタウィアヌス。その時期は前二七年。

ーマの有力な高位高官の者たちを擁しながら、熾烈な優位争いを繰り広げていたからです。さらにまた、人間の住む世界の大きな部分、アシアがヨーロッパにたいし、ヨーロッパがアシアにたいして主権をめぐって争い、ヨーロッパやアシアの諸民族が地の最奥部からも立ち上がり、全地や海上で、陸戦や海戦でもって悲惨な戦いを繰り返したので、互いの殺戮に疲れた人類という種族は、もし悪を拒否される方と呼ぶに適切なひとりの男、指導者アウグストゥス陛下がいなかったならば、完全な消滅の危機にあったのです。

一四五　この方こそはカエサル、至る所で荒れ狂った嵐を鎮められた人物、ギリシア人や非ギリシア人に共通の病――それは南や東から下ってくると、西や北にまで進み、その間に横たわる地域や海に災禍の種をまき散らしていたのです――を癒された人物なのです。この方こそは人の住む世界がつながれ縛りつけられていた綱を緩め、そればかりか断ち切られた人物なのです。

一四六　この方こそは公然と行なわれる戦争とこっそりと行なわれる戦争――強盗どもの襲撃によって引き起こされるもの――を根絶された人物なのです。この方こそは海上から海賊船を一掃し、そこを交易船で満たされた人物なのです。

一四七　この方こそはすべての都市に自由を回復させた人物、無秩序を秩序へ導かれた人物、すべての非社交的で獣のような民族を穏やかで協調的なものにした人物、ヘラスを［新しい］多くのヘラスによって拡大し、もっとも重要な地域における野蛮な世界をヘラス化した人物[1]、平和の守護者、各民族にその割り与えられるべきものを分配した人物、恩恵の出し惜しみをせず共有のものとした人物、その全生涯において善なるものやよきものを何ひとつ隠されることのなかった人物でした。

第二十二章

一四八　ところが、彼らは四三年間エジプトの主君だった、このかくも偉大な恩恵者をないがしろにし、わたしたちの祈りの家の中に彼の名誉を讃えるものを[2]何も置かなかったのです。彫像も、胸像も、肖像画もです。

一四九　しかし、もし誰かのために新たな例外的な名誉を決議する必要があれば、彼こそはそれを受けるにふさわしい人物でした。彼こそはアウグストゥス一族の大元（アルケー）にして本源[3]のような方であったばかりでなく、第一の、最大の、そして帝国の共通の恩恵者でもあったからです。彼は多頭支配[4]に代えて、帝国という船[5]の舵取りをひとりの舵手、すなわち統治の知識を驚くほど積んでいた自分自身に委ねさせたからです。「多くの首領が支配することはよくないことだ[6]」と正しくも言われてきたとおりです。なぜなら、多くの者に決定権があるのは、多種多様な悪の原因だからです。これらすべての他にも、全世界は彼のために

（1）ここでの「ヘラス（ギリシア）化した」とは「文明化した」くらいの意味であろう。

（2）「彼の名誉を讃えるものを」。テクストでは「彼のために」。

（3）「本源（*πηγή*）」。ギリシア語 *πηγή* の原義は「泉」。

（4）「多頭支配（*πολυαρχία*）」。元老院をも含める大勢の者の手による統治。このギリシア語はホメロス『イリアス』の *πολυκοιρανίη* と同じ。

（5）「帝国という船」。テクストでは「共通の船」。前出五〇に「全人類の共通の船」という表現が見られた。

（6）この表現については補註Jを参照。

オリンピックの競技選手に与えられる名誉に等しい数々の栄誉(1)を議決したのです。

一五〇　神殿や、プロピュライア(2)、プロテメニスマタ(3)、柱廊などがこれらの栄誉を証しており、そのため、新しいものであれ古いものであれ、素晴らしい作品を有するどんな都市も、カエサルに奉献されたものの美しさと規模の点で、とくにわたしたちのアレクサンドリアには太刀打ちできないのです(4)。

一五一　実際、乗艦したカエサル(5)に捧げられた神殿、セバスティオン(6)と呼ばれるものに比肩するような神域はどこにもありません。それは最良の係船設備のある港を望む高台につくられた、大きくて人目につくものです。そこはさまざまな奉献物で溢れており、他のどこにもないようなものです。その周囲には肖像画や銀や金でつくられた彫像が置かれ、柱廊や、図書館、大広間、木立、プロピュライア、広い空き地、中庭、その他贅を尽くした飾りとなるすべてのもので飾り立てられておりました。それは港に入ってくる船乗りたちや、出ていく船乗りたちにとって、安全な航海のための希望でした。

第二十三章

一五二　それゆえ、彼らには事を起こす格好の口実があり、すべての土地のすべての者たち(7)の同意を取り付けることもできたのですが、彼らは祈りの家に乱暴狼藉を働いたりはせず、どこまでも法を遵守したのです。彼らはカエサルに払うべき敬意のしるしを何かなおざりにしたのでしょうか？　誰がそうしたなどと考えるでしょうか？　では、なぜ彼らはこうしたことをしなかったのでしょうか？　わたしは率直に答えてみましょう。

一五三　彼らは彼の心配りや、彼が各民族の父祖たちの慣習をローマ人のそれに劣らず尊重したことや、さまざまな栄誉を受けたこと――それらの栄誉は、驕りからの一部の民族の風習破壊にたいしてではなくて、かくも巨大な統治権の大きさに随伴したものであり、そのような数々の栄誉のために、彼の尊厳は高められたのです――を知っておりました。

一五四　しかし彼は、与えられた途方もない数の栄誉で増長したり、傲慢になることはなかったのです。そのことは、彼が誰にも自分自身を神と呼びかけることを望まず、もし誰かがその言葉を使ったら不機嫌になったことや、そのようなことすべてを避けたユダヤ人たちを受け入れたことによって――彼は彼らをよく知っておりました――、はっきりと示されております(8)。

（1）「オリンピックの競技選手に与えられる名誉に等しい数々の栄誉」。あるいは「オリュンポス山の神々に与えられる名誉に等しい数々の栄誉」。

（2）これは神殿への通路を指す術語。

（3）これは神域（τέμενος）、またはその入口を指す術語。

（4）この辺りの記述については補註Kを参照。

（5）「乗艦したカエサル」については補註Lを参照。

（6）この建造物は本来はアントニウスを顕彰するためにクレオパトラによって建立されたものであるが、完成時にはアウグストゥスに奉献された。プリニウス『博物誌』第三十六巻六九、ストラボン『地誌』第十七巻一・九を参照。

（7）「すべての土地のすべての者たち」。この表現については、二七頁の註（4）を参照。

（8）スエトニウス『アウグストゥス』五二は、アウグストゥスがローマに神殿を建立することを拒否したと報告する。

一五五　では、どのようにして彼らを受け入れたのでしょうか？　彼はローマのティベル川の対岸の大きな部分[1]がユダヤ人たちによって占められ、彼らが住んでいることを知っておりました[2]。彼らの大半は解放されたローマ市民でした[3]。彼らは捕虜としてイタリアに連れてこられると、その所有者たちによって自由にされましたが、父祖たちの慣習のひとつでも犯すことを強制されたりはしなかったのです。

一五六　それゆえ彼は、彼らが祈りの家をもっていることや、そこで彼らが一堂に会すること、そしてとくに聖なる第七日に[4]一団となって父祖たちの哲学[5]について学んでいることなどを知ってもおられたのです。彼はまた、彼らが初穂[6]から聖なる金[7]を集め、犠牲の献げ物を捧げる者たちを介してそれをエルサレム[8]に送ることを知っておられました[9]。

一五七　しかし、それにもかかわらず、彼は彼らをローマから追放することもされず、彼らがユダヤ的な生き方を遵守しているという理由で、彼らからローマの市民権（ポリーテイアー）を剥奪することもされず、祈りの家に乱暴狼藉を働くこともされず、律法の導きを受けるために集まるのを妨害されず、初穂を捧げることにも反対もされなかったのです。いやそれどころか、わたしたちの慣習を聖なるものと見なされたので、彼は一族の者たちと一緒に、わたしたちの神殿を贅をこらした奉納品で飾り[10]、完全に焼き尽くされる常供の無傷の犠牲獣が、彼自身の歳入から、いと高き神[11]への貢ぎ物として毎日捧げられるよう命じられたのです。これらのことは今日まで守られてきており、将来にわたってつねに守られるでしょう。これは真に皇帝たるにふさわしい話なのです。

一五八　そればかりでなく、全市民が金子か穀物を交互に受け取る祖国[12]での月々の施し物の分配においてさえ、彼はその恩恵に与るユダヤ人を一度として不利に扱ったりはせず(13)、その分配が聖なる第七日に重なっても——その日は受け取ることも与えることも許されてなく、ふだんの生活の何か、とくに商取り引きを行なうことなどはまったく許されておりません——、彼は分配係の者たちに、すべての者が与るその人道的援助をユダヤ人のために翌日まで取っておくよう命じられたのです。

---

(1) 現在のトラステヴェレと呼ばれる地区。
(2) ここでの「ティベル川の対岸」は川の右岸であるが、左岸にもユダヤ人の共同体は存在した（カタコンベの証拠から）。
(3) ローマのユダヤ人の歴史は前二世紀に遡るとされる。
(4) 安息日を指す。
(5) モーセ五書、トーラーを指す。『創造』一二八、『戒め』第二巻六一、『観想』一八でも「哲学」という言葉が使用されている。
(6) 「初穂（ἀπαρχή）」。ここでの「初穂」は「神への捧げ物」の意。後出一五七、二一六、二九一、三一一、三一二、三一六にも同じ用例が見られる。
(7) 二〇歳以上の男子はある時期には半シェケルを、ある時期には三分の一シェケルを奉納した。出エジプト記三〇-一一-一五、三八-二五-二六、ネヘミア記一〇-三二-三三を参照。
(8) ギリシア語読みではヒエロソリュマ。
(9) 後出二一六、三一二、『観想』第一巻七八、ヨセフス『古代誌』第十八巻三一〇-三一三を参照。
(10) 後出三一九、ヨセフス『戦記』第五巻五六二を参照。
(11) 「いと高き神」。この表現は二五頁の註（11）を参照。
(12) ここでの「祖国（πατρίς）」はローマを指すように思われるが、コルソンは後出二七八の用例から、エルサレムを指すと理解する。
(13) スモールウッド『ガイウス』二四二頁は、この恩恵に与かれたのは「ローマの市民権」をもったユダヤ人に限られたとする。

第二十四章

一五九　それゆえ、どの土地のどの人間も、[1]たとえユダヤ人たちにたいして本来的に好意を抱いていなくても、ユダヤ人たちの慣習の一部でも破壊するようなことはしなかったのです。そしてこの状況は、セヤヌス[2]がわたしたちへの攻撃を画策したとき、イタリアでは扇動される者たちがおりましたが、ティベリウスの治世においても同じだったのです。[3]

一六〇　というのも、皇帝は知っておられたのです。皇帝は彼の死後[4]ただちに、ローマに住むユダヤ人たちへの告発が偽りの中傷であったこと、すなわち［ユダヤ］民族の抹殺を望んだセヤヌスのでっちあげであったことをお知りになったのです。セヤヌスは、皇帝がその裏切りのために窮地に追いやられれば、民族の一部か大半がその汚れた陰謀と実行に立ち向かってくることを承知していました。

一六一　ティベリウスは、彼が任命した各地の総督たちにたいし、処罰はすべての者ではなく有罪とされた者たち――その数は少数でした――だけに及ぶことを各都市に住むわたしたちの民族の者たちに穏やかに告げ、既存の慣習のどれにも干渉せず、むしろそれを彼らの心遣いに委ねられたものとして、［ユダヤ民族の］人たちを本来的に平和を志向する者たち[5]として、そしてその慣習をよき秩序に寄与するものとして見るよう命じられたのです。

第二十五章

一六二　ところが、ガイウスは思い上がり、自分が神であると口にしたばかりか、そう思い込んだのです。彼は本来的に人間的な分を越える法外な情熱の確認のために、アレクサンドリアびと以上の適者をギリシア人の中にも非ギリシア人(6)の中にも見出さなかったのです。というのも、アレクサンドリアびとは追従や、まやかし、芝居がかった所作などがひどく巧みで、媚びへつらいの言葉をすぐ口にするからです。ただし彼らは、その抑制のきかないおしゃべりな口のおかげで、(7)すべてを混乱させてしまいます。

一六三　彼らの間では「神」の呼称が非常に尊いもので、彼らは土地に棲息するトキや、毒へビ、その他多くの獰猛な獣などにもその呼び名を分かち与えているほどです。その結果、当然のことながら、彼らは、

---

(1)「どの土地のどの人間も（*οἱ πανταχοῦ πάντες*）」。この表現については、二七頁の註（4）を参照。
(2)この人物は『フラックス』の補註Aを参照。
(3)しかし、ティベリウス帝はユダヤ人を一時期ローマから追放している。それについては、補註Mを参照。
(4)後三一年十月。
(5)「本来的に平和を志向する者たち」。この表現や類似のものは後出二三〇、『フラックス』四八にも認められる。
(6)「非ギリシア人」の原語は*βάρβαροι*。
(7)後出一七〇も「アレクサンドリアの都のおしゃべりにしか能のない連中」に言及する。『フラックス』三三をも参照。

神に帰属する呼称の濫用により、エジプト的不信仰(1)を見抜けぬ知力の足りない未熟者たちを騙すことはできるのですが、彼ら自身の大馬鹿ぶり、いや不敬神ぶりを知る者たちによって一蹴されるのです。

一六四　ガイウスは、このことを見抜けなかったため、自分がアレクサンドリアびとの間で真に神と見なされていると想像しました。他の民族の者たちであれば神について語るときに使うその呼称を、彼らはつねにあっけらかんとして使っていたのです。

一六五　そしてまた彼は、祈りの家にたいしてなされた乱暴狼藉が一点の曇りなき良心と自分への純粋な敬意から生まれたと考えたのです。彼がこうした印象を受けたのは、ひとつには、ある者たちがアレクサンドリアから送ってよこしていた定期的な報告書に目を通していたからであり(2)――それは彼にとってもっとも喜ばしい読み物でした。そこに見られる追従記事と比べれば、他の者たちの書いた散文や詩文などは不快このうえないものと考えられるほどでした――、またひとつには、家僕の一部の者たちが彼と一緒につねに嘲笑したりあざけったりする者たちだったからです。

第二十六章

一六六　これらの者たちの大半はエジプト人、悪しき子孫でした。彼らは土地に棲息するワニやヘビの毒や激しい気性を自分たちの気質として(3)受け継いでいました。全エジプト一座(4)のコーラスもどきの指揮者役を演じたのはヘリコン(5)で、彼は、皇帝の宮廷に入り込んでそこをひっかきまわした忌むべき嫌悪すべき奴隷(6)でした。彼は自分をティベリウス・カエサルへの贈り物とした前の主人の名誉欲のおかげで、一般教育(7)をかじっておりました(8)。

一六七　そのときの彼は何の特権にも恵まれていませんでした。ティベリウスが若者が口にするウィットなどをひどく嫌っていたからですが、それというのも、帝には若いころから尊厳と厳格さに向かう傾向がおありだったからです。

一六八　ところが、ティベリウスが亡くなりガイウスが皇帝権を受け継ぎますと、ヘリコンは、放埓と五感の喜びに酔いしれているこの新しい主君に接近したのです。彼は自らこうほざいたのです。「ヘリコンよ。今やおまえの出番のときだ。さあ、立ち上がるのだ。おまえが演じて見せるものには最高

---

(1)「エジプト的不信仰」。あるいは「エジプト的な神不在」。フィロンはこれに『比喩』第三巻二一二、『末裔』二、『賜物』二〇三、『モーセ』第二巻一九三、一九六でも言及している。

(2)スモールウッド『ガイウス』二四六頁は、報告書を送っていた人物を総督であるとする。

(3)「自分たちの気質として」。テクストの直訳は「魂の中で」。

(4)「全エジプト一座」。ここで「一座」と訳した θίασος は宗教的または政治的な結社を指す術語であるが、ここではそれは皮肉として使われている。

(5)この人物は以下、および後出二〇三―二〇六をも参照。

(6)後出二〇三、二〇五でもヘリコンは「奴隷」と罵られているが、ガイウスとの親密な関係からすると、この時期の彼は解放奴隷であったであろう。

(7)「一般教育(τῶν ἐγκυκλίων)」。ἐγκυκλίων の後に παίδευμα か ἀγωγή の属格形が省略されている。この一般教育は文法、数学、音楽、修辞学からなる(『ケルビム』一〇五を参照)。

(8)要するに、ヘリコンの前の主人はカエサルの好意を得ようとして、教育を施してから彼をプレゼントしたのであろう。

の聴衆と見物人がついている。おまえは生まれつき頭の回転が速い。他の誰よりも嘲笑したり冷やかしたりするのがうまい。おまえはひょうきんなことやおふざけを口にし、人を楽しませる術《すべ》を知っている。おまえの受けた教育は正規のものに劣らない。加えて、おまえのおしゃべりは楽しい。

一六九　もしおまえが悪意のこもった嘲笑に針をも混ぜ、笑いばかりか、疑念から生じる辛辣さをもひっかきまわすなら、おまえはおまえのご主人さまを完全に虜にすることができる。なぜならご主人さまは、あざけりがないまぜにされた告発を聞くのがもともとお好きな方だからだ。おまえも知っているように、彼の耳は中傷と虚偽の告発を平然と織り混ぜる連中に向けて大きく開いていてぴんと立っているからだ。

一七〇　過剰な攻撃材料をもとめるな。おまえはユダヤ人やユダヤ的な慣習にたいして偽りの告発をする。おまえはそうした告発の中で育てられてきたのだ[1]。すでに産着を着ていたときから、それをみっちりと教えられてきたのだ。ひとりの人物によってではなく、アレクサンドリアの都のおしゃべりにしか能のない連中[2]によってだ。習ったものを示すがよい」。

第二十七章

一七一　これらの常軌を逸した呪われた思いで自らを奮い立たせると、彼はガイウスの心をつかみ、そして取り入ったのです。彼は夜も昼もガイウスから離れることはなく、どこにでもついてまわりました。それは［ユダヤ］民族を告発するために、彼がひとりでいるときや休んでいるときを最大限に利用するためでした。このごろつきは、中傷がわれわれを傷つけるよう、嘲笑によって、隠微な喜びに働きかけたのです。彼は自分が直接の告発者であることを認めなかったし、認めることなどできるはずがありません。しかし他方、汚い手を使ったり策を弄したので、彼は正面切って敵意をむき出しにする者たちよりも性質《たち》の悪い恐ろしい敵だったのです。

一七二　このことはアレクサンドリアびとの使節たちでさえ[3]よく承知していたとも言われ、彼らは秘かに莫大な報酬で彼を買収しました。それは金子だけではなく、ガイウスがアレクサンドリアに来たときには、[4]彼のために遅滞なく手に入れてやることを示唆した栄誉の希望をもってしてでした。

一七三　人の住む世界のほとんどすべての地からやって来る使節が、主君と一緒に臨席するその機会を夢想して舞い上がった彼は――その折には、都市の顔[5]である貴人たちが、ガイウスに敬意を表するために最奥部からもやって来るので、彼がもっとも大きく、もっとも著名な都市[6]によって栄誉を授けられることは明らかでした――、すべてのことを約束したのです。

（1）当時の反ユダヤ主義の環境については補註Nを参照。
（2）「おしゃべりしか能のない連中」。ここで使用されている形容詞 γλώσσαλγος は「口が疲れるまで話しつづける」の意。
（3）後出三七〇によれば、その数は五人。ただし二一五頁の註（4）を参照。
（4）スモールウッド『ガイウス』二四九頁は、ガイウスが後四〇年の夏の後半にアレクサンドリアを訪問する意志があったと推定。
（5）「都市の顔」。あるいは「都市の目」。
（6）ローマを指すものと思われる。

一七四　わたしたちはしばらくの間、宮廷の中に隠れ潜んでいるその敵に気づかず、外の敵だけを警戒しておりました。しかし、この敵の存在を認めてからは、わたしたちは、あらゆる手段とあらゆる所からわたしたちに槍や矢を命中させようと狙っているひとりの男を、なんとかなだめすかすことができぬものかと、あらゆる道を辺りを見回しながら探りはじめたのです。(1)

一七五　彼はガイウスと一緒に球技をし、一緒に肉体を鍛え、一緒に沐浴し、一緒に食事をしました。また彼は、寝室係の職務と宮廷の警護長の職務に任命されていたので——これにまさる地位は他にありません——、ガイウスが就寝するときにはその側にいたのです。その結果、彼だけがご機嫌が麗しいときの気を許した皇帝に接することができ、その際、外部の雑音から遮断されて、もっとも知りたいことを聞き出すことができたのです。

一七六　そこでは揶揄嘲笑が告発とないまぜにされたので、彼はガイウスの喜びに働きかけたわけですが、他方でわたしたちを途方もなく傷つけました。というのも、第一義的な仕事と思われた揶揄嘲笑は、彼にとって二義的なものであり、二義的と思われた告発が、ただそれだけが彼の第一の仕事だったからです。

一七七　そこで彼は、船尾で追風を受けている舵手のように、帆のロープをすべて出し切って帆にいっぱいの追風を受けて進んだのですが、(2)他方では、次から次に告発の口実を集めてはそれらをつなぎ合わせたのです。そのため、ガイウスの心に刻みつけられた印象はより確かなものになっていって、［ユダヤ民族］告発の彼の記憶は消しがたいものになったのです。

第二十八章

一七八　わたしたちはこうした行き止まりの、難しい状況の中に置かれていました。それはわたしたちが、ヘリコンの機嫌を取るためにあらゆる手だてを尽くしたので、(3)もはや取るべき別の道を何ひとつとして見出せなかったからですが――彼が万人に見せつけたその尊大さや冷酷さのために、誰も勇気を出して語りかけたり、近づいたりはしなかったのです――それと同時に、わたしたちの民族に敵対させるために主君をつねに焚きつけ、[一緒になって]叩いていた(4)彼が、ユダヤ民族にたいする個人的な嫌悪の感情にどの程度左右されているかが分からなかったため、わたしたちはこれ以上この方面で労することをやめたからです。わたしたちはわたしたちの努力を焦眉の問題に向けることにしました。そこで、わたしたちはガイウスに、わたし

---

(1) ここでの複数形はユダヤ人使節団を指す。フィロンはそのときの団長（ヨセフス『古代誌』第十八巻一五九を参照）。
(2) この辺りのメタファーはいかにもフィロン的。
(3) ここでは買収が暗示されている。
(4) 「焚きつけ、[一緒になって]叩いていた（ἀλείφοντι...... συγκροτοῦντι）」。ここで使用されている二つの動詞 ἀλείφω と συγκροτέω はともにギュムナシウムと関係する。前者には「体にオリーブ油を塗る」の意が、後者には「叩く、撃つ」の意がある。

たちがなめた苦難[1]やわたしたちの行なった要求を簡潔に触れる文書を手渡すことにしました[2]。

一七九　これは、実質的には、わたしたちが少し前にアグリッパ王[3]の手を介してガイウスに送っていたより長い嘆願書[4]を要約したものでした。というのも王は、自分に与えられた王国[5]を受けるためにシリア[6]に向けて船出しようとしたとき、［アレクサンドリアの］都にたまたま滞在していたからです[7]。

一八〇　……〈欠落〉……。他方、わたしたちは、知らずしてわたしたち自身を欺いておりました。はじめてのことではありません。それはかつて、裁定者のもとに赴いてわたしたちの諸権利を持ち出すべきだと考えてはじめて船で出発したときのことです。

彼は、実際、一見穏やかな目つきで如才なく語りかけて人を虜にする恐ろしい敵でした。

一八一　彼は母[8]の残した御苑[9]から出てくると、最初わたしたちをティベル河畔の野で接見したのですが[10]、わたしたちにたびたび語りかけ、右手[11]を振って友好的な素振りを示し、「予は適当なときを見計らって、予自らがおまえたちの陳情を聞くであろう」と言って、ホミルス[12]という名の使節団の接遇係を遣わしたのです。そのため、わたしたちの周囲にいた者たちはみな、すでにして勝利を勝ちとったかのように一緒に喜び、そして、うわべの幻想に欺かれたわたしたち一行の者たちも同じ思いを抱いたのです。

一八二　しかし、わたしには、それはぬか喜びであるように思われました。年の功や他の点での教養[13]により、わたしには他の者たちが喜んだことにたいし一抹の不安がよぎったのです。わたしはわたし自身の思考力を働かせてこう言いました。

「全世界のほとんどすべての地から[14]やって来たかくも多くの使節が臨席する前で、なぜ彼はわたしたちだけを聴聞すると言ったのだ？　何を企んでなのだ？　彼はわたしたちが他の民族よりも劣った扱いを喜ばないユダヤ人であることを知らないわけではない。

一八三　わたしたちが他民族出身の絶対的な権力を振るう若い主君[15]から好意を得ることなどを想像することは、たしかに気違いじみたことではないか？　彼はわたしたち以外のアレクサンドリアびと[16]の一党にすり寄っているように見える。彼が配慮し、速やかに裁定をくだすと約束したのはその一党にたいしてなのだ。もし実際、彼が公平で偏らない聴聞を開催する考えを捨てて、裁定者ではなくて一党の擁護者、わたしたち

（1）この「苦難」は後三八年八月のユダヤ人迫害を指す。
（2）この一文からでは、文書がガイウスとの接見（後出一八一を参照）の折に手渡されたのか、それともそれ以前であったのかは不明。
（3）この人物はヘロデ王の孫ユリウス・アグリッパを指す。詳しくは『フラックス』補註Kを参照。
（4）『フラックス』補註＊Fを参照。
（5）この王国は『フラックス』二五、三九でも言及されている。
（6）ここでのシリアについては、二三頁の註（1）を参照。
（7）アグリッパのアレクサンドリア滞在については『フラックス』二八以下を参照。
（8）アグリッピナを指す。
（9）この御苑はセネカ『対話』第十五巻一八‐四を参照。
（10）この時期については、補註Oを参照。
（11）右手は安全を意味する。
（12）この人物は知られていない。
（13）ここでの「教養」とは、アレクサンドリアのユダヤ人共同体の指導者としてキャリアやその経験などを指すのかもしれない。
（14）「全世界のほとんどすべての地から」。類似の表現が前出一七三に見られた。
（15）このころのガイウスは二八歳くらいか。
（16）アレクサンドリアのギリシア系住民を指す。

の敵対者[1]になったのでなければ」。

第二十九章

一八四　わたしはこのように考えましたので、昼も夜も休まるときがなかったのです。わたしは気落ちしても、苦悩を隠したままにしておりましたが――それを表に出すのは安全ではなかったのです――、その間予期しなかったはなはだ重い別の災禍[2]がわたしたちを突如襲ったのです。それはユダヤ民族の一部だけでなく、［ユダヤ］民族全体を集団的に危機に陥れるものでした。

一八五　わたしたちはガイウスについてローマからディカイアルケイア[3]に赴きました。彼は海辺にまで降りてくると、湾の周囲に所有する贅沢な調度品付きの自分の多くの別荘を巡りながら幾日かを過ごしておられました[4]。

一八六　その間のわたしたちは陳情の内容をじっくりと考えておりましたが――わたしたちは、毎日、呼び出しのかかるのを鶴首しておりました――、そのときひとりの男が、血ばしった目に困惑の表情を浮かべながら息せききってやって来たのです。彼は他の者たちから少しばかり離れた所へわたしたちを導くと――何人かの者が近くにいたからです――、「新しいニュースをお聞きになりましたか？」と尋ねました。彼は何かを報告しようとしたのですが、ぐっとこらえました。涙がとめどもなく頰を伝わってこぼれ落ちたからです。

一八七　彼はもう一度報告しはじめたのですが、二度目もぐっとこらえました。そして三度目も。わたしたちはこの様子を見て動転し、彼がそのためにやって来たという事柄を告げるよう促しました。「おまえはただ涙を見せて証しをするためにやって来たのではない。たとえそれが涙に値するものでも、おまえひとりで悲しむのではない(5)。わたしたちはすでに不幸には慣れている」。

一八八　彼はしゃくり上げ、ぜいぜいと息をしながら、かろうじてこう申しました。「わたしたちの神殿は亡きも同然となりました。ガイウスさまが至聖所(6)の内部にゼウスの名で彼に捧げる巨大な像を設置するよう命じられたのです」。

一八九　わたしたちはこの言葉に驚き、驚愕で釘付けにされたので、歩き出すこともできませんでした。わたしたちはそこになす術《すべ》もなく、力なく立ち尽くし、そして、身体の腱がばらばらにされて、崩れ落ちました。他の者たちも同じ苦しみをなめているように見えました。

一九〇　ついでわたしたち全員は、人目につかぬ所に固まって集まると、わたしたち一人ひとりに関わり、

（1）「裁定者……擁護者……敵対者（*δικαστοῦ …… συναγωνιστής …… ἀντίπαλος*）」。ここで使用されている三つの名詞はいずれもギュムナシウムでの競技用語として使用できるものである。

（2）後出一八八以下を参照。

（3）この港町については、『フラックス』の補註Lを参照。

（4）ギリシア文には大きな混乱があるように思われる。テクストの *κόλπου……πολλὰς καὶ* を次の文節の冒頭に移動させる。

（5）「おまえひとりで悲しむのではない」。テクストでは「おまえひとりで悲しみを楽しむのではない」。

（6）「至聖所」。字義は「足を踏み入れてはならない所」。

同時に［ユダヤ民族に］共通に関わる不幸を嘆き、そして理性が投げかける類いの問題を長々と論じました。不幸をなめている人間にとってはおしゃべりこそ救いの妙薬だったからです。(1) わたしたちは言いました。「こんなひどい蛮行に全面的に引き渡されないように頑張ろう。われわれはどんなに大きな嵐が待ち受けているかも、陸の嵐が海上のそれよりはるかに危険なものであるかも知らずに、冬の嵐のさなかに船出したのだ。海上の嵐は一年を季節に分ける自然が原因のもので、自然が保護者でもある。他方、陸上のそれは人間らしい思考を何ひとつできぬ人間、全地を無責任にも支配する任務を帯びた無謀な若者がもたらすものだ。絶対的な権威を盾に、制御できない衝動に身を委ねる若さは、うち勝つことなどが難しい悪なのだ。

一九一　われわれは彼に近づいたり、すべてが聖なる場所の破壊者に祈りの家について何かを訴えたりすることなどできようか？　目立つことのあまりない、敬意を払われることもあまりない祈りの家に、その輝きが太陽の光のように世界の隅ずみまで照らし、西方と東方［の離散のユダヤ人たち］が仰ぎ見ているもっとも喧伝されもっとも知られた神殿を侮辱してかかる男が、何の顧慮も払わないことは明らかだ。

一九二　たとえ怖じけることなく彼に近づけたとしても、不可避の死以外の何を期待すればよいというのだ？　そうにしかならないのであればそうなるように。われわれはいずれ死ぬ。律法を守るための真に高貴な死こそが生なのだ。しかし、もしわれわれの死から何の益も生じないとしたら、われわれが滅びることは狂気の沙汰ではないか？　とくにわれわれは使節として行動することを期待されている者であり、その災禍は耐え忍ぶ者たちよりもわれわれを派遣した者たちの上に降りかかるのだろうか？

一九三　実際、同胞たちの中で本来的に悪をもっとも憎む者たちは、［ユダヤ民族］全体の存在が最大の危機の中で揺れ動いているときに、何か利己的な嘆願でもすれば、われわれの不信仰を告発しないだろうか？ なぜなら、小さな益は大きな益に、個人的な益は全体的な益に譲ることが必要で、これらのことが失せてしまえば、ポリーテイアー(2)もまた壊滅するからだ。

一九四　危険がユダヤ人たちのより普遍的なポリーテイアー(3)にのしかかっているとき、われわれがアレクサンドリアびとであることを示して(4)負け戦を戦ってみたところで、それは聖なる正しいことなのだろうか？ 恐れねばならぬのは、あの破天荒で大それたことをしでかす人物が、神殿の解体と一緒に民族の共通の名をも一緒に消滅させよと命じることだ。

一九五　だから、もしわれわれがそのために派遣された陳情の訴え(5)のどちらも失われてしまえば、人は多分言うであろう。「何だって、彼らは無事に帰国するための実際的な手だてを知らなかったのか？」と。わたしはそのような者に向かって言うだろう。「おまえは高貴な生まれ(6)の人物の気持ちが分からないか、聖な

(1)「不幸をなめている人間にとってはおしゃべりこそ救いの妙薬だったからです」。テクストを若干意訳した。
(2) このポリーテイアーは、アレクサンドリアのユダヤ人ポリーテウマの諸権利を意味する。後出三四九、三六三でも同じ。詳しくは『フラックス』の補註Uを参照。
(3)「より普遍的なポリーテイアー（καθολικωτέρα πολιτεία）」。この意味は明白ではない。
(4)「ユダヤ人たちが長い間アレクサンドリアの住民だった事実を示して」の意。
(5) 前出一九三で述べられているポリーテイアーと、前出一九一で述べられている宗教的自由の保証について。
(6) 高貴な生まれについてのフィロンの誇りは、本書の「解説」を参照。

る文書で育てられたり訓練されたりしていないか、そのどちらかだ」と。真に高貴な者たちはつねに希望をもち、そして律法は、それをつまみ食いするのではなく、その真髄を読み取る者たちに、よき希望をつくりだす。

一九六　これらのことは、多分、現在の世代がどれほどの徳を積んできたのか、彼らが理性でもって強化され倒されたりはしない決意でもってこの恐ろしい災禍に耐えることを学んできたのかどうかを試すものである。だから、人間から出てきたものはすべて消えてしまうし、消えさせるがよい。だが、われわれの精神の中に、なす術《すべ》のない窮状から［ユダヤ］民族をしばしば救われた救いの神への希望を壊されないままにしておくのだ(1)」。

第三十章

一九七　わたしたちは、予期せぬ不幸を嘆くと同時に、より穏やかな方向への事態の転換を望みつつ自らを慰め、こんなことを口にしました。ついで息継ぎをすると、わたしたちは、その知らせをもってきた者たちに向かって言いました。

「なぜおまえたちは押し黙ったまま座っているのだ？　発火してわれわれが焼き尽くされてしまうかもしれない火花をわれわれの耳に放り込んだままにして、なぜ次にガイウスをこのように動かしたものを語ろうとはしないのだ？」

一九八　彼らは答えました。

「あなたがたは第一の主要な原因を知っておられます。すべての人たちも知っております。彼は神と見なされるのを望んでいるのです。そして、納得しないのはただユダヤ人だけだと想像し、彼らには神殿のもっとも神聖な場所の破壊以上に大きな一撃を加えることはできないと考えたのです。彼はそれが全世界のすべての神殿の中でもっとも美しく、(2)無窮の大昔から不断の、出し惜しみをしない出費でつねに飾り立てられてきた(3)ことを教えられてきていたのです。彼は喧嘩っぱやく争い好きなので、自らの使用のためにこれを流用しようと目論んでいるのです。

一九九　しかし今や、カピトが送った書簡のため、彼は以前にもまして熱心に事を押し進めようとしております。カピトはユダヤの地の徴税人であり、(4)土地の者たちをとかく蔑視していました。彼が［ユダヤに］来たときは文無しでしたが、さまざまな手の略奪と公金着服から、莫大な富を築き上げたのです。ついで彼は、自分が不正を働いた者たちを中傷することによって、自分が告発されぬよう画策したのです。

(1) ここでは出エジプトの体験（出エジプト記一四―一五を参照）や、マカベアの勝利（旧約外典『マカベア第一書』四―三〇を参照）などがフィロンの念頭にあるのであろう。

(2)『バビロニア・タルムード』ババ・バトラ四aに「「ヘロデの神殿を見たことのない者は美しい物を見たことがない」と言われたものだ」とある。

(3) この神殿はヨセフス『古代誌』第十五巻三九六―四二〇、『戦記』第五巻一九〇―二二四を参照。

(4) ヨセフスはカピトなる人物については何も言及していないので、この男がこの時期にユダヤの地の徴税人であったかどうかは不明とされる。

二〇〇　その策謀の機会は次のような出来事で彼に与えられたのです。ヤムニア(1)――そこはとくに人口稠密なユダヤの都市です――には人びとが混在して住んでおりますが、大半はユダヤ人で、他は近隣の土地から入り込んできた他の民族の者たちです。この者たちは［新しい］定住者でしたが、何らかの意味で土着の者であるユダヤ人たちにたいして、彼らの父祖たちの慣習の一部を足蹴にして、いつも悪事や嫌がらせ(2)をしておりました。

二〇一　これらの者たちは、ガイウスがいかに熱心に自分の神格化を押し進めているかや、彼が感じているユダヤ民族全体にたいする激しい敵意などをその土地をよく訪れる者たちから聞くと、彼らを攻撃する絶好の機会が転がり込んできたと考えたのです。そこで彼らは、一緒に住んでいる［ユダヤ］人たちへの嫌がらせのために、ただそれだけのために、粘土をこねて煉瓦にし、どこにでも転がっている素材で手ずから祭壇をつくりました(3)。というのも彼らは、その慣習が破壊されるのを［ユダヤ人たちが］黙過しないことを――実際、そうなったのですが――知っていたからです。

二〇二　彼らは、聖なる地に属する真に聖なるものが汚されるのを見るとそれに耐えられず、集まるとそれを取り壊しました(4)。一部の者たちはただちに、このドラマ全体の演出者だったカピトのもとに出かけました。彼は千載一遇のチャンスの到来と考えて、事実をはなはだしく歪曲した報告をガイウスに書き送ったのです。

二〇三　ガイウスはそれを読むと、侮辱のためにヤムニアに建てられた煉瓦の祭壇の代わりに、母なる都(5)の神殿の中にもっと贅をこらした、もっと豪華なもの、すなわち金をかぶせた巨大な像を設置するように命じました。彼はその際もっとも有能でもっとも賢い者たちを相談相手にしました。奴隷で、人間の屑で、がらくたである貴人ヘリコンと、青春期に若さの魅力を売り物にしましたが、その盛りが過ぎても舞台に上がりつづけたと言われる悲劇役者のアペレス(6)です。

二〇四　もちろん、劇場とそこに来る者たちを生業《なりわい》の相手とする役者たちは慎みと分別を尊ぶ者たちで、けっして破廉恥な振る舞いや無作法をよしとする者たちではありません。これら二つのことで、アペレスは顧問官の地位についたのですが、そこにはガイウスが、全地のすべてが平和であり平穏であるための全体についての顧慮をなおざりにして、彼と一緒になってどのように嘲笑し、彼と一緒になってどのようにうたうかを教えてくれるかもしれないという期待もあったのです(7)。

二〇五　それゆえ、言うなればヘリコンは、ユダヤ人にたいしてエジプトの毒を吐き出す奴隷の姿をしたサソリであり、他方アペレスはアスカロン(8)の毒をもつ男でした。彼はそこの出身でした。アスカロンの住民

---

(1) ヘブル語ではヤブネ（歴代誌下二六-六ほか）。ヨッパとアスカロンの間の海岸近くの町。
(2) テクストではこの「いつも」は、先行する「足蹴にして」を修飾する。
(3) この時期は後三九年から四〇年にかけての冬と推定される。
(4) 申命記七-五、一二-二―三は、ユダヤ人たちに異教の祭壇の破壊を命じている。
(5) この表現は二五頁の註（14）を参照。
(6) この人物はスエトニウス『ガイウス』三三、ディオン『ローマ史』第五十九巻五を参照。
(7) スエトニウス『ガイウス』五四およびディオン『ローマ史』第五十九巻五-四―五によれば、ガイウスは歌手のまねごともしたらしい。
(8) アスカロンはパレスチナの沿岸の町。

たちには、聖なる地との境に住むユダヤ人にたいして休戦と妥協のない敵意があるのです」。

二〇六　これらのことを聞くと、わたしたちの魂は、そのひとつひとつの言葉や名前に傷つけられました。しかし[1]、後になってしばらくすると、これらの立派な行動の立派な顧問官たちは、その不敬神の念の報復を受けることになりました。アペレスは他の理由からガイウスによって鉄の鎖に縛りつけられ、拷問され、周期的に襲ってくる宿痾《しゅくあ》のように、［周期的に］回転する車輪にかけられたのです[2]。他方ヘリコンは、クラウディウス・ゲルマニクス・カエサルによって処刑されました[3]。頭のおかしくなったこの男は、他の理由から、悪事を働いたのです。とはいえ、これらのことは後になって起こったものです。

第三十一章

二〇七　像の設置に関する書簡は、素っ気ないものではなくて、安全への顧慮をもって書かれておりました。彼は書簡を書き送ったシリア全土の知事[4]ペトロニウスにたいし、ユダヤの地に像を持ち込むにあたっては、東方の諸王や諸民族の通過を警護するためにユフラテスに駐留している軍団[5]の半分を率いるよう命じました。これは設置を仰々しいものにするためではなくて、妨害する者がいれば、ただちに殺戮するためでした。

二〇八　主君よ[6]、これは何を意味するのでしょうか？　陛下は彼らが屈せず、律法のためには武器を取り、父祖たちの慣習のために戦って死ぬのをあらかじめ知った上で、戦争行為をなさるのでしょうか？　それは、神殿に手出しをする蛮行がどんな結果をもたらすかを知らないでなされたのではありません。陛下はこれから起こる出来事をすでに現在起こっているかのように、また将来の出来事をあたかも手中にあるがごときに正確に見通し、像が奉献される際の最初の犠牲が哀れな男や女たちの屠殺となるよう、軍団を導き入れるよう命じられたのです。

二〇九　ペトロニウスはこの指示を読んで窮地に陥りました。反対などは恐ろしくてできなかったからです。ガイウスは命令を実行しなかった者たちにたいしてばかりか、即座に実行しなかった者たちにたいしても容赦なかったのですが、彼はそれを知っていたのです。彼はまた軽々に事にあたることができなかったのです。彼はユダヤ人たちが、禁じられた行為の何かひとつでもなされるのを黙過するよりは、一度の死ではなく、可能ならば万死を耐え忍ぼうとすることを知っていたからです。

二一〇　なぜなら、すべての人間は自分たちの慣習を尊重しますが、ユダヤ民族の場合はとくにそうなのです。彼らは、律法[7]が神から下賜された託宣[8]であると考え、そして物心ついたころからこの教えをたたき込

---

(1) 以下の文章の扱いについては補註Pを参照。
(2) アペレスの拷問を受けた時期は不明。
(3) ヘリコンの処刑された時期は不明。
(4) 「知事」。名詞 ὕπαρχος は「アルコーン」(ガイウス)の下にあるアルコーンを意味するが、ここでは「知事」の訳語を与える。
(5) この時期にユフラテスに軍団が駐留していた証拠はない。
(6) 「主君よ」。あるいは「暴君よ」。
(7) モーセ五書、トーラーを指す。前出一一五には「聖なる律法」とあった。
(8) 「律法が神から下賜された託宣」。この表現は『十戒』一五を参照。

まれているので、[1] 心の中に戒めの似姿（エイコーン）をもっているのです。

二一一　しかも彼らはそれらの形や姿をはっきりと捉えていますので、つねにそれらに畏怖の念をもって接しているのです。彼らはそれらに敬意を払う他民族の者たちを同胞の市民たちに劣らず歓迎して受け入れますが、それを破壊するか嘲笑する者たちを、自分たちの最大の敵として憎むのです。そして彼らはそのようなことを口にする者たちの一人ひとりに大きな恐怖を吹き込んできましたので、[2] たとえ些細なものでもそれを犯して、人びとが幸運（エウテュキアー）だとか幸福（エウダイモニアー）と呼ぶものと引き換えにしたりはけっしてしないのです。

二一二　また、神殿への彼ら全員の熱意は溢れんばかりの格別のものです。その最大の証拠は、同胞でない者たちで神殿の内庭に足を踏み入れる者たちにたいして無慈悲な死が科せられていることです。[3] ただし、外庭はその出身を問わずすべての者たちに開放されています。

二一三　ペトロニウスは、これらのことを顧慮したとき、事にあたるのに慎重になりました。彼はかくも大胆な企ての無謀さを見てとりました。そして彼は、あたかも評議会[4]においてのように、自分の魂のすべての英知を動員すると、それらがいかなる判断をくだすかを見守り、聖なるものとそのはじめから見なされているもののひとつでも破壊することに関して、第一には正義と敬虔の感情から、次にはただ神からだけでなくその蛮行の被害者たちからも脅しつけられる危険ゆえに、それらすべてが反対していることを知りました。

二一四　彼は多くの者たちからなるその民族の規模に思いを致しました。[5] それは、他の民族のように、ただそれだけに割り当てられている一国の個々の土地だけでなく、全世界とでも言うべきものを必要としました。［ユダヤ民族は］すべての本土と島々を越えて広がっていましたので、数の上で土着の住民たちにひどく劣るとは見えないのです。

二二五　たしかに、そのような無数の者たちを敵にまわすことは危険なことでした。各地の［ユダヤ］人たちが、同じ思いで、防衛のためにやって来る。そんなことが起こってはなりません。戦争などはあってはならないのです。しかし、この者たちを抜きにしても、ユダヤに住む者たちは数え切れぬほどなのです。その肉体はもっともたくましく、その魂はもっとも勇敢であり、一部の中傷する者たちの言うように野蛮ではなく、まったくのところ、自由人で高貴な生まれの者の高い志によって突き動かされて、父祖たちの慣習を守るためには進んで死ぬことを選び取るものでした。

二二六　ユフラテス川の向こうの勢力[6]も彼を脅かしました。というのも彼は、バビロンや他の総督領の多くがユダヤ人たちによって制圧されていたことを、報告からだけではなく体験からも知っていたのです。な

---

(1) ヨセフスも『反論』第二巻一七八でこのことを強調する。律法を教えるのは父親の義務だった。

(2) マタイ五‐八、ルカ一六‐一七を参照。

(3) ヨセフス『戦記』第五巻一九四、第六巻一二四‐一二六、『古代誌』第十五巻四一七、『ミシュナー』ミドート二‐三、ケリム一‐八を参照。

(4) ギリシア語では *συνέδριον*。フィロンはここで、アレクサンドリアのゲルーシアかエルサレムのサンヘドリンを思い浮かべているのであろう。

(5) ユダヤ人の人口の広がりについては、後出二八一‐二八二、および『フラックス』四五‐四六をも参照。

(6) この勢力とはパルティア在住のディアスポラのユダヤ人たちを指す。この者たちについてはヨセフス『古代誌』第十八巻三一〇‐三七九、第十九巻一三三を参照。

ぜなら、毎年、初穂から集められた大量の金銀を神殿に運ぶ聖なる使節が派遣されたからであり、彼らは道なき、足跡なき、果てしなき道――彼らはそれを天下の公道と考えました。それが敬虔の方に導いてくれると思われたからです――に挑むのです[1]。

二一七　そこで彼は、当然ながら、これらの地域の者たちがこの先例なき像の設置を聞いて急襲し、諸所から集まった者たちが彼の軍隊を包囲し、彼らの中に取り残された者たちを一緒になって攻撃し、恐ろしい所業を行なうのではないかとひどく警戒しました。彼はこれらのことを考えると、二の足を踏むのでした。

二一八　反対意見を述べる者があって、彼はいま一度ぐらつきました。その者は言いました。「その命令は若い主君[2]からのもので、その主君といえば、自分の欲するものは何でも有益であり、しかも、それがどんなに無益なものであっても、我執と尊大が服を着ているため、一度決定したことは成就されたも同然と判断する。それというのも、彼は人間を超越して、すでに自らを神々の中に登録済みだからである。わたしの命は、反対しても屈しても、危険にさらされている。わたしが屈しても、戦争は起こるかもしれない。もちろん、その結果は読めず、それが確実に起こるかも分からない。他方わたしが反対したところで、嘆願が聞かれるわけではなく、すべての同意はガイウスからなのだ」。

二一九　シリアで彼と一緒に行政の任にあたっているローマ人たちの多くは、この見解に賛成いたしました。彼らはガイウスの怒りと復讐が、命令を実行しない共犯として、まず最初に自分たちの身の上に及ぶことを知っていたからです。

二二〇　像の建造は事態をもっと慎重に見守るための小休止を与えるものでした。というのもガイウスはまだ［像の元となる型を］ローマから送り出していなかったからであり――これはわたしには、神の心遣い(3)であったように思われます。神は不正を働かれる者たちを保護するために、見えない仕方で手を差し伸べられるのです――、またペトロニウスに、シリアでつくられるものの中から最高の出来映えと思われるものを選び、それを［エルサレムに］移送するよう命じてもいなかったからです。もし不法な目的が速やかに実行されていたならば、戦争がただちに起こっていたでしょう。

二二二　さてペトロニウスは、最善の道を模索するための時間を得ると――突然の大きな出来事がわっと降りかかると、それは理性を圧し潰すものです――、その建造を隣接する地方のどこかひとつで行なうよう命じました。

二二三　そこでペトロニウスは人を遣わしてフェニキアでもっとも賢い職人たちを探し、彼らに資材を与えました。この者たちはシドン(4)で作業をしたのです。彼はまた人を遣わして、ユダヤの高位にある者たち(5)、祭司たちや統治者たちを招きました。ひとつにはガイウスの目的を説明するためであり、ひとつには主君の命令を受け入れるよう、そして受け入れなかった場合の恐ろしい結果を眼の前に描くよう勧告するためでし

（1）エルサレムへの使節は、実際には、立派な隊商の道を利用したであろう。
（2）「若い主君」。前出一八三参照。
（3）「神の心遣い」。あるいは「神の摂理」。後出三三六も同じ。
（4）シドンについてはストラボン『地誌』第十六巻二―二二を参照。
（5）ここでの「高位にある者たち」とはエルサレムのサンヘドリンの議員を指すように思われる。後出三〇〇も同じ。

た。「なぜなら」と彼は彼らに警告しました。「シリア駐留の軍団の中のより精鋭な部隊は戦闘態勢に入っており、彼らは［ユダヤの］全地を死者で埋め尽くすであろう」と。

二二三　彼は、もし自分がこの者たちをなだめることができれば、彼らを介して、他のすべての者たちに反対などしないよう指示できると考えました。しかし彼は、案の定と言いましょうか、その意向を実行できなかったのです。人びとの語るところによれば、彼の最初の言葉に衝撃を受けた彼らは、この常軌を逸した悪行の話を聞くや、棒立ちとなって口もきけない状態となり(1)、まるで泉からのように涙がとめどもなく流れ落ち、顎髭と頭髪とをかきむしり、最後にこう言ったのです。

二二四「われわれのように非常に幸運に恵まれた者たちは、父祖たちがひとりとして見ることのなかったものを見るために、いたずらに馬齢を重ねてきたのだろうか？　われわれはわれわれの目で何を見ようとしているのか？　このような悪行を見る前に、それは哀れな魂と苦痛に満ちた命を道連れにくり抜かれるであろう。聞くことも想像することも許されない、見ることさえできぬ光景である」。

第三十二章

二二五　彼らがこうして嘆いていると、聖なる都やその他の土地に住む者たちが騒ぎを知って、まるでひとつの合図であるかのように――共通の感情がその合図を与えたのです――集結し、一団となって町や、村、家を空にして後にすると、ペトロニウスのいるフェニキアに脇目もふらずに急いだのです(2)。

二三六　ペトロニウスの部下のある者たちは、雲霞《うんか》のごとき大軍の人びとが向かって来るのを目にすると、戦争になるのではないかと期待して、(3) 彼の側近のもとに駆けつけ報告しました。彼が警戒するようにです。大勢のユダヤ人たちが突如雲のように降りてきて、フェニキアの全土を埋め尽くし、［ユダヤ］民族がかくも多くの人びとからなることを知らなかった者たちに衝撃を与えたとき、彼らはまだおしゃべりをしている最中で、他方ペトロニウスはまったくの無警戒だったのです。

二三七　最初に観察されたのは、泣き声と胸を打つ音の入り混じった非常に大きな叫び声で、それはそこにいた者たちの耳をつんざくばかりのものでした。それは彼らがひと休みしているときも止まず、沈黙しているときでさえ反響していました。さて、彼らにとっての次のステップは［ペトロニウスに］接触して、その機会が投げかけてくれる嘆願を行なうことでした。なぜなら、災禍それ自体が現下の教師だからです。(4) 彼らは六つの集団、すなわち年老いた者や、若者、子供に、そして女たちは女たちで、年老いた者、大人となった者、娘たちに分かれました。

二三八　ペトロニウスが遠くに姿を見せると、これらの集団はすべて、あたかも命令されたかのように、

(1) この辺りの反応は前出一八九のそれと比較せよ。

(2) ヨセフス『古代誌』第十八巻二六三、『戦記』第二巻一九二はその急行先をフェニキアのプトレマイスと特定する。

(3) ヨセフス『古代誌』第十八巻二六九、二八七、『戦記』第二巻一九六、二〇二をも参照。

(4)「災禍それ自体が現下の教師だからです」。これは諺であったかもしれない。

一斉に地に身を投げ出し、嘆願の叫び声とともに低い悲しみの声を発しました。彼が立ち上がって近くに来るようにと促すと、ようやくにして腰を上げ、全身に灰をかけて(1)、彼に近づきました。その目は涙で溢れ、その両手は後ろ手に縛られたかのように後ろに回っておりました。

二二九(2) ついで一団の長老たちが立ち上がると、次のように訴えました。

「ご覧のようにわれわれは丸腰です。ある者たちは、敵としてここにやって来たとわれわれを告発しております。われわれは自然が各自に与えてくれた防衛的な部分である両手を、何の危害も加えることのできない所に隠し、その身体を、われわれを殺そうと願っている者たちの格好の標的にしました。

二三〇 われわれはあなたのもとに妻子や、家族たち(3)を引いてまいりました。家にはひとりも残さずにです。われわれはあなたを介してガイウスさまに跪きました。それはあなたがたがわれわれすべての者を破滅からお救いになるか、われわれすべての者を完全な破滅に追いやられるかされるためです。ペトロニウスさま、われわれは本来的にまた原則的に平和を志向する者たちであり、子供の養育を介して育んだもろもろの熱心さが、この実践をわれわれに最初から教えてくれたのです。

二三一 ガイウスさまが皇帝権を手にされたとき、シリアの全住民の中でわれわれが喜びを表明した最初の者たちでした。というのも、あなたさまが知事職を引き継がれた［前任の知事］ウィテリウスさま(4)がそのとき都(5)に滞在されており(6)、これについての書簡が彼に送られたからであり、われわれの都からそのよき知らせを伝える噂が他の土地をかけめぐったのです。

二三二 われわれの神殿は、父祖たちの礼拝の慣習が奪われる最初か唯一のものになるように、ガイウスさまの統治のために犠牲[7]を受け入れた最初のものだったのでしょうか？　われわれは家屋や土地をうち捨て避難している最中です。われわれは進んで家具や金子、宝石、そしてその他すべての取得物を差し出すつもりです。われわれはその行為を与えることではなくて得ることだと考えたいのです。これらすべてのものと引き換えにわれわれがお願いしたいただひとつのことは、われわれの神殿の中ではいかなる過激な変更もなされないこと、そこが祖父や父祖たちから受け継がれたままに保たれることです。

二三三　われわれは、もしあなたさまを説得できねば、自らを破滅に引き渡すつもりです。死よりもひどい災禍を生きながらにして目撃しないためです。聞くところによりますと、もしわれわれが設置に反対すれば、騎兵と歩兵の部隊にはわれわれに立ち向かう準備ができているそうです。奴隷の身であるときに、主人にたてつくことほど気違いじみた行為はありません。われわれは喜んで屠殺される首を差し出します。われわれを屠殺してください。犠牲の動物を殺すように殺《あや》めてください。われわれの肉を血を流すことなくひと思いに切り刻んでください。征服者たちが行なうすべてのことをやってください。

---

(1) 頭に灰をかけるのは悲嘆を表明するため。ヨシュア記七-六、サムエル記上四-一二、エステル記四-一ほかを参照。
(2) 以下二二九-二四二までの記事は、ヨセフス『古代誌』第十八巻二六四-二六八、『戦記』第二巻一九五-一九七と比較せよ。
(3) 「家族たち」。コルソン『ガイウス』は「両親たち」に読み改める。
(4) ウィテリウスは後三五年から三九年までシリアの知事。
(5) エルサレムを指す。
(6) ヨセフス『古代誌』第十八巻一二一-一二四を参照。
(7) ここでの「犠牲」は、前出一五七で言及されているものか、後出三五六で言及されているヘカトンベか、その双方を指す。

二三四　誰が軍隊を必要とするのでしょうか？　われわれ自身が、われわれの立派な祭司たちが犠牲の儀式を執り行なうでしょう。妻たちを殺める者は彼女たちを、兄弟姉妹たちを殺める者は彼らや彼女たちを、子供たちを殺める者は罪に染まっていない少年や少女たちを祭司の傍らに立たせるでしょう。悲劇的な災禍に耐える者には、悲劇作家の措辞が必要です。

二三五　ついでわれわれは、親族の者たちの中に立ち、彼らの血を浴びると――これは汚れなき身でハデース(1)に行く者たちにとって正しい沐浴なのです――、彼らの上に折り重なるようにして自決し、われわれの血を彼らのそれと混ぜるでしょう。

二三六　われわれが死んだら、銘文が刻まれますように。神がわれわれを非難されることはないでしょう。われわれには二つの動機、すなわち皇帝陛下への畏怖の念と聖化された律法への忠誠があります。そしてこちらの忠誠は、もしわれわれが真の生命なき命を蔑視してそれを断ち切るならば、達成されるでしょう。

二三七　われわれはギリシアの賢人たちによって語り継がれてきた非常に古い物語を聞かされております。それによれば、ゴルゴ(2)の頭には摩訶不思議な力が宿っていたので、それに目をやった者たちはたちどころに石や岩にされたそうです。これはもちろん神話的なつくり話ですが、大きくて、破滅的で、回復など不可能な出来事はこの物語の真理を含むものです。主君の怒りは死か、死に近い何かをもたらすのです。

二三八　そんなことはゆめ起こってはなりませんが、もしわれわれの民族の者たちの中に、像が神殿の中に運び込まれるのを見る者がいれば、彼らは石に変えられてしまうことはないでしょうが、彼らの関節や目は動かなくなってしまい、その結果、彼らは動くことさえできなくなり、体全体が、それぞれの部分において自然の動きを変えてしまうとお考えになりませんか？

二三九　ペトロニウスさま、われわれは最後の祈りをもっとも正義にかなうものにします。われわれはあなたさまが命令を実行しなくても構わないとは申しませんが、われわれに猶予をお与えください。われわれが使節団を選び、主君との接見のために派遣するためです。

二四〇　もしかしてわれわれがこの使節で、神に帰せられる名誉や、貶められてはならぬ律法の死守、他のすべての者よりも、否、父祖たちの慣習が遵守されているもっとも遠隔の地の者よりも劣悪に取り扱われてはならないわれわれの権利、われわれの慣習を細心の注意で確認されたガイウスさまの祖父(3)や大祖父(4)の決定などを詳しく説明すれば、ガイウスさまを説得できるかもしれません。

二四一　ガイウスさまは、多分、これらのことを聞けば、軟化されるでしょう。偉大な方々のご判断はいつまでも同じものではありません。もしそのご決定が怒りにまかせてなされたものであれば、それは早晩力を失うものです。われわれには中傷が投げつけられてきました。そんな中傷を一掃させてください。裁判なしで有罪とされるのは由々しきことです。

二四二　しかし、もし説得に失敗しても、それはあなたさまの現下のご意向を実行されるのに何か妨げと

（1）ヘブル語ではシェオール。黄泉の国。

（2）ギリシア語読みではゴルゴー。ギリシア神話中のこの女性の怪物は、アポロドロス第二巻四-一－二を参照。

（3）M・ウィプサニウス・アグリッパを指す。ガイウスの母方の祖父。

（4）アウグストゥスを指す。ガイウスの母方の祖母ユリアの父。

なるでしょうか？　利得のためではなく敬神の念のためにこれらの無数の者たちが熱心に抱く、よりよき事態への希望を断ち切らず、われわれが使節を派遣するまでお待ちください。もちろんかく言うわれわれは誤っているかもしれません。しかし、人間にとって、聖性よりも益になる利得があるでしょうか？」

第三十三章

二四三　彼らはこれらのことを、あえぎあえぎ息を切らせながら、苦悩と激しい熱情のもとに訴えました。汗は、とめどもなく流れ落ちる涙とともに、四肢のすべてに吹き出ておりました。そのため彼らの訴えを聞いた者たちは、すでにして彼らの苦悩を共有し、ペトロニウスは、なされた訴えと目にした光景で心を動かされたのです——彼は本来、親切で穏やかな人物でした。というのも、彼らの訴えはまったく正しく、目撃された光景の激しい熱情は憐れみをそそるものだったからです。

二四四　彼は立ち上がって引きこもると、顧問官たちと一緒に取るべき措置について協議しました。彼はしばらく前まで全面的に反対していた者たちが譲歩しはじめ、疑念をもっていた者たちの重心がすでに大きく憐れみの方に傾いているのを見たのです。彼は上に立つ人物の性格や、その怒りがいかに容赦のないものかを知っておりましたが、これらの変化を喜んだのです。

二四五　実際、彼自身は、ユダヤの哲学[1]と宗教[2]についてなにがしかの初歩的知識をもっていたように思われます。それは知育への熱心さからかつて学んだか、ユダヤ人が各都市において溢れている国々、たとえばアシアやシリアの総督になった後か、あるいは彼の精神が、それ自体で聞き、それ自体で命じ、それ自体で学ぶ性格のため、熱心な努力に値する事柄に強く引かれたのか、そのいずれかによります。そしてわたしたちは、神が善良な人びとにはよき決定――彼らはそれを介して益を得るのですが――をささやかれるのを見るのです。まさにこれが彼にも起こったのです。

二四六　では、彼の決定とは何だったのでしょうか。彼は職人たちをせかさず、技術の粋を尽くして像を丁寧につくらせ、よく知られた元となる型の規準に達するようできるだけ多くの時間をかけさせようとしたのです(3)。手抜き仕事のものは亀裂が生じますが、それに反して、労力と知識を伴った仕事は長期の時間を必要とするのです。

二四七　彼は、彼らが要求した使節を認めないことにしました。安全ではなかったからです。彼は、万人の支配者にして主君である者の前に問題を持ち出そうとする者たちには反対しないことにしました。しかし、一般大衆にたいしては、同意も反対もしないことにしました。どちらにも危険性があったからです。

二四八(4)　彼はガイウスに書簡を送ることにしましたが、その中でユダヤ人たちを告発したり、彼らの祈り

---

(1) モーセ五書、トーラーの教えを指す。

(2)「宗教（εὐσέβεια）」。あるいは「敬虔」「神への敬虔な態度」。

(3) ヨセフス『戦記』第二巻一九二は、像が完成され、ペトロニウスによりプトレマイスに持ち込まれたことを示唆する（一六九頁註（2）参照）。

(4) 以下二五三までは、ガイウスに送られたペトロニウスの手紙（二五四以下）の内容に相当。

や嘆願について真実を説明したりはせず、設置の遅れを、ひとつには一定の期間を必要とするその作業に、ひとつには遅延の大きな口実を与えてくれる季節にもとめることにしました。ガイウス自身が、多分、その正当な理由を認めるでしょうし、認めねばなりません。

二四九　なぜなら、そのときは小麦の穂が垂れておりましたし他の穀物もそうだったのです[1]。彼が恐れたのは、ユダヤ人たちが絶望のあまり、父祖たちの慣習のために、あるいは命を蔑視して耕作地を台なしにしたり、丘陵地や平野部のトウモロコシ畑に火を放ちはしないかということでした。彼はトウモロコシ畑の実りばかりか果樹園のもたらす果実のためにより大きな心遣いをし、そのための警戒が必要とされたのです。

二五〇　噂によれば、ガイウスはすでにエジプトに向かうためにアレクサンドリアに向けて航行しようと決断されておりましたが[2]、そのような有力な統治者は、危険や護衛船団の数の多さのゆえに、また身体への心配りのゆえに、公海上を進むことを適当とは考えないものです。これらすべての問題は、アシアやシリア経由の迂回のコースを取ることで容易に解決されるのです。

二五一　なぜなら、そのコースを取れば毎日、航行したり上陸することができるようになるからです。とくに彼の率いる船の多くは積載船ではなくて軍用船であり、それらにとっては、公海上の航行が積載船にとって適しているように、陸沿いの航行が適しているのです。

二五二　そこでシリアの全都市では、とくに沿岸の都市では駄獣用のまぐさや大量の食糧を用意しなければならなくなりました。ほかならぬローマやイタリアからばかりか、シリアまでの属州からも、陸路や海路で非常に大きな群れ――高位高官の者たちの群れ、兵士や、騎兵、歩兵、船乗りたちの群れ――がやって来ることになりますし、家僕たちの群れは兵士たちのそれに劣るものではないのです。
二五三　見積もりのされた日常の必需品ばかりか、ガイウスのもとめる度を越した贅沢のためにも、物資の補給が必要とされました。［そこで、ペトロニウスは次のように考えたのです。］もしガイウスがこの書簡を読んでくれれば、われわれの行なう延期はユダヤ人への贔屓《ひいき》からではなくて、果実の刈り入れのためであると認めて、彼は、多分、怒りを抑えてくれるばかりか、われわれの配慮を認めてくれるであろう、と。

第三十四章

二五四　同僚の顧問官たちがその考えに賛成したので、彼は書簡を書くように命じ、行動的な旅人であるばかりか旅路を短縮できる男たちを書簡の運搬人に指名しました。(3) 彼らは到着すると書簡を手渡しましたが、ガイウスはそれを読みながら苛立ちはじめ、要所要所で怒りに満たされたのです。
二五五　彼は中断すると、両手を打ってこう言ったのです。
「あっぱれだぞ、ペトロニウス。おまえは皇帝の命令に聞きしたがうことを学んではいない。次々に経て

（1）ヨセフス『古代誌』第十八巻二七二、『戦記』第二巻二〇〇はこの時期を種まきの季節としている。
（2）前出一七二を参照。
（3）書簡の運搬人は一日平均五〇マイル進んだと言われる。

きた官位がおまえを増長させた(1)。現在のところでは、おまえはガイウスさまについては風聞をもってしても何も知らないように見える。だがすぐに、思い知らされよう。

二五六　おまえは予がもっとも憎んでいる民族、ユダヤ人どもの掟に引かれている。おまえはおまえの上にある皇帝の命令を無視している。きゃつらの数を恐れている。ところでおまえには、東方の諸民族や彼らの支配者であるパルティア人によって恐れられている軍団が同行していなかったのか。ただひとりおまえだけが憐れみの情を抱いている！

二五七　天秤はガイウスさまよりも憐憫の方に傾いたとでもいうのか？　今は収穫の季節を弁明の口実とするがよい。すぐにおまえ自身の頭の上を弁明の余地なき収穫が見舞うであろう。果実の収穫と予らのもとに来る準備を、遅延の理由とするがよい。たとえユダヤの地に何の実りがなくても、いったいなぜ近隣の国々はかくも多く存在し、生活に必要なものを調達し、ひとつの欠けでも満たすことができるほど繁栄したのか？

二五八　だがなぜ予は拱手傍観せねばならぬのだ？　予はある者たちには予の意向をあらかじめ知らせておかねばならぬというのか？　その報いの果実を刈り取るやつには、本人が苦しむことにより、そいつを真っ先に知らせてやろう。予はこれ以上語らぬが、報復の手段を考えることはやめぬぞ」。

二五九　しばらくのときを待ってから、ガイウスは秘書のひとりにペトロニウスへの返書に関して指示を与えました(2)。ガイウスはその中で、彼の先見とこれから起こる事態の正確な洞察について彼をわざとらしくほめそやしたのです。というのも、統治の職にある者たち、とくに大きな属州を治め、シリアやユフラテスの軍団のような大規模な軍団を指揮下に置く者たちは謀反の口実をいつでももっていると見てとって、ガイウスは彼らをひどく恐れていたからです。[3]

二六〇　そのため彼の言葉遣いや書簡はばか丁寧なものでした。彼は怒り狂っていましたが、機会が来るまでは憎しみの感情を隠蔽しておくことにしました。そこで彼は像の設置を急ぐことだけに一意専心するよう命じて書簡を結んだのです。というのも、彼が口実とした――もっともらしくか、真実として――収穫はすでに終わっていた可能性があったからです。

第三十五章

二六一　それからしばらくすると、アグリッパ王がガイウスに慣例となっている挨拶のために伺候されました。[4] 彼はペトロニウスが送ってよこした書簡や、ガイウスが彼に送りつけた最初の書簡や次の書簡の内容をまったく知りませんでした。[5] しかし彼は、ときおり起こるガイウスの身震いや彼の表情の中の困惑から、

(1) ペトロニウスはシリア知事になる前の、後二九年から三五年までアシア知事をつとめている。
(2) フィロンが以下で書き記すペトロニウスへのガイウスの返事の内容は、ヨセフス『古代誌』第十八巻三〇二―三一〇、『戦記』第二巻二〇三とは大きく異なる。
(3) ユフラテス川沿いには軍団はなかった。前出二〇七でも同じ間違いが認められる。
(4) この時期は後四〇年の七月か、八月のはじめか。
(5) ヨセフス『古代誌』第十八巻二八九以下は、アグリッパがガイウスの命令を知っていたとする。

怒りがその下でくすぶっていると判断し、そして自らの理性を大小を問わずあらゆる可能性に向け、自分が何か不都合なことを行なったり口にしたことがあるのかを見ようとして、自分自身を徹底的に吟味したのです。

二六二　そして、落度がまったくないことが分かると、彼は、当然のことでしたが、ガイウスが何か他の理由で立腹しているのだと推測しましたが、ガイウスが眉をしかめていて、しかもその目が同席している者の誰でもなくただ自分だけを凝視しているのをいま一度見ると、恐怖に襲われたのです。彼は凝視するその理由を聞き出したい思いにしばしばかられたのですが、次のように推量してそれは差し控えました。

「多分わたし自身が、他の者たちに向けられた威嚇を自らに引き受け、干渉や、性急さ、傲慢さなどをわたしのせいにすればいいのだ」と。

二六三　ガイウスは彼が動揺し困惑しているのを見てとると——彼は人間の隠された意志や感情を、顔にはっきりと出るその表情から読み取るのが巧みでした——、次のように言ったのです。

「アグリッパよ、おまえは動揺している。予がおまえを楽にしてやろう。

二六四　おまえはかくも長い間予と時をともにしながら[1]、予が声ばかりでなく、それに劣らずに目でもひとつひとつのしるしを語ることを学ばなかったのか？

二六五　全人類の中で唯一ガイウスさまを神と認めない、おまえの立派で善良な同胞市民たちは、すでにして予にはその強情さゆえに死ぬことさえ願っているように思われる。ほかならぬ予が神殿にゼウスの像[2]の設置を命じたとき、彼らはすべての住民どもを動員し、都や地方から出てこさせた。表向きは嘆願ということだったが、実際は予の命令に反対するためだった」。

二六六　ガイウスは他の告発も加えようとしましたが、そのときアグリッパの顔色は苦悩から血のように真っ赤になったり、真っ青になったり、鉛色になったりと、一瞬のうちに目まぐるしく変わったのです。(3)

二六七　彼はすでに頭の先から足まで震えに襲われ、その四肢はすべてがたがたと痙攣を起こしておりました。そして、体中の緊張が弛緩すると卒倒寸前となり、半ば死んだようになって倒れましたが、その場に居合わせた者たちの何人かが彼を支えたのです。そして彼らは命じられると、彼を担架で自宅に運び込みましたが、彼は降りかかった大きな災難のため無意識の状態に陥ったのです。

二六八　実際、ガイウスはますます激昂し、［ユダヤ］民族への憎しみはさらに大きなものとなりました。彼はこう言ったのです。

「予にもっとも近しく、もっとも心を許せる友人であり、予が与えたかくも多くの恩恵で予に恩義を感じているアグリッパが、［ユダヤ］民族の慣習にいかれてしまい、そのためそれに反対する意見すら耳に入れることができず、気を失って半死の状態にあるなら、反対の行動を取る強い動機のない他の者たちには何を期待すればいいのだ？」

（1）アグリッパのローマでの滞在は、『フラックス』補註Kを参照。

（2）前出一八八を参照。

（3）スモールウッド『ガイウス』二八九頁は、以下の症状から脳血栓の可能性を論じる。

二六九　他方、その日と翌日の大半、アグリッパの意識は混濁状態にあり、何が進行しているのかをまったく知らなかったのです。しかし、午後の遅い時刻になると、彼は頭を少しばかり持ち上げ、わずかながらでもその目を開き、彼ら一人ひとりの姿をはっきりとは識別できなかったものの、うすぼんやりとした視線を自分の周囲にいる者たちに投げかけたのです。

二七〇　しかし彼は再び眠りに陥りました。今度は、彼の息づかいや体の状態から判断するかぎり、それまでよりもよい状態で静かに休んでおられました。

二七一　後になって起き上がりましたが、そのとき彼は周囲の者たちにこう尋ねました。

「わたしは今どこにいるのだ？　ガイウスさまの所か？　わたしの主君はここにおられないのか？」

彼らは答えました。

「さあ、元気をお出しください。あなたは今ご自宅におられるのです。ここにはガイウスさまはおられません。

二七二　あなたはお休みになって十分な休養を取られました。さあ、寝返りを打ってご自身の上体を起こし、腕を支えとして、ここにいる者たちをお認めください。彼らはみなあなたご自身の者たち、友人、解放奴隷、そしてあなたをとくに大切にし、あなたによって大切にされている家僕たちなのです」。

二七三　彼は少しずつ正気を取り戻しはじめ、周りにいる一人ひとりの者が示してくれる同情心をはっきりと認めました。医師たちが、体に軟膏を塗り(1)、適切な食事療法を行なうためその場に居合わせた大半の者に退出を命じると、彼はこう言いました。

二七四　「わたしのためにわざわざ手のかかる食事療法を考えているだと？　わたしのように惨めな者にとっては、倹約を旨として最低必要なものを注意深くとって飢えを満たせればそれで十分ではないか？　いや、悲惨な目にあっている［わがユダヤ］民族に夢の中でわが思いが至った最後の助けを保証できなければ、これさえも受けはしないのだが」。

二七五　彼は嗚咽しながら、何の味付けもしていない食べ物を無理矢理に飲み込みました。勧められた混合酒は断わり、水だけを味わいました。彼はこう申しました。

「哀れな胃袋にはこれまでの借りは十分に返却したぞ。わたしが今すべきことは、現在の状況に関して、ガイウスさまに嘆願することだけではないか？」

第三十六章

二七六　アグリッパは書字板を手にすると、以下のことをしたためました。

「[2]わが主君よ。陛下に直接まみえてお話しする機会は、恐ろしさと畏怖の念のために失われてしまいました。陛下の威嚇に立ち向かえない恐怖と、陛下の地位の大きさに立ちすくむ畏怖の念でございます。しかし、以下に書き綴ることは、嘆願者の手に置かれるオリーブの枝の代わりに差し出す陳情でございます。

（1）軟膏を塗布するのはマッサージのため。

（2）以下の手紙の性格については補註Qを参照。

二七七　皇帝陛下よ。(1) すべての人間には祖国への熱情と自国の法への敬意が植えつけられております。これらのことに関しては、祖国を熱情的に愛され父祖の慣習に熱情的に敬意をお払いになる陛下にいまさらお教えするまでもありません。どの民族も、実際はそうでなくても、自分たちの制度こそが優れたものだと確信しております。彼らは理性によってよりも、思い入れの感情からそれを判断するからです。

二七八　陛下もご承知のように、わたしはユダヤ人に生まれました。(2) わたしにとっての祖国は、いと高き神(3)の聖なる神殿の立つエルサレムでございます。わたしの祖父(4)や祖先たち(5)には王がおりますが、彼らの大半は大祭司に選出された者たちであります。(6) 彼らは自分たちの王権を祭司職に劣る二位のものと見なし、神が人間を凌駕するように、大祭司の職務を王のそれに優るとも劣らないと考えました。前者の仕事は神への奉仕であり、後者のそれは人間への心遣いだからです。

二七九　わたしはそのような民族、祖国、神殿に愛着をもっておりますので、これらすべてのために嘆願するのです。民族のためには、それが事実とは裏腹な評判を得ないようにするためです。それはその最初から陛下のご一族すべてにたいしてもっとも敬虔で、もっとも宗教的でした。

二八〇　敬虔であることが要求され、法でもってそれが可能とされるすべての事柄において、すなわち祈りや、奉納物の建立、全市民的な祭において持ち込まれる犠牲の数ばかりか、日々の儀式での犠牲の数においても、それはアシアの者たちやヨーロッパの者たちに劣るものではまったくありません。(7) これらのことからお分かりのように自分たちはカエサルを愛する者だとは口にこそしませんが、真にそうである者たちは、その敬虔を口先や舌先でよりも、魂の見えぬ所で形づくられた意図の中で漏らすものなのです。

二八一　聖なる都については、わたしは適切な事柄を述べねばなりません。すでに申し上げましたように、そこはわたしの生まれ故郷であると同時に、ユダヤ一国ばかりでなく、さまざまな時期にさまざまな土地に送り出した住民団（アポイキアー）のゆえに多くの土地の母なる都でもあります。そのうちの近隣の土地はエジプトや、フェニキア[8]、窪地と呼ばれるシリアの地域[9]で、はるか遠隔の土地はパンピュリア[10]や、キリキア[11]、ビテュニア[12]やポントス[13]の最奥地に至るまでのアジアの大半の地域、同じようにヨーロッパではテッサリア[14]、

（1）「皇帝陛下よ（*αὐτοκράτωρ*）」。後出三五二に「アウグストゥス皇帝よ」という呼びかけが見られるが、それは通常のものではないとされる。

（2）アグリッパの血の四分の三はイドゥマイア人で、四分の一がユダヤ人である。

（3）二五頁の註（11）を参照。

（4）ヘロデ大王。

（5）ヘロデの妻のマリアンメはハスモン（アサモナイオス）王朝に遡る。

（6）この記述は歴史的には不正確。

（7）前出一三三、一五七参照。

（8）フェニキアについてはストラボン『地誌』第十六巻二-一二一-四六ほかを参照。

（9）コイレ・シリアについてはストラボン『地誌』第十六巻二-二一ほかを参照。

（10）パンピュリアについてはストラボン『地誌』第十四巻四-一-三ほかを参照。

（11）キリキアについてはストラボン『地誌』第十四巻五-一-二一ほかを参照。

（12）ビテュニアについてはストラボン『地誌』第十二巻四-一-一〇ほかを参照。

（13）ポントスについてはストラボン『地誌』第七巻三-六ほかを参照。

（14）テッサリアについてはストラボン『地誌』第九巻五-一-二三ほかを参照。

ボエオティア(1)、マケドニア(2)、アエトリア(3)、アッティカ(4)、アルゴス(5)、コリント(6)、そしてペロポネソス半島のもっとも肥沃な多くの地域です。

二八二　本土がユダヤ人の住民団で満ち溢れているばかりでなく、島々の中のもっとも著名なエウボイア(7)や、キュプロス(8)、クレタ(9)などもそうです。わたしはユフラテスの向こうの土地(10)については何も申し上げません。小さな地域は別にして、バビロンや、その他の総督領の中の肥沃な土地を有する所はすべてユダヤ人の住民を抱えております。

二八三　それゆえ、もしわたしの生まれ故郷が陛下のご好意に与ることができれば、その恩恵はひとつの都だけに及ぶのではなく、ヨーロッパであれ、アシアであれ、リビア(11)であれ、本土であれ、島々であれ、沿岸であれ、内陸であれ、人の住む世界のすべての地域に定住している他の［ユダヤ］人たちの多くの都市にも及ぶのです。

二八四　陛下は、ひとつの都市に恩恵を施すことにより、他の多くの都市にも恩恵を施すことになり、その結果、人の住む世界のすべての地域で陛下の栄光が祝福され、陛下への賞讃が感謝の気持ちとともに鳴り響きますが、それこそは陛下のかくも素晴らしいご幸運の大きさにふさわしいものなのです。

二八五　陛下のご友人の一部の方がたは、ローマのポリーテイアーにふさわしいとされた祖国をもち、そして最近まで奴隷だった者たちが他の者たちの主人となりました。その者たちを介して感じられる喜びは、その恩恵を享受している者たちの喜び以上のものではないにしても、それに劣らないものなのです。

二八六　わたし自身は、主人（デスポテース）にして主（キューリオス）なるお方をもっていることを承知しながら、陛下の側近の地位に選ばれた者たちのひとり(12)であるため、社会的地位では他の多くの者たちに遅れをとるものではなく、忠誠の点ではけっして第二の者ではなくて第一の者と申し上げたいのです。

二八七　さてわたしがこのような者であるがゆえに、また陛下がそれをもってわたしを豊かにされた数々のご好意のゆえに、わたしは勇を鼓して祖国のために、ローマのポリーテイアーをではなくとも、少なくとも自由と貢納の免除を訴えるべきなのでしょうが、わたしにはこの種のことをお願いするのは厚かましすぎるように思われ、陛下はお与えになっても何の損失もこうむりませんが、わが祖国は受けることによって最

(1)ボエオティアについてはストラボン『地誌』第九巻二-一-四二ほかを参照。
(2)マケドニアについてはストラボン『地誌』第七巻五-一ほかを参照。
(3)アエトリアについてはストラボン『地誌』第十巻二-一-七ほかを参照。
(4)アッティカについてはストラボン『地誌』第八巻七-一ほかを参照。
(5)アルゴスについてはストラボン『地誌』第八巻六-七ほかを参照。
(6)コリントについてはストラボン『地誌』第八巻六-二〇-二三ほかを参照。
(7)エウボイアについてはストラボン『地誌』第十巻一-一-一六ほかを参照。
(8)キュプロスについてはストラボン『地誌』第十四巻六-一-六を参照。
(9)クレタについてはストラボン『地誌』第十巻四-一-二二を参照。
(10)前出二一六を参照。
(11)「リビア(*τὸ Λιβυκόν*)」。ローマ人の間では北アフリカの沿岸の東部分を指して「リビア」と呼ばれていた。
(12)ガイウスの「側近(*ἑταῖρος*)」に選ばれた他の五人は、ディオン『ローマ史』第五十九巻一二-二、第六十巻八-一を参照。

大の益となる恩恵を陛下にお願いするのです。臣下たる者にとって、支配者の好意以上に大きな恩恵があるでしょうか？

二八八　皇帝陛下、待望された陛下のご継承が最初に告知されたのはエルサレムにおいてであり[1]、その噂は、聖なる都から二つの本土[2]のそれぞれへかけめぐったのです。この事実は、まさにそのため、陛下のご配慮に値するものなのです。

二八九　ちょうど家族の中で長男が、両親に向かって父や母の名を口にする最初の者であったがゆえに長子の座にあるように[3]、この都も同様に、東方の都市の中で陛下を皇帝と呼びかけた最初の都市であったがゆえに、他の都市以上の、少なくともそれと同じ恩恵を受けるに値するのです。

二九〇　以上、正義のために申し立て、同時に祖国のためにお願いいたしましたが、最後に神殿についてもお願いいたします。わが主君であるガイウス陛下、この神殿は、そのはじめから、人間の手でつくられたいかなる像も受け入れることがありませんでした[4]。そこが真の神の座す所だからです。絵をかいたり形にしたりする者たちの仕事は、感覚で認識された神々を表現することですが、不可視のお方を具体的に絵にしたり形にしたりすることは、わたしたちの先祖にとって、聖ならざる行為と見なされたのです[5]。

二九一　陛下のご祖父アグリッパさま[6]は、［エルサレムを］訪れると[7]、神殿に敬意を払われましたが、アウグストゥス陛下も、各地から初穂をそこに送るよう命じられた書簡によって、また常供の犠牲によってそうされたのです。そして陛下の曾祖母[8]も……〈欠落〉……。

二九二　そのため、誰も、ギリシア人も、非ギリシア人も、太守も、王も、不倶戴天の敵も、騒乱も、戦争も、攻略も、略奪も、他の存在するいかなるものも、像や、彫像、手で造ったものをその中に設置するというような、とんでもないことを神殿にたいして行なったことはかつて一度もないのです(9)。

二九三　なぜなら、たとえ人びとが［ユダヤの］土地の住民にたいして悪しき感情から敵意を抱いたとしても、畏怖や恐れのなにがしかの感情が、万物の造り主にして父なる方への敬意で、その最初から守られてきた慣習の一部でも廃止させるようなことをさせなかったからです。彼らは、これらのことやこれに類することから、神が手ひどい災禍をくだして懲罰されることを知っていたのです。そのため彼らは、不敬神の種を蒔くことがないようよくよく注意をしたのです。そうでなければ、彼らは完全な破滅をもたらす果実を刈り取ることを余儀なくされるのです」。

(1) 前出二二三一を参照。
(2) 二つの本土とはヨーロッパとアシア。
(3) 長子の権利は申命記二一-一七、『ミシュナー』ババ・バトラ八-四-五ほかを参照。その例は創世記二五-三一以下、第二十七章、第四十八章を参照。
(4) 偶像の鋳造の禁止は出エジプト記二〇-四-五、申命記五-八-九を参照。
(5) ここでの言説は歴史的事実と合致するものではない。
(6) マルカス・ウィプサニウス・アグリッパを指す（後出二九四を参照）。ガイウスの母方の祖父。
(7) 後出二九四-二九七を参照。
(8) リウィアを指す。ガイウスの父方の祖父の母。
(9) アンティオコス・エピファネスは前一六七年にエルサレムの神殿にゼウス・オリュンピオスの像を置いている。旧約外典『マカベア第一書』一-五四-五九、『マカベア第二書』六-二、ヨセフス『古代誌』第十二巻二四八-二五三を参照。

第三十七章

二九四[1]「しかし陛下のご一族の多くの方がたを証人として立てることができるとき、なぜわたしは見知らぬ者たちの証言を引く必要があるのでしょうか？　たとえば、陛下の母方の祖父マルカス・アグリッパさまは、わたしの祖父ヘロデが王として国を治めていたときにユダヤに来られましたが[2]、彼は［そのときユダヤの］土地の中央部に位置する母なる都に沿岸部から上っていく価値があるとされたのです。

二九五　そして神殿や、祭司たちの盛儀、土地の者たちの礼拝儀式などを目の当たりにされますと、アグリッパさまは、畏怖の念を起こさせる何かを、言葉で言い尽くせぬ何かを目の当たりにしたと考えられて驚きに満たされたのです。そのときご自分と一緒にいた側近の者たちにたいしてアグリッパさまが口にしたのは、神殿とそれに属するいっさいのことへの賞讃でした。

二九六　そこで、ヘロデを喜ばすために都に滞在されたアグリッパさまは、神域[3]に毎日お出かけになり、神殿の造りや、犠牲、礼拝で営まれる儀式、聖なる祭服[4]をまとって聖なる儀式を執り行なう大祭司の威厳などを目にされて満足されたのです。

二九七　アグリッパさまは、神殿を律法が許すあらゆる奉納物で飾り[5]、住民たちにはヘロデの感情を傷つけないあらゆる好意を恩恵として与え、ヘロデを大いに賞讃し、またヘロデから賞讃の言葉を万と浴びせられた後、その敬神の念を讃嘆されながら、ひとつの都だけによってではなく、［ユダヤ］全土によって［カエサリアの］港まで送られたのです。

二九八　陛下のもうひとりのご祖父であられるティベリウス・カエサルの場合はどうでしょうか？　彼も明らかに同じことをされたのではないでしょうか？　とにかく皇帝であられた二三年間、[6]ティベリウスさまは、遠い昔から神殿で引き継がれてきた礼拝儀式を遵守され、その一部たりとも破壊したり干渉したりはされなかったのです」。

第三十八章

二九九　「わたしは、さらに彼の公寛な精神をも語ることができるのです。わたしはティベリウスさまのご存命中には不快なことを万と体験しましたが、真実というものは愛すべきもので、陛下にとっては尊ぶべきものでございます。ティベリウスさまの配下の統治者のひとりはピラトで、彼はユダヤの総督に任命されま

(1) 以下二九七までは、ヨセフス『古代誌』第十六巻一二一一五、五五一五六と比較せよ。
(2) 前一五年の秋。
(3) 異邦人の出入りの許される「外庭」を指す。前出二一二を参照。
(4) 祭服については出エジプト記二八―二九を参照。
(5) ヨセフス『古代誌』第十六巻一四はアグリッパの奉納物に言及しないが、彼がヘカトンベを捧げたと言っている。
(6) 一三七頁の註（2）を参照。

した。[1] 彼はティベリウスさまに敬意を払うのではなく［ユダヤの］民衆を困らせるために、聖なる都の中のヘロデの宮殿[2]に金をかぶせた盾を奉献したのです。それには何の像も、また律法で禁じられたものは何も刻まれておらず、ただ二つのことだけが、すなわち奉献する者と奉献される者の名前だけが刻まれておりました。[3]

三〇〇　ところが、大勢の者たちはこのことを知ると――この出来事は瞬時にして知れわたりました――、［ヘロデ］王の四人の子息[4]を前面に押し立てて――この子息たちは地位と幸運の点で王に、また王の他のご子孫たちに[5]、彼らの中の高位の者たちに劣る者たち[6]ではありませんでした――、盾の奉献で引き起こされた混乱を正し、それまでずっと王や皇帝たちによって手つかずに遵守されてきた父祖たちの慣習に手をつけぬようピラトに訴え出ました。

三〇一　ピラトがその訴えを断固としてはねつけますと――彼は性格の点では頑迷で、頑固さが加味された容赦のないお方でした――、彼らは大声をあげて騒ぎ立てました。

「騒ぎを引き起こすな」。

「戦争を起こすな」。

「平和を破壊するな」。

「あなたは皇帝に敬意を払ってはいない。その証拠は古来からの律法に敬意を払っていないことだ」。

「［われわれの］民族を恫喝《どうかつ》するのにティベリウスを口実にしないでほしい」。

「ティベリウスはわれわれの慣習のどれをも廃止しようなどとは望んでいない」。

「もしそうだとあなたが言うなら、あなた自身が命令か、書簡か、その種のものを出してほしい。そうすればわれわれはあなたにたいする反対を中止し、使節を選んで主君に陳情する」。

三〇二　彼を激怒させてしまったのはとくにこの最後のものでした。というのも、もし彼らが使節を送るようなことがあれば、彼らは贈賄や、暴行、略奪、不正、無慈悲な振る舞い、次から次に行なった裁判なしの処刑、際限のない痛ましい残虐行為などを詳しく述べ立てて、総督としての彼の他の振る舞いを暴露するかもしれず、彼はそれをひどく恐れたのです。

三〇三　彼は底意地が悪く激しやすい人間であったこともあって、困難な立場に置かれました。彼は一度設置されたものを取り外す勇気を持ち合わせず、統治される者たちを喜ばすようなことを何ひとつ行なう意志もなかったのですが、同時に彼は、これらの件に関するティベリウス帝の方針を知らないわけではなかったのです。高位高官の者たちはこの事態を見、ピラトが自分の取った行動を悔いているが、そう見えるのを欲していないと理解して、真摯な内容の嘆願の書簡をティベリウス帝に送ったのです。

三〇四　ティベリウス帝がそれを一読されたとき、帝はピラトについてどんな言葉を使われたのでしょうか？　どんな恫喝をされたのでしょうか？　帝は、怒りを抑えられましたが、帝がどんなに激怒したかを語

（1）ピラトは後二六年に総督としてユダヤに赴任、後三七年までその地位にあった。
（2）ヘロデの宮殿については補註Rを参照。
（3）奉献先はティベリウス帝であろう。
（4）ヨセフス『古代誌』第十七巻一九―二二、『戦記』第一巻五六二―五六三もヘロデ王の妻子たちの名前をあげている。
（5）この者たちはサンヘドリンの議員たちであったであろう。前出二二二を参照。
（6）この者たちについてはヨセフス『古代誌』第十八巻一三〇―一四〇を参照。

るのは余計なことでしょう。事実それ自体が語っているからです。

三〇五　帝はただちに、翌日まで延ばすことなく、書簡をピラトに送られました。帝はその中で前例のない無謀な行為を口をきわめて罵り非難され、ただちに盾を取り外し母なる都から、陛下の曾祖父にちなんでセバステ(1)と呼ばれる海沿いのカエサリア(2)に運び、アウグストゥスの神殿(3)の中に設置するよう命じられたのです。こうして双方の目的が守られたのです。すなわち、皇帝への敬意と［エルサレムの］都に関する古来からの慣習です」。

第三十九章

三〇六「ところで、そのときの盾ですが、それにはいかなる人間の似姿も描かれてはおりませんでした。しかし、今それは巨大な人間の像なのです。そのときの設置は歴代の総督の屋敷の中でした。しかし、今彼らの言うところによれば、それは神殿の最奥の至聖所に設置されようとしております。そこは大祭司が一年に一度、断食日と呼ばれる日(4)に、香を焚き、父祖たちの慣習にしたがって全人類のために豊かな恵み、繁栄、平和を祈るために入る所なのです(5)。

三〇七　他のユダヤ人は言うに及ばず、もし祭司の中の誰かが、すなわちもっとも低い地位にある者ばかりか第一位の大祭司につぐ地位にある者たちの中の誰かが、自分ひとりで、あるいは大祭司と一緒に入ったり、さらにもし大祭司が同じ年に二度あるいは同じ日に三度も四度も入ったりすれば(6)、不可避の死に耐えねばなりません。

三〇八　律法制定者［のモーセ］の至聖所にたいする守護はかくも固いものでした。そこは、彼が誰もそこに足を踏み入れたり触れたりすることのないように願った唯一の場所なのです。これらの事柄に関して聖性のために訓練された者たちは、もし人間の像が持ち込まれるのを見れば進んで死ぬことに耐えますが、陛下はその者たちの数をお考えになったのでしょうか？　わたしには彼らが全家族を、すなわち妻子たちをも殺し、最後には家族の者たちの屍の上で自分自身を犠牲に捧げるものと思われます。ティベリウス帝はこのことを承知しておられました。

三〇九　現在に至るも最高の皇帝で、その徳と幸運のためにアウグストゥスの称号を受けられた最初のお方、全世界に、海や陸を経て世界の果てにまで平和を広められたお方である陛下の曾祖父はどうだったのでしょうか？

三一〇　このお方は聖所についての話や、そこには人間の手でつくられたもの、すなわち不可視の性格の

(1) アウグスタ。ヨセフス『古代誌』第十六巻一三六にも「カエサリア・セバステ」とある。
(2) ヘロデによって建立されアウグストゥスに捧げられたこの町は、ヨセフス『古代誌』第十五巻三三一－四一、第十六巻一三六－一四一、第二十巻一七三－一七四、『戦記』第一巻四〇八－四一五、第二巻二六六を参照。
(3) この神殿はヨセフス『古代誌』第十五巻三三九、『戦記』第一巻四一四を参照。
(4) 十月の贖罪の日を指す。
(5) このときの大祭司の祈りは『バビロニア・タルムード』ヨーマ五三bを参照。
(6) ここでのフィロンの誤解については補註Sを参照。

存在者の可視の影像は何も持ち込まれていないことなどを噂で聞いて驚かれ、それに敬意を払われなかったでしょうか？　このお方は［ユダヤの］哲学をつまみ食いされたのではなく、大いに賞味され、そしてほとんど毎日賞味されつづけたのですが、それはひとつには、彼の精神がそれまでに哲学を修得していたために繰り返し生起させた記憶によって、またひとつにはしばしば同席する学識ある者たちとの接触によってでした。なぜなら、食卓での集まりでも、その大半の時間は教養のある人たちの話に振り当てられたため、肉体ばかりでなく精神もそれにふさわしい食べ物で養われたのです」。

第四十章

三一一　「わたしは陛下の曾祖父アウグストゥスさまのご意志を示すことができる証拠を有り余るほどもっておりますが、わずか二つで満足したいと思います。第一の証拠は、アウグストゥスさまが、聖なる初穂(1)がぞんざいに扱われていることを知られて、アシアの属州の知事たちに書簡を送られたことです。［アウグストゥスさまはその中で、］彼ら［知事たち］がユダヤ人だけはシナゴーグ(2)で集まることを許すよう［命じられました］。

三一二　「なぜなら」［と彼は言われました。］「これらの集まりは、酒を飲んで大騒ぎして平和が損なわれるようなものではなく、自制と正義の学塾であり(3)、そこでは人びとが徳を実践し、一年の初穂を集め、その一部を捧げ、エルサレムの神殿に携えて行く聖なる使節にそれを託すからである」と。

三一三　アウグストゥスさまは次に、ユダヤ人が集まったり、初穂を持ち込んだり、父祖たちの慣習にしたがってエルサレムに使節を派遣したりするのを、何ぴとも妨げてはならぬと命じられました。これが、実際の言葉どおりのものではないにしても、その指示の内容なのです。

三一四　ここに一通の書簡がございます。それは主君である陛下にガイウス・ノルバヌス・フラックスが送ったもので、フラックスはカエサルが彼に何とお書きになったかを明らかにしております。陛下をご説得するために添付いたします。この書簡の写しは以下のとおりです。

三一五　「総督のガイウス・ノルバヌス・フラックスからエペソ人の統治者たちに挨拶を送る。カエサルは予に、ユダヤ人たちが、その居住する所がどこであれ、彼ら自身の古い慣習にしたがって集会をもち、エルサレムに送る金を集めることを習慣としていると書き送られた。〔カエサルは〕彼らがこれを行なうにあたり妨害されるのを望んでおられない。それゆえ予はおまえたちに、これがかくなされるべき命令であることを知ってもらいたく書き送る」。

三一六　皇帝陛下、これは、わたしたちの神殿に払われるべき名誉に関して、カエサルの原則の明白な証拠ではないでしょうか？　カエサルは、初穂の徴収や、その他の宗教的な行事のために行なわれるユダヤ人たちの集まりが、集会[4]の一般的形式でもって判断され廃止されたりすることを望まれなかったのです。

（1）一四三頁の註（6）を参照。
（2）ユダヤ人会堂。『フラックス』の補註Qおよび「解説」を参照。
（3）「自制と正義の学塾であり」。類似の表現は『モーセ』第二巻二一六、『戒め』第二巻六二にも認められる。
（4）コレギアを指す。前出三一二の対比に注意せよ。

三一七　これに劣らず説得力のあるもうひとつの例も、アウグストゥスさまのご意志を非常に明確に示すものです。アウグストゥスさまはいと高き神に毎日捧げる常供の、完全に焼き尽くされる犠牲の献げ物がご自身の歳入からなされるよう命じられました[1]。これは今日に至るも執り行なわれているのです。二頭の小羊と一頭の雄牛が犠牲の献げ物であり、カエサルさまは、そこには何の像も公然とも非公然とも置かれていないことをよく承知されていたので、それをもって祭壇を潔められたのです。

三一八　実際、誰も足下にも及ばないこの立派な統治者にして哲人であるお方は、不可視の神のために可視の像を何も置かない聖なる特別な場所、よき希望に与り完全な祝福を享受できる場所として割り当てられた場所がこの大地の中には必要であると心中お考えになったのです。

三一九　敬神の念についてのそのような教師につかれた、陛下の曾祖母ユリア・アウグスタ[2]さまは神殿を、黄金の鉢や、献酒の杯、その他多数の贅沢な奉納品で飾られました。なぜ彼女も、その中に像がひとつもなかったのに、このようなことを行なわれたのでしょうか？　女性たちの判断は「男性たちのそれと比較しますと」概して弱いもので、感覚的認識は別として、知性での理解がまるでできません。

三二〇　ところが彼女は、他のすべてにおいてと同じく、この点でもすべての同性を圧倒し、純粋な教養により性格や心遣いでもまさり、男まさりの理性の力を働かせましたが、それは一瞬にして事柄の本質を見抜くほどのもので、感覚の事柄よりも理性の事柄をよりよく理解し、前者を後者の影と見なしたのです」。

第四十一章

三二　「ですから、わが主君よ、そのようなより穏便な措置の例、すなわち陛下がそこから発芽され、開花され、そしてかくも見事にご成長された、陛下にかくも近いご親族の苗床を陛下はおもちなので、彼らの一人ひとりが遵守されたものを遵守してほしいのです。

三三　皇帝たちは皇帝にたいして、尊厳なる者たち（セバストイ）は尊厳なる者（セバストス）にたいして、祖父母や先祖たちはその子孫にたいして、何人かの者はひとりの者にたいして法で執り成しをいたしますが、彼らは次のようなことを言うのです。「今日までわれわれの意志で守られてきた慣習を破壊してはならない。たとえその破壊から不吉なことに遭遇しなくとも、将来の不確かさは、もっとも勇気ある者たちにとっても、もし彼らが聖なるものを蔑視する者でなくとも、恐怖なきものとは完全にはならない」と。

三三　もし陛下からわたしに授けられたご好意を数え上げようとするならば、一日では足りません。そればかりか、わたしに科せられた第一の仕事を他の主題に従属するものとして扱うのは適切ではないのです。実際、わたし自身は冷静でありますが、事柄自体が叫び、声を発してしまうのです。

（1）「完全に焼き尽くされる……命じられました」。ほとんど同一の語句が前出一五七に見られる。

（2）前出二九一参照。リウィアを指す。リウィアからユリアへの名前の変更はタキトゥス『年代記』第一巻八-一を参照。

三二四　陛下は鉄の鎖につながれていたわたしを自由にされましたが、誰がそのことを知らないでしょうか？　しかし、わが皇帝陛下、それよりもきつい鎖でわたしをお縛りにならないでください。そのとき解かれた鎖は、わたしの身体の一部をぐるりと縛るものにすぎなかったのですが(1)、現在目の前に置かれている鎖は魂に関わるもので、その全体のどの部分にも食い込もうとしているのです。

三二五　陛下は、死の恐怖につねにのしかかられていたわたしを救われ、恐怖で死んだも同然だったわたしの中に新しい命の火を灯され、あたかも再生したかのようにわたしを呼び覚まされたのです。わが皇帝陛下、どうかその恩恵をもちつづけてください。陛下の「僕《しもべ》」アグリッパが生に訣別することがないようにするためです。なぜなら、もし自決でもすれば、釈放されたのは救われるためではなく、より重い災禍を受け入れて、よりはっきりと不幸な最期を迎えるためだったと見えるでしょうから。

三二六　陛下はわたしに、人間が手にできるもっとも大きくてもっとも幸運な贈り物、すなわち過去においては一地方の王国を下賜され、最近ではもうひとつのさらに大きな贈り物、すなわちトラコニティスと呼ばれる土地とガリラヤを加領されました(2)。ご主君さま、わたしにかくも潤沢に恩恵をお与えくださった後に、わが必要物を取り上げたりはなさらないでください。まばゆいばかりの光の中にわたしを導き入れた後に、深い闇の中に新たに投げ入れたりはなさらないでください。

三二七　わたしはこれらの輝きをすべて捨て去ります。わたしは短命な幸運をもとめたりはいたしません。わたしはこれらすべてをたったひとつのこと、すなわち父祖たちの慣習が干渉されたりすることのないことと引き換えにしたいのです。同胞の者たちや、他のすべての人びとの間でのわたしの評判はどうなるのでしょうか？　わたしは同胞たちの裏切り者と思われるか、もはやこれまでのように陛下の友人と見なされないか、そのどちらかになるにちがいありません。これ以上に大きな災禍は何なのでしょうか？

三二八　もしわたしが今後も陛下の側近たちの地位にある者として数えられても、祖国があらゆる災禍から無傷で守られ、神殿が触られることがなければ、わたしは裏切り者の評判を取るでしょう。みなさん方のような実力者は、側近の者たちの益や庇護をもとめる者たちの益を絶対的権力を盾にして守られるのです。

三二九　しかし、もし陛下のお考えの中に何ほどかの敵意が潜んでおれば、ティベリウス帝のようにわたしを投獄したり、将来のいつか投獄してやろうなどと願わずに、ただちにわたしを始末するよう命じてくださ い。救済のひとつの希望が陛下のご好意にかかっているわたしにとって、これ以上生きながらえることにいかなる価値があるのでしょうか？」

第四十二章

三三〇　彼は以上のことを書くと封印し、それをガイウスに送りました。そして以後の彼は家に籠もりき

(1) ヨセフス『古代誌』第十八巻一六八、一八七は、アグリッパがティベリウス帝によって投獄されたことを報告する。

(2) トラコニティスは後三七年からアグリッパの王国であり、その王国が拡大された後三九年にガリラヤに加えられたのではない。この種の誤りは、この書簡の書き手がアグリッパでない証拠のひとつとされる。

りとなり、どのような事態になるかを考えて苦悩し、そして取り乱したのです。というのも、彼を見舞った危険はけっして小さなものではなく、聖なる地ばかりでなく人の住む世界の至る所に住んでいるユダヤ人たちにたいして、騒乱や、奴隷化、大規模な強奪などを引き起こしかねないものだったからです。

三三一　ガイウスは書簡を受け取って読むと、自分の計画が思いどおりにいかないことにいちいち苛立ちを覚えましたが、同時に彼は、嘆願と一体になった正義の要求に膝を屈しはじめ、一方でアグリッパを賞讃し、他方で非難したのです。

三三二　彼は人類の中で彼の神格化を頑強に受け入れない唯一の民族である同胞へのはなはだしい迎合的な態度を罵りましたが、自らをさらけだし何も隠していないことを賞讃し、これこそは彼の性格が真に自由で真に高貴なものである証拠だと述べたのです。

三三三　そのため彼は折れて、大きな最高の贈り物をするのが、すなわち像の設置は当面は行なわないとアグリッパには親切な返事をするのが適切であると思われたのです。そこで彼はシリア知事プブリウス・ペトロニウス宛に、ユダヤ人の神殿で今後新たな騒ぎをいっさい起こしてはならぬとする書簡を書くよう命じたのです(1)。

三三四　ガイウスはこうして恩恵を与えられましたが、それは純粋なものではなく、非常に深刻な脅威も混じるものでした。なぜなら、彼は次のように書き加えたからです。

「母なる都の外の近隣地域の者たちが祭壇や、神殿、あるいは予の名誉のための彫像や像、また予自身の像を建立しようとして妨害されることがあれば、ペトロニウスは妨害者たちを速やかに罰するか、彼のもとに引き出さねばならない」。

三三五　これは騒乱や内乱のはじまりで、ガイウスからの直接の贈り物と見えたものの間接的な取り消しにほかならなかったのです[2]。なぜなら、一部の者たちは、ガイウスへの敬意からというよりはユダヤ人への敵意から、全土をそのような奉献物で満たそうとするでしょうし、他方〔ユダヤ人の中の〕一部の者たちは、たとえ穏やかな者たちであっても、父祖たちの慣習が覆されるのを自らの目で見て拱手傍観はしないからです。他方また、ガイウスはガイウスで、扇動された者たちを厳しく罰しておりましたが、神殿内に像を設置するよう再び命令するかもしれなかったからです。

三三六　しかし、すべてのことを見守り、正義をもって支配される神の摂理と心遣いのおかげで、近隣の者たちの中に扇動される者はひとりとしてなく、そのため穏やかな非難以上のひどい災禍に遭遇する機会は生まれなかったのです。

三三七　この結果はどうだったのでしょうか？　人は言うでしょう。彼らが穏やかにしていても、ガイウスは穏やかではなかった、と。彼はすでに譲歩を悔いており、しばらく前までもっていた願望を生き返らせ、金をかぶせた別の巨大な像をローマで建立するよう命じたのです。彼はシドンにあるものは、民衆を騒がせないために動かすのを断念しましたが、彼らが平静さを取り戻し、疑念から自由にされたときに、もうひと

（1）ヨセフス『古代誌』第十八巻三〇一の報告するガイウスの書簡の内容を参照。

（2）次節の言説にもかかわらず、この一節にパレスチナに新たな騒乱が発生したと読み込む研究者がいる。

つ［ローマでつくる像］を船で隠密裡に輸送し、大勢の者たちの気づかぬうちに突如建ててしまうことを目論んだのです。

第四十三章

三三八　ガイウスはエジプトへ向かう沿岸沿いの航海(1)の途次で、これを実行に移そうとしました。彼はアレクサンドリアへの尋常でない愛にとりつかれておりました。何としてでもそこを訪問したいという思いにかられており、到着すればかなりの期間そこに滞在することを望んでおりました。というのも彼は、この都市が夢にまで描いた神格化を生み出し、それへの思いを大きくしてくれるユニークな都市であることや、そこが大都会で、人間の住む世界を動かすのに理想的な場所に位置しているため、他の都市にたいして自分の神格化の範例となると考えたからです。劣った側が偉大な人物や都市に競争心を燃やそうとするのは、個々の人間や市民にはよくあることなのです。

三三九　実際彼は、他のすべての点でも、性格的に信の置けぬ人物でしたので、何か親切なことをしても、すぐに後悔し、それを取り消す何らかの手段を探しもとめ、そのためより大きな混乱と傷が残るのでした(2)。

三四〇　そのような例をあげましょう。彼は一部の囚人たちを何の理由もなくして釈放し、ついで投獄し、ひどい落胆からくる前以上の重い苦しみを科したのです。

三四一　もうひとつの例ですが、他の者たちが死刑を予想していても——彼らの良心が彼らにその行なったことが死罪に値すると告げたからではなく、またまったくの微罪であっても、裁く者が途方もなく残虐であるがゆえに、死刑を逃れることなどできないと予想したのです――彼は流刑を宣告したりしました。この者たちにとっては、流刑は故郷への帰還と同じほど素晴らしいヘルメス神さまの贈り物でした。彼らは命を脅かす最高の危険から逃れえたと感じたからです。

三四二　しかし長い時間が経過しないうちに、新しい事態が何も展開したわけでもないのに、彼は兵士の一部を遣わし、高位の貴族たちが、祖国におけるかのようにして、すでに流刑先の島々において生活をはじめ、その不幸にめげずに耐えているとき、彼らをひとまとめにして処刑し、ローマの要人たちの家にもっとも痛ましい、予想だにしなかった悲しみを投げつけたのです(3)。

三四三　そこでまた、彼が誰かに金子の贈り物を与えても、彼は貸付金として利子や複利の利子を取り立てるのではなく、それを手にした者たちにとっては大きな損失となる、窃盗品として返済をもとめたのです(4)。それを手にしてしまった哀れな者たちにとって、与えられた金子を返済するだけでは十分ではなく、両親や、一族の者たち、友人たちから引き継いだりしたものや、商売の道に入って自分自身の努力で獲得したものい

(1) ガイウスのアレクサンドリア訪問の旅は、この時点では(後四〇年の夏)、翌年に延期されていたとされる。
(2) ガイウスの気まぐれは前出三四でも言及されている。
(3) スエトニウス『ガイウス』二八、およびディオン『ローマ史』第五十九巻一八‐三は、ガイウスによる流刑人の処刑に言及している。
(4) ガイウスの金への執着と、そのための手段はスエトニウス『ガイウス』三八‐四二、ディオン『ローマ史』第五十九巻一四‐一五、二一、二二‐三‐四、二八‐八‐一一を参照。

っさいを手放さねばならなかったのです。

三四四　自分自身をとくに立派な人物と考え、紫の縁取りをした服を着ている貴人たちは、別の仕方で、すなわち友情の名でもって彼の快楽に奉仕して苦しみました。彼は無分別にも予告なしに突然彼らを訪ねましたが、そのための彼らの出費は莫大なもので、宴会のための費用も途方もないものでした。彼らは一回の晩餐の準備ために全財産を使い果たし、首がまわらなくなる始末でした。

三四五　常軌を逸したさまはかくもひどいものでした。そのため、ある者たちは、彼によって与えられた恩恵を益になるどころか、自分たちが耐え忍ぶことのできる以上の大きな損失となる罠だと想像して、それをうとましく思うほどでした。

三四六[1]　彼の性格はこのように破天荒なものでしたので、それはすべての者に、とくにユダヤ民族には迷惑千万なものでした。彼は彼らに激しい敵意を抱いたために、アレクサンドリアを皮切りに他の都市の祈りの家を接収して[2]、自分自身の姿の像や彫像で満たしました。彼は他の者たちにその設置を許しましたが、実際は彼自身がそうしたのです。絶対の不可侵に値すると見なされて、それだけは手を触れてはならぬとされていた聖なる都の神殿を変えて、彼はガイウスの名、すなわち「顕現された新しいゼウス」[3]を冠する自分自身の神殿に変貌させようとしたのです。

三四七　あなたはこれにたいして何と言われるのでしょうか？　あなたは、ひとりの人間にすぎないのに、あなたの支配の手が及ぶかくも多くの本土や、島々、民族、地域に満足せず、エーテル［大気］や天をもわがものにしようとされるのでしょうか？　あなたは神をこの地上でわたしたちのもとにある何にも、国にも、都市にも値しないと見なされますが、神のために聖化され、託宣や神の言葉で聖なるものとされたこのように小さな神域でさえ、かくも広大な大地の神域の中に真に存在される真実なる神に払うべき敬意と敬神の念の痕跡や記憶をいっさい残さないために、取り払おうとお考えなのでしょうか？

三四八　あなたは人類という種族にたいしてまことに立派な希望を描いておられます。しかしあなたは、行なうことも考えることも不法である新奇な途方もない企てを行なって、悪の流れの泉の栓を開いているのを知らないのです。

第四十四章

三四九　わたしたち[4]はポリーテイアー[5]に関する係争のために送り出されましたが、そのときわたしたちが

（1）本節はエウセビオス『教会史』第二巻六-二で引用されている。

（2）祈りの家（シナゴーグ）へのガイウスの蛮行が、その生前中に、アレクサンドリア以外の都市のそれにおよんだ証拠はないとされる。

（3）ゼウス（ユピテル）とのガイウスの同一化は、スエトニウス『ガイウス』二二、三三、ディオン『ローマ史』第五十九巻二六-五、八、二八-五-八、三〇-一、およびヨセフス『古代誌』第十九巻四をも参照。

（4）先行する三四八節から本節への移行が唐突なので、一部の研究者は欠落部分の存在を想定する。

（5）ポリーテイアーの意味は前出一九三および一五七頁の註（2）を参照。

見たり聞いたりしたことはここで記録にとどめるに値いたします。[1]わたしたちは、部屋に入るや、彼の表情や所作から、彼が、裁定者の前ではなくて告発者の前に、しかもわたしたちにたいして隊列を組む者たちよりも敵対的な告発者の前に来たことをすぐに悟ったものです。

三五〇　なぜなら、裁定者であれば、次のような手続きを取るものだからです。その者は、社会的に高い身分ゆえに選ばれた陪審員たちと一緒に座る。審理される事柄は、過去四〇〇年[2]の間一度も聞いたことがないような、今回はじめて何万何十万というアレクサンドリアのユダヤ人にたいして持ち出された非常に重要なものです。提訴人たちは、弁護する者たちとともに、彼をはさんでその両側に立つ。彼は、水時計[3]の時間の許すかぎり、その告発と弁明を交互に聞く。ついで彼は起立すると、陪審員たちと一緒に、彼らが公に宣言する正義に十分かなった判決について相談する。しかし、実際になされたことは、独裁者的な眉をひそめさせる、情け容赦のない暴君を示すものでした。

三五一　彼はわたしが今述べた手続きを何ひとつ踏まず、マイケナスとラミアの二つの御苑[4]の執事を呼びにやり――それらは互いに、また町にも近い所にあり、彼はその二つの御苑でそれまでの三、四日を過ごしておりました。そこにおいてはわたしたちの全民族にたいする悲劇的ドラマ[5]が、そこにいるわたしたちとともに演じられようとしておりました――、すべての別荘を自分のために開け放っておくよう命じました。ひとつひとつを丹念に見てまわろうとしたからです。

三五二　わたしたちは彼の所に案内されました。わたしたちは彼を認めると、どこまでも畏怖の念をもって、床[6]につかんばかりに頭を下げ[7]、そして「アウグストゥス皇帝よ[8]」と呼びかけて挨拶をいたしました。彼の返事の穏やかさと親切さは尋常ではなく、そのためわたしたちは、すでにそのとき嘆願の件(9)ばかりかわたしたちの生命をも諦めるに至りました！

三五三　というのも、彼は吠え立てるようにして、(10)また同時に冷笑的に言ったのです。「おまえたちが神を憎む輩たち、予が神であることを認めない輩たちなのか？　他のすべての民族の間ではすでに認められているのに、おまえたちによって否定されている」と。そして彼は両手を天に差し出すと、聞くことさえ許されない、まして言葉に出して言うことなど絶対に許されない［神の］呼び名を口にしたのです。(11)

三五四　すると向かい側の［席を陣取るギリシア人たちの］使節は、ガイウスの最初の大声で、すでにして自分

---

(1) 以下三六七までは、ローマでの二回目の接見（後四〇年の秋）の様子を描いている。

(2) この「四〇〇年」は前三三一年のアレクサンドリアの創設時から数えたおおよその数。

(3) 水時計（clepsydrae）は提訴人と弁護人に割り当てられた時間を計るために法廷に導入されたが、その起源はアテナイの法廷に遡るとされる。

(4)「マイケナスの御苑」は、ホラティウス『諷刺詩』第一巻八-一四以下、スエトニウス『ティベリウス』一五を参照。「ラミアの御苑」は後三年に執政官だったL・アエリウス・ラミアがつくったもので、ティベリウスに遺贈された。

(5)「悲劇的ドラマ（δραματοποιία）」。後出三五九と三六八を参照。

(6)「床に」。あるいは「地に」。

(7) ここでの行為は「跪拝」のそれであろう。前出一一六を参照。

(8) この呼びかけは一八五頁の註（1）を参照。

(9)「嘆願の件（ὑπόθεσις）」。内容からこの訳語を与える。

(10)「吠え立てるようにして（σαρκάζων）」。動詞 σαρκάζω の原義は「犬のように肉を食いちぎる」。

(11) この辺りの記述は補註Tを参照。

たちの使命が首尾よく運ぶと考えて、たちどころに大きな喜びに満たされました。彼らは大げさな身振りをし、跳び上がり、すべての神々の名で彼のために祝福を口にしたのです。

第四十五章

三五五　情け容赦のない偽りの告発者イシドロス(1)は、彼が人間の本性を超えるさまざまな名で呼びかけられることに喜んでいるのを見ると、こう言いました。
「主君よ、陛下はこの場に居合わせる［ユダヤ人使節の］者たちや彼らと同族の者たちを、もし陛下にたいする彼らの悪意や敬虔の念の欠如をお知りになれば、いっそう憎まれることでしょう。というのも、すべての民族の者たちが陛下の安寧のために感謝の犠牲の献げ物を捧げているのに(2)、彼らだけが犠牲を捧げようとはしないからです。わたしが「彼ら」と言うとき、他のユダヤ人たちをも含めます」。
三五六　そこでわたしたちは心をひとつにして声をはりあげて抗議いたしました。
「主君なるガイウス陛下、われわれは偽りの告発を受けております(3)。なぜなら、われわれは犠牲を捧げたからです。われわれはヘカトンベをも捧げました(4)。われわれは一部の民族の者たちが慣習としてするように、血を祭壇に振りかけたり、その肉を祝宴や楽しい食事のために家に持ち帰ったりはしませんが、焼き尽くされる犠牲獣を聖なる火に引き渡しました。われわれはすでにこの犠牲を一度ならず、三度も行ないました(5)。最初は陛下が皇帝権を継承されたとき、二度目は全世界が陛下とともに分かち合ったあの重いご病気(6)から陛下が回復されたとき、そして三度目はゲルマニアでの勝利を祈念したときです」[7]。

三五七　「よろしい」とガイウスは言いました。「それは真実だろう。だがおまえたちは、予のためだとしても、他の神にたいして犠牲を捧げてきたのだ。いかなる御利益があったというのだ？　こう尋ねるのはおまえたちが予のために犠牲を捧げてはこなかったからだ」。

ガイウスの最初の言葉やこの言葉を聞いたとき、戦慄がただちにわたしたちを捉えましたが、それはみるみる広がってははっきりと顔色に出るほどでした。

三五八　彼はこう言いながら、別荘を見てまわり、男の使用人の部屋や、女の使用人の部屋、階下の部屋、階上の部屋など、要するにすべてを丹念に調べてまわり、一部の造作を欠陥あるものだと文句をつけ、他の造作を自ら考案し、それらを贅をこらしてつくるように命じました。

三五九　ついでわたしたちはせきたてられながら、上や下にとガイウスについてまわりました。その間のわたしたちは、敵対者たち［であるギリシア人の使節］に嘲笑され愚弄されて、劇場の黙劇役者のようでした。

（1）この人物は「付録―関連史料集」一、二を参照。
（2）たとえば、前出二八〇を参照。
（3）「われわれは偽りの告発を受けております（*συκοφαντούμεθα*）」。イシドロスが前節で「偽りの告発者（*συκοφάντης*）」と呼ばれていることに注意せよ。
（4）ヘカトンベとは牛を百頭捧げること、転じて盛大な犠牲を捧げることであるが、フィロンはそれがどこで捧げられたかには言及していない。エルサレムの神殿なのか。
（5）前出一一―一三を参照。
（6）「分かち合った……ご病気」。類似の表現は前出一六に見られる。
（7）この時期は後三九年の夏か秋とされる。

というのも、事は何か笑劇っぽかったからです。裁定者は告発者の役割をにない、他方、告発者たちは真実の性格ではなく、憎しみのみに目を向けるいかさまの裁定者の役割をになったからです。

三六〇　しかし、人が裁定者によって裁かれるとき、しかもその裁定者が大物である場合、沈黙を守ることを余儀なくされます。というのも、沈黙もまた弁明代わりになるからです。とくに、彼が要求してもとめるものの何ひとつにも答えることのできぬわたしたちにとってはそうです。わたしたちの慣習と法が舌を動かぬようにし、口を閉じさせ縫いつけてしまうのです。

三六一　しかし彼は建物についていくつかの指示を与えると、厳粛な大質問(1)を発して言いました。「なぜおまえたちは豚の肉を食べないのか?(2)」と。今度もその問いにたいして、われわれの敵対者たちの一部が腹を抱えて笑いました。彼らはそれを喜んだのです。また他の者たちはここぞとばかりに追従を口にし、その発言を即興の機知と機転のあるものにしようとしました。その場での笑いが度を過ぎるものだったために、ガイウスに伺候していた召使たちのひとりは、皇帝の前では親しくもない者たちが穏やかな笑みを浮かべることさえ安全ではないので、皇帝を無視するものとしてそれに困惑しました。

三六二　われわれは答えました。

「それぞれの民族にはそれぞれの慣習があります。あるものの使用はわれわれやわれわれの敵対者たちに禁じられております」。

そのときある者が発言しました。

「そうだ、それは多くの者が簡単に手に入る小羊を犠牲に捧げないのと同じだ」。

するとガイウスは笑って言いました。

「まったくそのとおりだ。よくないことだ」。

三六三　このような言葉で弄ばれ愚弄されたので、わたしたちにはなす術《すべ》がなかったのです。それから、しばらくの時が経過しましたが、ガイウスは皮肉な調子で尋ねました。
「予らはおまえたちがポリーテイアーに関していかなる申し立てをするのか知りたいものだ」。

三六四　わたしたちは語りはじめ、［それについての情報を］教えはじめたのですが、わたしたちの弁明の内容を吟味しながら、それがけっして唾棄すべきものでないと認めると、わたしたちがもっとも強調しておきたい点を持ち出す前に、彼はわたしたちの発言を遮り、大きな屋敷の中へと大急ぎで駆け込んでしまったのです。そして、その中を歩き回りながら、その周りの窓すべてを、光は通すが風や太陽からの暑熱を遮る透明の石に近い白色の石で修復するよう命じました。

三六五　それから彼はゆっくりと先に進みながら、それまでよりも穏やかな調子で、「おまえたちは何を言おうとしているのかね？」と尋ねました。ところが、わたしたちが話の続きをしようとすると、彼はまたもや別の屋敷の中に駆け込み、古い絵をそこに架けるよう命じたのです。

三六六　こうしてわたしたちの訴えは寸断され中断されたので――いや切断され粉々にされたと言えるか

（1）「厳粛な大質問（*μέγιστον καὶ σεμνὸν ἐρώτημα*）」。二つの形容詞を入れ替えて訳したが、これは反語であろう。

（2）豚肉を食べなかったことについては、レビ記一一-二-八、申命記一四-三-八を参照。

もしれませんが――、わたしたちはすべての希望を失ってしまったのです。もはや何の気力もなく、わたしたちは以後ただ死だけを期待したのです。わたしたちはもはやわたしたち自身の中に魂をもたず、それは苦悶のあまり肉体の外へ出ていき、その名を神と偽る者に怒りを爆発させないよう、真の神に祈願したのです。

三六七　神はわたしたちを憐れまれて、彼の激しい怒りを憐憫へと向けられました。彼が一息ついて少しばかり穏やかになると、こう言いました。

「予には彼らが悪しき人間というよりは不幸な人間、予が神の性質を身にまとったことを信じない痴れ者であるように思われる」。

こう言うと彼は、わたしたちにも退出を命じて、自分もその場から姿を消しました。

第四十六章

三六八　わたしたちは法廷ではなくて、この劇場まがいの監獄――なぜなら一方では、劇場の中でのように、彼らはやじを飛ばし、嘲笑し、際限なく冷やかしつづけたからであり、他方では牢獄[1]のように、神[2]への冒瀆と脅迫のために、五臓六腑への殴打や、拷問、魂全体へのいたぶりなどを加えたからですが、かくも偉大な皇帝さまは、容易に翻意させることができたであろう他の者についてではなくて、自分自身について、またユダヤ人だけが同意もしなければ賛成することもできないと想像した自らの神格化への熱情について、ぶつぶつと言ってはご託を並べたのです――、から逃げ出すと、やれやれと息をつくことができたのですが、

三六九　それは、わたしたちが生に執着してうずくまったのではなくて――もしわたしたちが死によって慣習を取り戻そうとしていたのであれば、わたしたちは喜んで死を不死のものとして選び取ったでしょう(3)――、大いに物笑いの種となる、何の益にもならない骨折り損のために労したのでないことを知っていたからです。使節たちが耐え忍ばねばならぬものは、それが何であれ、送り出した者たちの上にはね返るからです。

三七〇　ですから、わたしたちは、しばらくの間は、頭を上げることができたのですが、他の事情が、すなわち彼が何を決定するのか、どんな判決を宣告するのか、どんな理由がその判決に付されるのかなどが、震え上がり困惑しているわたしたちを恐れさせたのです。というのもガイウスは係争中の問題を聞きましたが、いくつかの事柄を聞き流さなかったでしょうか？　わたしたち五人の使節(4)の肩の上に、全世界の至る所に住む全ユダヤ人の運命がぐらつきながら乗っている、これは酷な話ではないでしょうか？

三七一　もし彼がわたしたちの敵どもの肩をもつなら、他のどんな都市が平静でいられるでしょうか？　誰が一緒に住んでいる者たちを攻撃しないでしょうか？　いかなる祈りの家が無傷で残されるのでしょうか？　ユダヤ人の父祖たちの慣習の下に生きる者たちのために覆されない政治的権利は何なのでしょうか？

（1）「牢獄（εἱρκτή）」。前出の「監獄（δεσμωτήριον）」を繰り返さないために言葉を変えている。
（2）「神（τὸ θεῖον）」。ここでの神は中性形。
（3）前出一一七を参照。
（4）ヨセフス『古代誌』第十八巻二五七は双方が三人ずつの使節を送ったとするが、ここではフィロンの報告が正しいとされる。

転覆し、難破し、底にまで沈んでいってしまうのが、彼らの固有の慣習と彼らがそれぞれの都市で等しく享受している権利なのです。

三七二　わたしたちはそのような思いをもって浸水すると、投げ出され、そして沈んだのです。というのも、わたしたちのためにしばらくの間一緒に働いてくれるように見えた者たち(1)が希望を捨てたからです。少なくとも、わたしたちが彼らを訪ねたとき、彼らはガイウスが神であると認められたがっているその熱望を正確に知りましたが、そこにとどまって頑張ってはくれず、恐怖から脱落したからです。

三七三　さて以上で、簡単ではありましたが、ユダヤ人の全民族にたいするガイウスの敵意の理由が語られました。わたしは［次に命令の実行の］取り消しについて語らねばなりません(2)。

(1) この者たちが誰であるかは不明。ローマのユダヤ人共同体の指導者たちか、それともアグリッパ一世たちか？

(2) フィロンの語る物語はここで尻切れトンボで終わる。

補　註

〈フラックスへの反論〉

A　親衛隊長のセヤヌスは、ティベリウス帝時代（後一四年から三七年まで）の一時期、権力を一身に集め、ティベリウスがウィプサニアとの間に儲けた息子ドルススが後二三年に亡くなると（タキトゥス『年代記』第四巻八以下を参照）――その毒殺は彼が示唆したものと噂が流れた――、元老院における彼の影響力は絶頂をきわめた（タキトゥス『年代記』第四巻一二以下を参照）。彼は後三〇年にユダヤ人にたいする大規模な迫害の準備に取りかかり、属州の総督たちに指令を出す。三一年にはティベリウスへの陰謀が発覚し、十月十八日に処刑される（ヨセフス『古代誌』第十八巻一八二、スエトニウス『ティベリウス』六五を参照）。『使節』一五九―一六〇は、セヤヌスのユダヤ人への敵意（後三〇年ころ）と彼の死に言及する。なお、ガイウスについてのエウセビオスの証言は「付録―関連史料集」四を参照。

B　フィロンは、ユダヤ民族を指すのに、一一七、一二四において、九六の「他の民族の者（ἕτερος γένος）」と区別して τὸ ἔθνος を使用するが（『使節』一三三、一三七、一六〇、一六一、一七一、一八四、一九六、二二六、二六八、二七四、三〇一をも参照）、一七〇や一九一では「ユダヤ民族（τὸ Ἰουδαίων ἔθνος）」という言葉も使用している（『使節』二一〇をも参照）。『使節』一七八、二〇一ではまた「ユダヤ民族」を表わすのに τὸ Ἰουδαίων γένος が使用されている。

C　この人物の名前はギリシア語写本ではセベールー、すなわちラテン語読みをすればセウェルスであるが（それを保持するのはヨンゲ訳）、それは一般にヒベルス（ラテン語読みではイベルス）に訂正される。ディオン『ローマ史』第五十八巻一九-六は、皇帝の解放奴隷だったこの人物（そこでのギリシア語表記はヒベーロス）は、ウィトラシウス・ポリオの死後、その暫定的な後継者としてエジプト総督に任命されていたとするが、それは誤り。ポリオはフラックスの後にクラウディウス帝によって派遣された（「ロンドン・パピルス一九一二」に「予（クラウディウス）の総督ウィトラシウス・ポリオの与えた乗馬像を建ててもよい……」とある）。

D　「ロンドン・パピルス一九一二」でもアレクサンドリアとリビアはエジプトと区別されている（蛭沼「ロンドン・パピルス一九一二」二一九頁、註二五は、「リビュエー（リビア）とアレクサンドリアは本来のエジプトとは区別されている」

と述べている）。フラックスがアレクサンドリアおよびエジプト総督（エピトロポス）をつとめたのは後三二年から三八年までの六年間（一五八を参照）。一五二は、フラックスが「エジプトとその近隣のリビアの総督」に任命されたとしている。なお、フィロンは、「総督」の意の名詞 *ἐπίτροπος* を四三、一二八、一五二、一六三で（『使節』一三二、三〇二、三〇六をも参照）、また「総督として治める」の意の動詞 *ἐπιτροπεύω* を七四、一二八で使用している（『使節』二四五をも参照）。

E　ギリシア語の *παρρησία* は、たとえば犬儒派の哲学者たちが思っていることや考えていることなどを臆することなくずばりと口にするときの「率直さ」や「大胆さ」を指して使用されるが、コルソン『フラックス』三〇四頁の註は「*παρρησία* はここでは、通常の意味である言葉の率直さよりも広い意味で、また自分の考えていることを言葉と行動で示す人物を記述するために、使用されているように思われる」と述べている。*παρρησία* と犬儒派については、ムスリロ『殉教者』の補遺五「行為と犬儒派」を参照。

F　アレクサンドリアには、この他にも、宗教的な目的をもつ同信徒の集まりであるエラノスやティアソスなどがあった（一三六を参照）。ローマ時代の組合や寄り合いはしばしば秘密の政治クラブ的なものに発展したため、為政者からは危険視され、歓迎されなかった。ディオン『ローマ史』第五十巻六-六によれば、クラウディウス帝は会合を禁止し、ガイウスの認めた組合（ヘタイレイア）を解散させている。ビテュニア・ポントス州の総督だったプリニウスは、トラヤヌス帝から、組合や寄り合いの解散を命じられている。アレクサンドリアのギリシア人の上流階級の社交生活の中心がクラブやギュムナシウムであったことについては、ムスリロ『殉教者』二七三頁を参照。

G　タキトゥス『年代記』第四巻五は、アウグストゥス帝の死から後二三年までの、当時の世界に配備されたローマ軍の正規軍（レギオン）について言及するが、その配置状況はティベリウス帝の時代の終わりまで変わるものではなかった。当時のエジプトには第三軍団（Cyrenaica）と第二十二軍団（Deiotariana）が配備されていたが、ヨセフス『戦記』第二巻三八七、四九四によれば、後六六年以前の対ローマのユダヤ戦争の時期のことであるが、この二軍団はアレクサンドリアに常駐していた。ストラボン『地誌』第十七巻一-一二は、彼の時代（前六四年ころ―後二一年ころ）のエジプトの軍団について言及する。それによれば、エジプトには三軍団が配備され、そのうちの一軍団はアレクサンドリアに常駐した。アレクサンドリアにはまた歩兵の三部隊も常駐した。ストラボンはアレクサンドリアの住民でもあった（同書第一巻三一一七を参照）。

H　ティベリウスはウィプサニア・アグリッピナ（キケロの書簡集の名宛人として著名なアッティクスの孫娘）との間にドルススを儲けたが、その子は後二三年に亡くなっていた（ヨセフス『古代誌』第十八巻二〇六、『ティベリウス』三九、六二を参照）。前妻アグリッピナとゲルマニクスとの間にはネロ、ドルスス、ガイウスの三人の息子が儲けられたが（スエトニウス『ティベリウス』五四を参照）、ネロは後二九年に、ドルススは三〇年に逮捕され、のち二人は処刑されるか、餓死させられるか、あるいは強制されて自決している（スエトニウス『ティベリウス』五四、同『カリグラ』七を参照）。

I　この人物は『使節』三二―六一で詳述されているが、ヨセフス『古代誌』第十八巻一八六以下、タキトゥス『年代記』第六巻一五以下、ディオン『ローマ史』第五十九巻一―一以下でもしばしば言及されている。タキトゥス『年代記』第六巻四五は、ティベリウスの晩年に彼の勢力が絶頂にあったと報告する。同書第六巻四五およびスエトニウス『カリグラ』一二は、カリグラがマクロの妻エンニア・ナエウィアをたらしこみ、この女性を通じてマクロに取り入ったと説明する。ヨセフス『古代誌』第十八巻一八六は、マクロをセヤヌスの後継者とする。

J　ここでのディオニュシオスは、クラウディウスの書簡の中で言及されているガイウス・ユリウス・ディオニュシオスか、テオンの子ディオニュシオスとされる（『ロンドン・パピルス一九一二』を参照。この書簡はクラウディウスの皇帝就任を祝うために、しかしまた当時発生した反ユダヤ的な騒動にたいして自分たちの立場を説明するためにアレクサンドリア市民によって派遣された使節に答えたものである。ディオニュシオスはその使節のひとり）。なお、「オクシュリンコス・パピルス一〇八九（フラックスの接見）」にもディオニュシオスなる人物が登場するが、それについては「付録―関連史料集」一を参照。

K　ここでのアグリッパはヘロデとハスモン一族のマリアンメの間に生まれたアリストブロスが、ベレニケとの間に前一〇年に儲けたアグリッパ一世を指す（ヨセフス『古代誌』第十八巻一四三、一五六、第十九巻三五〇を参照）。後四一年から四四年までユダヤの王。この人物は、行伝第十二章に登場するヘロデ王。ヨセフス『古代誌』第十八巻一四三以下によれば、アグリッパは七歳のころ（前三年ころ）ローマに送られティベリウス帝の子ドルススと一緒に育てられたが（第十八巻一四三、一九一）、その鷹揚な性格と浪費癖が災いして（その性格については、第十九巻三二八以下を参照）無一物となってローマでの生活は困難となり、また後二三年にドルススが亡くなったこともあってユダヤに戻る（この時期は不明であるが、シューラー『歴史』第二巻、四四三頁は後二九年か三〇年とする）。ユダヤに戻った彼は、一定の生活費が与えられ、さらにティベリアの市場の監督官の職を与えられるが、借金の取り立て屋などに追いかけられてパレスチナの各地を転々としているうちに、「ある事態が発生したために」（第十八巻二二六。ヨセフス『戦記』第二巻一七八をも参照）、三六年の春に（第十八巻二二六）イタリアに戻る決意をする。彼はアレクサンドリア経由で——本書の二八節に「彼はティベリウスに拝謁するためにローマに向けて船旅をしたときに当地に滞在されたことがあり……」とあるのは、このときのことである——イタリアに向かうが、アレクサンドリアではフィロンの兄弟アレクサンドロス・リュシマコスから旅の資金を調達してもらう（第十八巻一五九―一六〇）。ティベリウス帝は彼の帰還を歓迎したが、彼はアントニアの孫で後の皇帝ガイウスの機嫌を取ることに専念する。そしてある日馬車で遊びに出かけた彼は、ティベリウスが一日も早くガイウスに譲位することを祈るとガイウスに言ったところ、それを御者に盗み聞きされて告発され六ヵ月間投獄される（第十八巻一六八）。しかし、ティベリウスが後三七年三月十六日に亡くなり、ガイウスが即位すると、彼はただちに釈放される（第十八巻二三七。ヨセフス『戦記』第二巻一八一、ディオン『ローマ史』第五十九巻八-二。『使節』三二四も参照）。

L　カンパニア地方のこの港町はとくにアレクサンドリア（ストラボン『地誌』第十七巻一-七）やスペインとの通商で栄えた。この地方の小さな町バイアイは保養地として有名で、ガイウスをはじめとする歴代の皇帝の別荘があった（ヨセフス『古代誌』第十八巻二四九をも参照）。『使節』一八五によれば、フィロンは後になって使節の一員としてローマのガイウスを訪ねたとき、この地に来ている（多分、イタリアへの上陸もこの港町だったと思われる）。当時のイタリア人はこの港町をポテオロイ（行伝二八-一三のプテオリ）と呼んでいた。現在のポッツォーリ。スエトニウス『カリグラ』一九（および三二）によれば、ガイウスはこのポテオロイの防波堤とバイエア湾との間に、世界中から徴集した貨物船を「二列に並べて錨でとめ、船の上に土を盛り、見た目はアッピウス街道そっくりに整え」（訳文は国原『皇帝』下から）るという新奇な見せ物を考案し、実際にそれを行なった。ディオン『ローマ史』第五十九巻一七－一をも参照。

M　フィロンはここで「アレクサンドリアびと（οἱ Ἀλεξανδρεῖς）」とは言わないで、漠然と「住民たち（οἱ）」と言ってギリシア人と特定することを避けている（ただし『使節』一六二、一六四は土着のエジプト人を指して「アレクサンドリアびと」と言っているのは注目される）。ストラボン『地誌』第十七巻一－一二は、アレクサンドリアの住民をエジプト人である「土着の者（ἐπιχώριον φῦλον）」、「傭兵たち（τὸ μισθοφορικόν）」、ギリシア人である「アレクサンドリア市民（τὸ τῶν Ἀλεξανδρέων）」に分けている。

N　一般に「民衆」または「群衆（群れ）」の意で使用されるギリシア語オクロスの用例は、三五、四一、八二、九五でも見られるが、本節および四一でのその語の使用には、フィロンの民衆観がよく現われている。フィロン自身は、この民衆とは区別される、そして彼らを蔑視するアレクサンドリアのユダヤ人社会の超エリートである（『徳』一八七以下に見られる「高貴な生まれについて」を参照）。本書においては、たとえば六四から知られるように、フィロンの上流意識がここそこに見られる。彼は『使節』六七でも「民衆は万事において、すなわち意図や、言葉、行為などにおいて気まぐれ」であると述べている。

O　これは男子の心身を鍛える錬成場。アテナイには大小さまざまなギュムナシウムがつくられたが、とくにリュケイオン、キュノサルゲス、アカデメイアのそれは有名。アレクサンドリアのギュムナシウムは、「ユダヤ人地区」に隣接するギリシア人居住区につくられたが、ストラボン『地誌』第十七巻一－一〇は、アレクサンドリアのギュムナシウムを「もっとも美しい（κάλλιστον）」建造物と呼び、長さが一スタディオン以上の列柱廊（ストア）をもっていたと述べている。『使節』一三五によれば、ギュムナシウムの内部にはクレオパトラの像などが置かれていた。ギュムナシウムは前二世紀にパレスチナでもつくられた。旧約外典『マカベア第一書』一－一四に「こうして彼らは異邦人の流儀にしたがってエルサレムに錬成場（ギュムナシウム）を建て、割礼の跡を消し、聖なる契約を離れ、異邦人と軛を共にし、悪にその身を引き渡した」（訳文は新共同訳から）とあり、また『マカベア第二書』四－一二－一五に「ヤソンは図に乗って城塞の下に錬成場を建設し、頑健な青年たちには、一斉につば広のギリシア帽をかぶらせた。こうしてギリシア化と異国の風習の蔓延は、不敬虔で、大祭司の資格のないヤソンの、常軌を逸した悪行によって、その極みに達した。その結果、祭司たちももはや祭壇での務めに心を向けなくなり、神殿を疎んじ、いけにえを無視し、円盤が投げられて競技の開始が告げられると、格闘競技場で行なわれる律法に背く儀式にはせ参じる始末であった。彼らは、父祖伝来の名誉をないがしろにした反面、ギリシア人の栄光には、最大限の評価を与えた」(訳文は新共同訳から)とある。神殿中心のユダヤ教が、ギュムナシウムによって象徴されるヘレニズム化の波をもろにかぶったのは興味深いが、フィロンの記述においてはギュムナシウムでのスポーツ活動がきわめて肯定的に報告されている(『ケルビム』八〇―八一、『農事』一一一、一一四、一二一、『逃亡』九七―九八、『夢』一二九、『戒め』第一巻三八、第三巻一七五、『善人』二六、『観想』四三、『摂理』五八を参照)。フィロン自身がまちがいなくギュムナシウムで教育を受け、そこでのスポーツを楽しみ(『善人』一一〇を参照)、そこに出入りできる特権を誇りにしていた。「ロンドン・パピルス一九一二」(九二―九三行)によれば、アレクサンドリアの一部のユダヤ人たちは「ギュムナシムの長」(ギュムナシアルコス)の主催する競技に出たがっていた。

P　ディオン『ローマ史』第五十九巻八-二は、元老院ではなくて、ガイウスが「執政官の栄誉」をアグリッパに与えたとし(その理由はガイウスが皇帝になるのにアグリッパが助力したからとされている)、「法務官の栄誉」が与えられたのは「彼の兄弟ヘロデ」だとする。二十人官にはじまる元老院階級の昇官順序によれば、法務官(プラエトル)の地位は執政官につぐ最高の栄誉あるもの。国原訳、タキトゥス『年代記』の付録1(三九八頁)に見られる「ローマ帝政初期の昇官順序」を参照。なお、国原、前掲書一七七頁は、クラウディウス帝時代に元老院が護衛隊長クリスピヌスに法務官顕章を与えたことに註を付し、元老院に属さない者に法務官や財務官の顕章を与える例はセヤヌスにはじまったと述べ、その栄誉を与えられた者は、祭礼のときに元老院議員の礼服を着て競技場の議員席に着席することを許されたと説明している。

Q　「祈りの家」(*προσευχή*)。コルソン『フラックス』はこのギリシア語に「集会所」という訳語をあてる。フィロンは、本書の四五、四七、四八、四九、五三、一二二、および『使節』一三二、一三四、一三七、一三八、一四八、一五二、一五六、一六五、一九一、三四六でもこの「祈りの家」に複数形で言及している。『モーセ』第二巻二一六に *τὰ προσευχτήρια* という表現が、また『戒め』第三巻一七一に *ἱερόν* が見られる。ここでの「祈りの家」はユダヤ人会堂シナゴーグ(*συναγωγή*)を指して使用されると説明されるが(シナゴーグを指してプロセウケーと呼ぶ他の例は、旧約外典『マカベア第一書』七-三七や、エジプトでつくられた旧約偽典『マカベア第三書』七-二〇にも見られる。『使節』三一一は *τὰ συναγώγια* を一度だけ使用するが、これらの文献が *συναγωγή* というギリシア語を使用していないのは興味深い）、『使節』一五六はローマの祈りの家にも言及している。アレクサンドリアでは、ユダヤ人が多数居住していたことからして、多数の「祈りの家」が存在したであろう。実際、『使節』一三二によれば、アレクサンドリアの五つの地区（五五およびそこでの註を参照）のそれぞれに「多くの」の祈りの家があった。なお、「祈りの家」での営みについては、『モーセ』第二巻二一六を参照。

R　本箇所は当時のエジプトにおけるユダヤ人の人口を知るに貴重な情報源とされるが、ヨセフスにしてもフィロンにしても、護教的動機を背景にもつ著作家のあげる数字はしばしば疑ってかからねばならないし、またそうでなくとも、数の誇張は当時の著作家にとって日常茶飯事のことだったことも知っておかねばならない。ディオドロス（前一世紀）第一巻三一-八、および第十七巻五二-六は、アレクサンドリアの三〇万以上の住民を含めて、エジプトの全人口を七〇〇万以上とする。ヨセフス『戦記』第二巻三八五は「エジプトはエチオピアと、インドの船着き場になっている幸多きアラビアにまで広がり、人頭税から計算すると、アレクサンドリアの住民を別にして七五〇万の人間がいる」と述べている。旧約偽典『アリステアスの書簡』一四によれば、プトレマイオス一世ラゴスはユダヤから一〇万のユダヤ人を移住させ、その三万をエジプトの諸所の要塞に配属した。

S　この文章の主語は冒頭の「この人物」、すなわちフラックスであるが、全世界を「民族の抗争」で満たしたのはフラックスではなくてガイウスである。したがって、内容上の主語はガイウスであり、それを示唆するのは、「フラックスよりも大きな権力をもっている」意のギリシア語表現の「より大きな権力（*μείζονος ἐξουσίας*）」であり、奥歯に物のつまった言い方である「……と言って差し支えない（*ὀλίγου δεῖν φάναι*）」である。この一節自体、（フィロンの？）後の書き込みである可能性もある。ヨセフス『古代誌』第十九巻一は「ガイウスは、エルサレムおよび（ユダヤ）全土に居住するユダヤ人にたいして傲岸無礼な狂気を示したばかりでなく、ローマ人に服属するすべての土地、すべての海にも狂気をまき散らし、帝国全体に、かつて歴史が記録したことがなかったほどの無数の罪悪をもたらした」と述べている。

T　この一節にはディアスポラのユダヤ人が抱くエルサレムへの憧憬が認められるが、フィロンは『使節』二七八で、アグリッパの口に託して「わたしにとっての祖国は、いと高き神の聖なる神殿の立つエルサレムでございます」と言っている。彼らのエルサレムとの絆は巡礼で強められた（ヨセフス『戦記』第六巻四二五ほか、『古代誌』第十七巻二六、第十八巻三一〇―三一三ほか、行伝二・一九―二〇を参照）。『摂理』六四によれば、フィロンはその生涯において少なくとも一度はエルサレムへ巡礼しているが、彼はそこでエルサレムの神殿を「父祖たちの神殿」と呼び、また『使節』一九一で「その輝きが太陽の光のように世界の隅ずみまで照らし、西方と東方［の離散のユダヤ人たち］が仰ぎ見ているもっとも喧伝されもっとも知られた神殿」と呼んでいる。『戒め』第一巻六九以下に見られるエルサレム神殿の記述には、フィロンの巡礼体験が反映されている。

U　一四一はポリーテイアーという言葉を「行政」（それに該当するギリシア語はディオイケーシス、オイコノミアーほか）の意で使用しているが、ここでのそれは、『使節』一九三、一九四、三四九、三六三の用例からして（ローマ在住のユダヤ人のポリーテイアーは同書一五七、ローマの市民権（civitas Romana）の意でのポリーテイアーは同書二八五、二八七を参照）、アレクサンドリアのユダヤ人のゲルーシア（元老院）を中心とする「ポリーテウマのメンバーの権利」の意で使用されている。アレクサンドリアのユダヤ人が「ポリス内ポリス」（スモールウッド『ユダヤ人』二二五頁）、「コミュニティ・ガバメント」（サフライ『ユダヤ民族』第一巻、一二四頁）を形成していたことについては、一六三で使用されている形容詞「多くのポリスの集合体である」から暗示されるが、スモールウッド前掲書二二五頁は、「ポリーテウマは、外国に居留する権利を享受し、別個の準自治的な市民体、都市の中の都市を形成する外国人の、認知され、正式に設立された市政機関だった。それはそれ自身の法をもち、迎え入れた都市のそれとは区別され独立した役員を介して、民族単位としてその内部の諸問題を解決した」と説明する。これは正しい説明であるように思われる。

V　「ユダヤ人の大半がそこに居留していることから（*διὰ τὸ πλείστους Ἰουδαίους ἐν ταύταις κατοικεῖν*）」。この一文は「そこの住民の大半がユダヤ人であることから」とも訳される。フィロンがどの程度神経質に言葉を使い分けているかは疑問だが、ここでの不定詞カトイケイン（その動詞は*κατοικέω*）は、市民権をもたぬ者たちの居留を指すのに使用される。次の「住んでおります（*οἰκέω*）」には政治的な意味合いは込められていない。術語「居留者（κάτοικοι）」は一七二節で使用されている。スモールウッド『ユダヤ人』二三〇頁、註四二は、カトイコイとメトイコイが同義語であるとした上で、『モーセ』第一巻三五を引くが、フィロンはそこで「わたしの判断によれば、外国人（クセノイ）とは……アストイと同等の権利（イソティミア）を手に入れようと躍起になっているが、土着の住民（アウトクトネス）とほとんど変わらないので、市民（ポリータイ）に近い」と述べている。

W　ここでのゲナルケースは「民族の長（エスナルケース）」を指して使用されているが、フィロンがなぜここでエスナルケースではなくて、ゲナルケースを使用したのか、その理由は不明（ヨセフス『古代誌』第十九巻二八三に付した秦の註を参照）。ストラボン『地誌』第十七巻一‐一三は、ローマ人がエジプトに三つの役職、すなわち軍事総監的な「エピストラテーゴス」、州（ノモス）知事的な「ノマルコス」、民族の代表である「エスナルケース」を置いたと述べている。ヨセフス『古代誌』第十四巻一一七に保存されているストラボンの言葉に、「そして、彼ら（アレクサンドリアのユダヤ人）自身の中からエスナルケースが任命されて、それがまるで自治体の長のように、人びとを統治し、裁判を行ない、契約や法令を管理しているのである」とある。エスナルケースという術語は、旧約外典『マカベア第一書』一四‐四七、一五‐一、二、ヨセフス『戦記』第二巻九三、『古代誌』第十四巻一一七、第十九巻二八三でも見られる。

X　ここでのゲルーシアは「長老会」「長老会議」「元老院」などと訳出される術語である。『使節』二二九も、シリアのゲルーシアに言及する。ゲルーシアはおそらく制度的にはエルサレムのサンヘドリン（その前身はゲルーシア）を模した自治機関で、その議員の数は七〇名か七一名であったと思われる（『バビロニア・タルムード』スカー五一bは、アレクサンドリアの中には「大サンヘドリンの七一人の議員の数と同数の七一のカテドラがあった」と述べている）。ヨセフス『戦記』第七巻四一二も、対ローマのユダヤ戦争の直後のアレクサンドリアの自治機関に言及して「ゲルーシア」という術語を使用している。このような自治機関の存在がアレクサンドリアのユダヤ人社会で可能とされたのは、アレクサンドリアにおいては、他のヘレニズム的都市とは異なり、「アウグストゥスの時代からセプティミウス・セウェルス帝の時代まで評議会をもたなかった」からだと説明される（シューラー『歴史』第三巻、九二頁）。たしかに、ディオン『ローマ史』第五十一巻一七‐二‐三は、アウグストゥスが「彼らにローマにおいて元老院議員になることを許さず」、「アレクサンドリアびとに議員をもたないで政治を営むよう命じた」と述べ、ついで、そうしたやり方が、彼の時代のセウェルス帝の時代まで「厳格に（ἰσχυρῶς）」守られ、セウェルス帝の時代になってはじめて「彼らは議員をもつようになり、セウェルス帝の息子アントニウスの治世のときに、ローマにおいても元老院（ゲルーシア）にはじめて議席をもつようになった」と述べているが、ディオン『ローマ史』はここでアレクサンドリア在住の、アレクサンドリア市民としては政治的に認知されていないエジプト人について言っているように思われる。もしそうだとすると、当時のアレクサンドリアに評議会（ブーレー）が存在しなかったとするシューラーの議論は、ディオン『ローマ史』にではなくて、その註で引く「ロンドン・パピルス一九一二」（そこでは、後四一年にクラウディウス帝のもとに派遣された（ギリシア人）使節の要求に答えて、クラウディウス帝は、その設立を考慮すると約束している）に基礎づけるべきだったと思われる。いずれにしても、アレクサンドリアのユダヤ人社会に存在したゲルーシアは、アレクサンドリアの「評議会」とは別個に議論した方が無難だと思われるが、その存在をローマの対異民族統治との関わりで議論するなら、異民族の慣習を尊重するというポリシーが視野に入ってこなければならないであろう（その態度は「ロンドン・パピルス一九一二」からも明白である）。行伝五-二一に「サンヘドリン、すなわちイスラエルの子らのゲルーシア」とある。この術語は旧約外典『ユディト記』四-八、『マカベア第一書』一二-六、『マカベア第二書』一-一〇ほか、ヨセフス『古代誌』第十三巻一六六ほかに見られる。

Y　「アルコーンたち（ἄρχοντες）」。この者たちは、ゲルーシア（補註Xを参照）の役員たちやシナゴーグ（補註Qを参照）の長老たちを指す。シューラー『歴史』第三巻、九三―九四頁は、この者たちがヨセフス『戦記』第七巻四一二の「ゲルーシアの指導者たち（οἱ πρωτεύοντες τῆς γερουσίας）」と同じであろうと推定する。この同定は正しいかもしれないし、そうでないかもしれない。なお、この ἄρχοντες の単数形 ἄρχων はエジプト総督（フラックス）を指して使われることもある（ディオン『ローマ史』第五十八巻一九ほかを参照）。この用語は、術語としてまた「支配する者」の意で、本書一七、四三、八一、一〇〇、一〇四、一二三、一二七、一四七で使用されている。『アブラハム』一〇は、アテナイのアルコーンについて説明する。

Z　アレクサンドリアのユダヤ人が市民権を与えられていたかどうかは、歴史学上の大きな問題とされてきたが、「ロンドン・パピルス一九一二」の刊行により、フィロンのようなギユムナシウムで教育を受けたユダヤ人たちは例外として、アレクサンドリアのユダヤ人には市民権が与えられてはいなかったことが判明した。フィロンがここで、「われわれユダヤ人はアレクサンドリア市民なので……」とは言わず、為政者が「この慣行を尊重しました（τὸ ἔθος τοῦτο ..... διετήρησαν）」と言っていることは注目される。次節八〇も重要である。

*A　この辺りの描写は細かいが、『酩酊』一七七によれば、フィロンは「しばしば（πολλάκις）」劇場に出入りしていた（『善人』一四一を参照）。彼がしばしば劇場やそこでの役者をメタファーとして使用するのは自然だろう（一九、七二、三三四をも参照。『使節』七五、七九、一六六、二〇四、二三四、三五九、三六八をも参照）。アレクサンドリア市民が芝居（黙劇芝居）を愛好したことについては、ムスリロ『殉教者』の補遺「黙劇芝居、プロトコール、小説」を参照。

*B　「ところが何と、隈なく捜索された結果はというと……これらのものは何ひとつなかったのです」。テクストのギリシア文はフィロン好みの反語的表現をとり、その直訳は「隈なく捜索された結果、何と大量の防御用の武器が発見されたことか！　ヘルメット、胸当て、盾、手のひらにおさまる小さなナイフ、ほこ、甲冑の類いの山が持ち出され、一部の中に、飛び道具の類い、槍、石投げ器、矢！　いずれにしてもこれらのものは何もなかったのです」となる。ここにはプロパガンダ文書としての誇張が認められる。『使節』一三三がそれを暴露するし、ヨセフス『古代誌』第十九巻二七八によれば、ガイウスが亡くなった直後に起こった暴動で、アレクサンドリアのユダヤ人たちは「武器を手にして突然蜂起した」からである。なお、フィロンは『善人』七八で、エッセネ派の平和志向的な生き方に言及して六つの攻撃用・防御用の武器をあげ、彼らの間では「それらをつくる者はただのひとりとして見出されないだろう」と述べているが、これを裏返せば、武器をつくる者たちが、エッセネ派の共同体以外の所では見出されることになる。

*C　コルソン『フラックス』三五五頁は、フィロンが群衆を意味する ὄχλος を単数形で使用することに着目し（ここでは複数形の ὄχλων < ὄχλοι）、また動詞 ἀπολαύω の目的語をオクローンと解して、オクローンの意味を「騒動の勃発」とするが、この奇妙な誤解は、フィロンがここで動詞 ἀπολαύω を反語的に使用していることに気づかないことによる。『使節』一二七に、ユダヤ人たちは「多種多様な災禍をこうむり」とある。

*D　豚は汚れた動物の代表と見なされ（レビ記一一-七、申命記一四-八、旧約外典『マカベア第一書』一-四七を参照）、その肉を食べさせるのはユダヤ人にたいする最大の侮辱であり、その強要はすでにして一種の迫害である（旧約外典『マカベア第二書』六-一八、七-一、旧約偽典『マカベア第四書』四-二六、五-一ほか、ディオドロス『シケリア史』第三十四［三十五］巻一-四を参照）。豚肉を好んで食べたギリシア人やローマ人には、それを忌避するユダヤ人の態度が理解できず、彼らは豚肉を口にしないユダヤ人の慣習をしばしば嘲笑したり（ヨセフス『反論』第二巻一三七に保存されているアピオーンの言葉、『使節』三六一に見られる、なぜユダヤ人が豚肉を食べないのかというガイウスの問いとその周りにいた者たちの反応を参照）、ユダヤ人が豚を神として崇めていると信じたりした（「断片」三七）。もっともすべてのユダヤ人が豚肉を食べるのを拒否したと考えるのはナンセンスな話で、現代でも豚肉を平気で食べるユダヤ人がいるように、古代世界においても豚肉やその他の禁じられた食物を口にする者はいたはずである（旧約偽典『マカベア第三書』七-一一、ヨセフス『古代誌』第十二巻一八六－一八七。旧約外典『ソロモンの知恵』一二-一－二〇をも参照）。なお、ヘロドトス『歴史』第二巻四七によれば、エジプトの神官たちも豚肉を食べる習慣はなかったらしい。

*E　七節では「良心の法廷」という表現が見られた（『創造』一二八をも参照）。これに類した「評議会」（ブーレウテーリオン）の使用は『観想』二七にも見られる。コルソン『フラックス』はフィロンがこのたとえをよく使用すると指摘する。『悪人』四〇（「理解が自らの評議会の中で形成した……」）、『酩酊』一六五（「理性は……評議会に着席すると」）、『混乱』八六（「魂の評議会……」）、『十戒』九八（「魂の評議会……」）を参照。

*F　この一〇三節は、王となったアグリッパ一世にたいするフィロンの遠慮からか、真実が隠蔽されているように思われる。九八節によれば、(1)ガイウスに敬意を表する決議文の原本とでも言うべきものはフラックスに託された。一〇三節によれば、(2)その決議文（原本）がガイウスのもとへ伝達されなかったため、その写しとでも言うべきものがアグリッパに託された。(3)そして、アグリッパはそれを送ったが、指導者（フラックス？　ガイウス？）の「悪意ある扱い（ἐπήρεια）」のためタイミングよくその決議文をガイウスに渡すことができなかった。ここで起こる第一の疑問は、アグリッパ自身がはたして決議文をガイウスに送ったかである。これからローマに向かうのではなく、パレスチナに向かうアグリッパに決議文の写しを託すのも奇妙な話であるし、フィロンが（伝聞

の形式で?)「われわれが聞くところによれば（ὡς ἀκούομεν)」と断わった上でアグリッパによる決議文伝達に言及しているのもおかしな話である。さらにまた、アグリッパが伝達遅延について「弁明した（ἀπολογησάμενος)」ことを持ち出しているのも奇妙である。われわれの疑問を増幅させるのは『使節』一七八－一七九の記事である。フィロンは後日（後三九年）アレクサンドリアのユダヤ人の権利を訴えるためにユダヤ人使節団のひとりとしてローマに出かけるが、使節は、ガイウスの接見が許される前に宮廷の解放奴隷で大きな権力を握りつつあったエジプト人のヘリコンを懐柔しようとして失敗する。この文脈の中でフィロンは言う。〝わたしたちはこの方面で労することはやめ、わたしたちの努力を焦眉の問題に絞ることにした。わたしたちはガイウスにわたしたちがなめた苦難やわたしたちの要求を要約した形式で盛った文書を手渡すことにした。これは実際、わたしたちが少し前にアグリッパ王を介して送りつけたより長い嘆願書をまとめたものだった。というのも王は、自分に与えられた王国を受けるためにシリアに向けて船出しようとしたとき、（アレクサンドリアの）都にたまたま滞在していたからである。……（この部分に脱文ありと推定される）〟。これによれば、アレクサンドリア滞在中のアグリッパが手にしたのは決議文ではなくて嘆願書であったことになるが、ここでもまた問題が発生する。フィロンによれば、その嘆願書には「わたしたちがなめた苦難（ἐπάθομεν)」が書かれてあったが、この苦難がアレクサンドリアのユダヤ人がこうむった迫害であるとすると、後三八年の春にアレクサンドリアに立ち寄ったアグリッパはその迫害が起こった同年の夏までその地に滞在していなければならなくなり、王になって帰国を急ぐアグリッパであれば、これはとうてい考えられない事態である。ここでの解決は、「わたしたちがなめた苦難」への訴えはアグリッパに手渡された文書（より長い方の文書）には盛り込まれていなく、しかし、使節がガイウスに手渡そうとした要約的な文書にはそれが簡潔に盛り込まれていたとするものであり、帰国のアグリッパに嘆願書が託されたのは、その文書が、いずれ機会があって彼がローマに行くようなことでもあれば、それをガイウスに手渡してほしい、といった緊急性の必ずしも高くない文書だったと理解することである。だが、この嘆願書は内容的にも性格的にも「決議文」とは異なるものであり、もしわれわれがここで一〇三節の記事と使節の記事を調和させようとするなら、アグリッパはアレクサンドリア滞在中に決議文の写しと嘆願書の原本を受け取ったと理解するしかないが、われわれはここで(1)フィロンが一〇三節で、ローマ皇帝にたいするユダヤ人の忠誠とフラックスの裏切りとを強調するために、決議文の件を持ち出して物語を創作したか、(2) アグリッパの性格からして、決議文の伝達を軽い気持ちで請け合ったが、実際には伝達しなかった（ここでのアグリッパの弁疏的な言辞は、たとえフィロンの創作だったとして、それを示唆する）、(3) アグリッパは長文の嘆願書をガイウスに伝達していなかった（ここでの弁疏的な言辞を裏返してみればそうなる）と考えたい。

*G　フィロンはここで必ずしもフラックス以前のエジプトの総督を念頭に置いているとは思われない。たとえば、ティベリウス帝時代に派遣されたユダヤの第五代総督ピラト（後二六—三六年）らが念頭にあるのかもしれない。彼は『使節』二九九以下でピラトがエルサレムで引き起こした事件を詳述し、ついで、使節がティベリウスのもとに送られれば、彼らが彼の犯罪、すなわち「贈賄や、暴行、略奪、不正、無慈悲な振る舞い、次から次に行なった裁判なしの処刑、際限のない痛ましい残虐行為など」（三〇二）を暴露することをピラトが恐れたと述べているが、ここであげられている犯罪カタログは『使節』三〇二のそれに近い（ピラトについては、ヨセフス『戦記』第二巻一六九以下、『古代誌』第十八巻五五以下を参照）。

*H　コルソン『フラックス』は、自然をこの四つの要素から成り立っているとする見方は、一般の人びとの間で受け入れられたものであったろうと指摘する。『創造』一四七、『戒め』第二巻四四、第三巻五、『夢』第一巻一五、第二巻一一六、『モーセ』第一巻一一三、第二巻三七でも、地と水、大気と天が「自然の諸部分（τῶν τῆς φύσεως μερῶν）」とされているが、『創造』一四六、『賜物』一九七、二二六、『モーセ』第一巻九六、第二巻八八、『十戒』五三、『戒め』第一巻九七、『観想』三、『永遠性』一一〇、一一三では、大地、水、大気、火が自然の諸部分とされている。

*I　イシドロスとランポンによる告発、および彼らがローマで受けた皇帝裁判についての理解に多少寄与するのは、「アレクサンドリアの殉教者たちの振る舞い」と一般に呼ばれるパピルス文書である（これらの文書はすべてムスリロ『殉教者』に収録されている）。これはアレクサンドリアのギリシア系市民の中の民族主義者たちが著わしたもので、処刑された彼らの民族主義者たちを「政治的殉教者」と理解している。この文書は一方でローマの皇帝たちをアレクサンドリアのギリシア系市民の利益に敵対する者として描き、他方で皇帝の前で弁明する民族主義者たちの「率直さ、大胆さ」を賞讃している。なお、この文書については「付録—関連史料集」二、およびスモールウッド『ユダヤ人』二五〇頁以下を参照。

＊J　「ギュムナシウムの長（ギュムナシアルコスまたはギュムナシアルケースと呼ばれる）」は、ギュムナシウム（これについては補註Oを参照）の運営全般を見るばかりか（『戒め』第三巻一七六を参照）、競技や祭の参加者の費用などを負担した（『摂理』四六は、名誉欲にかられたギュムナシウムの長が莫大な出費を負担することに言及している）。プルタルコス『アントニウス』三三によれば、ギュムナシウムの長は紫の衣の着用と白の靴をはくことが許された。その任期は一年であったが、ローマ時代になると一ヵ月の短期間になったらしいが、これがアレクサンドリアについても言えるのかどうか。

＊K　ランポンがアレクサンドリアのギュムナシウムの長になった時期は不明であるが、ムスリロ『殉教者』一二一頁は、もしランポンが後三八年にギュムナシウムの長だったら、彼はその地位にクラウディウスの書簡八「ロンドン・パピルス一九二四」）が公布された後四一年の十一月十日までとどまり、イシドロスがその後を襲ったと想定するが、スモールウッド『ユダヤ人』五四頁、註一三〇はその想定に批判的で、本節の「強制された」を根拠に、ランポンが四一年までその地位にあったかどうかと疑っている。

＊L　このときイシドロスはアレクサンドリアを離れたが、ユダヤ人たちが迫害された後三八年の夏に彼がアレクサンドリアに戻っていたかどうかは不明である。『使節』三五五によれば、イシドロスはローマに赴いたギリシア人側の使節団の一員で（後三八年か三九年）、フィロンはガイウスの前で彼と対決しているが、フィロンはイシドロスを「意地の悪い偽りの告発者イシドロス」と評して、イシドロスの言葉を伝えている。イシドルスはクラウディウス帝のもとで処刑されたが、彼はランポンやテオンらとともに「政治的殉教者（ムスリロ）」としてエジプトの民族主義者たちによって敬意を払われた（「付録―関連史料集」の「オクシュリンコス・パピルス一〇八九」を参照）。

＊M　「まるで泉からのように（ὥσπερ ἀπὸ πηγῆς）」。これと類似の表現「まるで泉からのように（καθάπερ ἀπὸ πηγῆς）」が九節に見られるが、これはフィロンの好む陳腐な表現のひとつ（たとえば『使節』九、一二三ほか）。『使節』一四九ではアウグストゥスがその一族の「本源＝泉（πηγή）」であったと述べるときに、また同書三四八ではガイウスが「悪の流れの泉の栓を開い」ているという表現において使用される。フィロンの自宅には泉か噴水があったのであろう（『創造』五二、『移住』四二、七一、『変更』六、『夢』第二巻一五〇、

二四二、『十戒』八一、『モーセ』第二巻二二七、『戒め』第一巻二二一、二〇三、第二巻一九九、第三巻一八五、第四巻八四、『使節』九、二二三ほか、『善人』一一七、一三九、一四〇、『観想』三九を参照。『逃亡』一七七以下では、泉の解釈がなされている)。

〈ガイウスへの使節〉

A　「なぜなら(γάρ)」ではじまるこの一文はいかにも唐突であり、それが先行する前章七節の末尾の文章と論理的につながらないために、多くの学者は七節の末尾とこの一文のはじまりの間には欠落があると推定する。ある学者はそれがかなりの分量のものだったとして、その欠落部分の内容を想定する。

B　「大洋(オケアノス ὠκεανός)」。リッデル/スコットによれば、これは内海である地中海を指す θάλασσα とか πόντος の対立概念。テオポンポスの『歴史』(断片七四)に、「オケアノスの周りにあるヨーロッパとアシアとリビアの島々」という表現が見られる。

C　ギリシア神話によれば、原初の人間が至福と無垢の中に暮らしたとされる時代は、ゼウスによるクロノスの廃位の前に置かれた。ヘシオドスはクロノスの時代を黄金時代と同定。後の時代の人びとによるこの時代の解釈については、スモールウッド『ガイウス』一六二―一六四頁を参照。

D　七六―一一四までのガイウスの神格化については、スエトニウス『ガイウス』二二、三三、五二、ヨセフス『古代誌』第十八巻二五六、第十九巻四、一一、ディオン『ローマ史』第五十九巻二六-五―二八を参照。フィロンはここで、ガイウスの神格化のはじまりの時期を、後三八年のアレクサンドリアの騒動よりも前に語ることにより、同年の前半においているが、ヨセフスは「よき統治の二年後」、すなわち三九年とする。

E　ディオスクロイとは双子の兄弟カストルとポリデウケスを指す(ホメロス『オデュッセイア』第九歌二九八以下を参照)。ホメロス『イリアス』第三歌二三七以下、およびヘシオドス「断片」九四は、彼らが不死でなかったことを示唆。ピンダロス『ネメア競技祭に寄せる歌』一〇-八〇以下は、カストルをテュンダレオスの子と同定し、それゆえに死すべきものに、ポリュデウケスをゼウスの子と同定し、それゆえに不死とする。なお、フィロンは『夢』第一巻一五〇、および『十戒』五六で、ディオスクロイの物語を語っている。

F　ディオン『ローマ史』第五十九巻二六-六によれば、ガイウスは若干の神々に変身したのではなく、ユピテル（後出三四六の「顕現された新しいゼウス」）を含む多くの神々や、アプロディテ、アルテミスらの女神をも模した。スエトニウス『ガイウス』五二をも参照。

G　パウサニアス『ギリシア案内記』第九巻三五-三は「アンゲリオンとテクタイオスはともにディオニュソスの子で、デロスのためにアポロン像を制作し、彼の手の上に三体のカリス女神像をつくった」と述べているが、右手に関しては何も言っていない（フィロンは後出一〇五でもカリス女神像を右手に置くものとしている）。プルタルコス『音楽について』一四は、カリス女神像は左手で、弓は右手で運ばれたと述べている。スモールウッド『ガイウス』二〇一頁は、フィロンがここでアレクサンドリアで鋳造されたガイウスの貨幣から云々している可能性を指摘。

H　跪拝の風習は古代のアッシリアにはじまったが、ギリシア人たちはそれを神に捧げる礼拝行為と理解した。スエトニウス『ウィテリウス』二および五によれば、ローマの宮廷へ跪拝の風習をシリアの属州から持ち込んだのはウィテリウスとされる。その儀式は三九年と四〇年に盛んになされた（ディオン『ローマ史』第五十九巻一九-五、二五-八、二七-一を参照）。後出三五二は、ユダヤ人も跪拝していたことを示唆する。この風習はクラウディウスによって禁止された（ディオン『ローマ史』第六十巻五-四を参照）。

I　後出二一五、およびシリアのアンティオコス・エピパネスにたいする抵抗は、旧約外典『マカベア第一書』一-六〇-六三、二-二九-三八、『マカベア第二書』第六章、第七章、ヨセフス『古代誌』第十二巻二五三-五六、二七〇-二七五で報告されている。その他の事例は、ヨセフス『古代誌』第十七巻一四九-六七＝『戦記』第一巻六四八-六五五、『古代誌』第十八巻六〇-六二＝『戦記』第二巻一七五-一七七、『古代誌』第十八巻五五-五九＝『戦記』第二巻一六九-一七四、『古代誌』第十八巻二六四、二七一＝『フラックス』一九二、二〇八-二〇九、二二四、二二九-二三八、三〇八-三六九を参照。

J　これはアリストテレス『形而上学』第十二巻一〇-一四（一〇七六a）、および『政治学』第四巻四-四（一二九二a）でも引用されている。なお、ホメロス『イリアス』第二歌二〇四をも参照。そこでは「首領はただひとりに限ったがよい。国の主君（あるじ）もたったひとり、その人に、狡智にたけたクロノスの御子（ゼウス）が王笏と法掟（のりおきて）とを、それをもって政事（まつりごと）をおこなうように、授けられた人物だけだ」がつづく（訳文は呉茂一訳『ホメーロス』から）。

K　フィロンは一五〇―一五一でカエサルに奉献されたアレクサンドリアの建造物の存在を肯定しているが、それはアウグストゥスがユダヤ教を「公認宗教」として認めたためであろう。フィロンは、本来ならば、それらを非難してかからねばおかしい。

L　アレクサンドリアは前三〇年八月一日にローマの手に落ちたが、ここでの「乗艦したカエサル」とは「そのときの艦隊を率いたアウグストゥスの乗艦を記念して捧げられた」の意。アレクサンドリアからは、セバストポロスの文字が認められる、船の絵を描いた貨幣が発見されている。

M　ヨセフス『古代誌』第十八巻八一―八五、スエトニウス『ティベリウス』三六、タキトゥス『年代記』第二巻八五-五、ディオン『ローマ史』第五十七巻一八-五はいずれも、ティベリウス帝によるユダヤ人のローマからの追放に言及。タキトゥス『年代記』はその時期を後一九年とし、ヨセフスはその文脈からして後三〇年ころの出来事であることを示唆。

N　前三世紀から後一世紀まで、アレクサンドリアの知識人たち（マネトン、カイレモン、リュシマコス、アピオン）や、小アシアの知識人たち（ムナセアス、アパメイアのポセイドニオス、アポロニウス、モロン）はユダヤ人の歴史に難癖をつけたり、彼らの慣習を嘲笑する文書を著わした。それについてはヨセフス『反論』第一巻二二七以下、二八八以下、三〇四以下、第二巻一以下、一六、七九、一一二、一四五を参照。なお、タキトゥス『歴史』第五巻三―五をも参照。

O　スモールウッド『ガイウス』二五四頁は、フィロンを団長とするユダヤ側の使節が後三九年から後四〇年の冬にかけてイタリアへ向かったのであれば、この第一回目の接見は後四〇年の五月の終わりではなかったかと推定。

P　以下の「しかし……とはいえ、これらのことは後になって起こったものです」は、話の腰を折るものとして、スモールウッドの翻訳では括弧の中に入れられており、その訳書『ガイウス』二六六頁は、もし脚注がフィロンの時代までに生まれていたならば、この部分はそれに相当したと述べている。

Q　この手紙はアグリッパの直筆のものではなく（二〇一頁の註（2）を参照）、その手紙の内容はこんなものだったと想像したフィロン自身が創作したものと思われるが、フィロンはアグリッパに非常に親密な立場にあったために（ヨセフス『古代誌』第十八巻一五九―一六〇によれば、彼の兄弟アレクサンドロスはアグリッパに大金を貸している）、彼自身も書簡の作成に関与した可能性もある。

R　ヘロデの宮殿は前二七年に都の北西端に建てられた。それはヘロデの宮殿であると同時に、要塞でもあった。カエサリアの総督府から祭のときなど治安維持のためにエルサレムにやって来る総督はこの宮殿に滞在し（ヨセフス『戦記』第二巻三〇一）、またカエサリアからの兵士たちは通常アントニアの塔で警戒にあたったが、ここに駐屯することもあった（同書第二巻三二八を参照）。

S　贖罪日の儀式では、大祭司は至聖所に四回入場した（レビ記一六-一二―一五、『ミシュナー』ヨーマ五-一―四、七-四を参照）。一回目は香炉を十戒の納められていた聖櫃の上に置くために、二回目は犠牲の雄の子牛の血を振りかけるために、三回目は雄の山羊の血を振りかけるために、そして四回目は香炉を外に持ち出すためである。

T　大祭司一族の間の口伝により神の呼び名を知っていたのは、エルサレムの大祭司だけで、大祭司だけが一年に一度贖罪の日にその名を至聖所で唱えることが許されたとされるが、隠すものは漏れるもので、祭司のみならず、一般市民の中にもそれを知る者はいた。『モーセ』第二巻一四四は祭司たちもそれを耳にしていたことを暗示し、ここでの言説と矛盾する。『ミシュナー』ソタ-七-六、『エルサレム・タルムード』ヨーマ三-六をも参照。

付録——関連史料集

一　オクシュリンコス・パピルス一〇八九——フラックスの接見

以下では解読可能な第二欄を訳出する。［　］内はパピルスの損傷箇所を示す。

第二欄

さてフラッコ［ス］は、金を密か［に］準［備する］よう命じた後、［サ］ラペイオン（サラピス神殿）［に］行った。イシドロス［もまた］アプロディシア［と］ディオニュシオスと一緒に行った。神殿の中に入ると、イシドロスとディオニュシオスは跪拝した。そのとき老人が身を投げ出し、跪きながらデ［ィ］オニュシオスにしがみついて言った。

「わがご主人、ディオニュシオスさま、サ［ラ］ピス神さまの前のわたくしめをご覧ください。フラッコスさまには暴力的に逆らわず、長老たちと一緒に［席に］つき［……わが］子、デ［ィ］オニュシオスさま、お考え直しください」。

彼は答えた。

「おまえは［わしに］助言する気か？　だがもちろん、おまえはもう一度フラッコスを拒むのをわしに望んではいないな？　もしわしが新［月の日］に彼に会わねばならぬなら、進んでそうする」。

［そのとき］フラッコスがやって来て、［イシ］ド［ロス］を見ると言った。
「［か］ねは［用意できて］いる」。

＊　ムスリロ『殉教者』（九九頁および一〇四頁）は、アレクサンドリアにおいてディオニュシオスがごく普通の名前であったことを断わった上で、フィロンのディオニュシオスがこのパピルスに登場する同名の人物である可能性を指摘し、さらにこのディオニュシオスは四一年にクラウディウス帝のもとに派遣されたギリシア人使節の一人だったC・ユリウス・ディオニュシオスである可能性をも指摘する。

二　『イシドロスの事績（アクタ・イシドーリ）』

以下では解読可能な第一欄一五行―第三欄を訳出する。［　］内はパピルスの損傷箇所を示す。

第一欄一五行以下

［アレクサンドリアびとの使］節が呼び出されたが、皇帝は彼らの聴聞を翌日まで延期した。クラウディオス・カイサル・セバストスの［第一三？］年のパコーンの月の第五日［……］。

第二欄

パコーンの月の［第六日］、二日目。クラウディウス・カイサ［ル］は、［……の］御苑で、ア［レクサンドリアびと］の都のギュムナシウムの長［イシドロスの］アグリッパ王にたいする告発を聴聞した。［彼と一緒に着］席したのは二〇人の議員、［その者たちに］加［えて］一六人の執政官級の人物と宮廷の女性たちもまた［そこに］いた。

イシドロスの［裁判］。

イシドロスが最［初に口火を切った］。

「わが主君、カイサル。［わが祖国の］窮状についてわたしの訴えをお聞きください」。

皇帝［は言った］。

「予は今日をおまえのためにとってある」。

［同］席していた全［議員］も、イシドロスがどんな人［物］であるかを知っており、これに同意した。

クラウディオス・カイ［サルは言った］。

「予の友人を告発するようなことは［何も言ってはならない］。おまえはすでに予の二人の友［人を殺しているからだ］。エクセゲーテースなるテオンと［……］」。

第三欄

祖国［……］。

［ラ］ンポンはイシ［ドロスに言った］。

「［われわれはすでに］死を［……］見なした」。

［クラウ］ディオス・カイサル［は言った］。

「イシドロス、おまえは予の友人［多］数を殺した」。

［イシ］ドロス［は答えた］。

「わたしは当時皇帝の命令にしたがったままです。わたしは陛下が望まれる者をそれが誰であれ、［告］発いたします」。

クラウディオス・カイサル［は言った］。

「イシドロス、おまえはまちがいなく俳優の子か？」

イシドロス［は答えた］。

「わたしは奴隷でも俳優の子でもなく、あの著名な都［ア］レクサンドリアのギュムナシウムの長です。しかし、陛下はユダヤ婦人のサロメの落とし子であり、それゆえ［……］」。

ラ［ンポ］ンはイシドロスに言った。

「われわれは頭のおかしい皇帝に屈する方が得策だ」。

［ク］ラウディオス・カイサル［は言った］。

「イシドロスとランポンの処刑を予が命じた［者たち……］」。

＊ このパピルスの著作年代は、そこに登場するアグリッパが本書に登場するアグリッパ一世なのか、それともその子のアグリッパ二世なのか確定しがたいため、四一年説（スモールウッド『ユダヤ人』二五三頁以下は、状況証拠からの累積的重みにもとづく議論を展開）と五一年説（ムスリロ『殉教者』一一八頁以下は学説史的な議論を展開）に分かれている。

三　ヨセフス『古代誌』第十八巻二五七―二六〇――ヨセフスの証言

さて、［このころ］アレクサンドリアにおいて、ユダヤ人居住者とギリシア人［居住者］との間で紛争が発生したため、両派からそれぞれ三人ずつ代表が選ばれてガイウスの前に出頭した。アレクサンドリアびとの代表の一人は、ユダヤ人を口汚く罵ったアピオーンだった。彼は、ユダヤ人たちが当然払うべきカエサルへの敬意を怠っていると攻撃した。なぜなら、ローマ帝国の従属民はすべてガイウスに祭壇と神殿を奉献し、他の点でも神々にたいするのと同じ心遣いを払っているのに、この［ユダヤ民族］だけは別で、像をつくって彼に敬意を表したり、彼の名で誓うことを軽蔑している、というのである。そして、アピオーンはガイウスの気持ちを自分たちの期待する方へ動かそうと、このように多くの暴言を吐いてやまなかった。一方、ユダヤ人たちの代表の長として、相手の告発糾弾にたいして弁護する準備をしていたのはフィローン（フィロン）であった。彼はアラバルケース・アレクサンドロスの兄弟として、また哲学に造詣の深い人物として［アレクサンドリアでは］最高の敬意を受けていた。しかしながらガイウスは、フィローンの弁論を途中でさえぎり、彼に面前から立ち去るように命じた。そのときガイウスは非常な立腹ぶりを示したので、ユダヤ人代表たちに何らかの処罰を加えようとしたことは明らかだった。ところでフィローンは、こうして屈辱的に取り扱われて室外に出たが、そのさい彼は自分につきそっていたユダヤ人たちに向かって言った。ガイウスは言葉でわれわれに怒りを示したが、実際には、彼はすでに神を敵にまわしてしまっているのだから、おまえたちは勇気をもつように、と。

（訳文は拙訳『ユダヤ古代誌』〔山本書店刊〕から）

四　エウセビオス『教会史』第二巻第四―五章からの抜粋

――フィロンについてのエウセビオスの証言

ガイウスの時代、フィローン（フィロン）がわたしたちの間ばかりか外国の教養を身につけた者の間でも、もっとも著名な学者として世に広く知られるようになった。彼はヘブルびとの子孫だったが、アレクサンドリアで高い地位にあった傑出した者たちのだれにも劣らなかった。彼が神学や父祖たちの〔慣習の〕研究にいかに打ち込んだかについては、実際すべての人たちに明らかであり、外国の学問の哲学と自由〔な思想〕への精通ぶりについては〔今さら〕述べるまでもない。なぜならば、彼はとくにプラトンやピタゴラスの熱心な研究家で、同時代のすべての者を凌駕したと言われるからである。フィローンは、ガイウスの時代にユダヤ人を見舞った〔災禍〕やガイウスの狂気について五巻の著作で伝えている。すなわち彼は、〔皇帝が〕いかにして神を僭称するに至ったか、帝権をどのように行使して無数の、神を恐れぬ所業をやってのけたか、また、その時代にユダヤ人のなめた悲惨や、アレクサンドリアの同胞民族のために彼自らが遣わされてローマの都に赴いたその使節のこと、そして彼が父祖伝来の律法を擁護するためにガイウスの前に立ったとき、ただただ嘲笑され生命の危険すら賭さねばならなかったこと等について〔伝えている〕。……フィローン自身は、

『使節』の中で、そのときの自分の取った行動について正確で詳細な記録を残している。

（訳文は拙訳『教会史』［山本書店刊］から）

五　エウセビオス『教会史』第二巻第十八章からの抜粋――フィロンの著作目録

フィローン（フィロン）は多作家で、幅広い思想家であり、聖なる文書への観想では崇高で高尚であった。彼は聖なる御言の解釈をさまざまな異なる仕方で行なった。彼は『聖なる律法の比喩的解釈』という著作で、創世記の物語をその順序どおりに追う一方、［聖なる］文書中の問題箇所を章立てして細かに配列し、また、適切にも『創世記における問題と解決』、『出エジプト記における問題と解決』とそれぞれ題した著作では、［その検討のために］観察と解決を与えている。彼にはそれ以外にも、ある種の問題を特別に詳論した、例えば、『耕作について』二巻や、『酩酊について』二巻がある。また、他にもそれぞれ適切な題のついた、例えば、『冷静な精神が熱心に追い求めるものと忌み嫌うものについて』や、『言語の混乱について』、『逃亡と発見について』、『教育に向かうものとしての結婚』、『だれが聖なるものの嗣業かについて』（別題『平等な分割と不平等な分割について』）などがあり、さらに『モーセが他の［徳］とともに書いた三つの徳について』がある。この他にも『その名が改められた者たちとその改名の理由について』があり、彼はその中で『契約について』一巻と二巻を著したと言っている。また彼には『移住について』、『義において完璧な人の明哲な生涯［について］』（別題『書かれざる律法［について］』）や、さらに『巨人族について』（別題『神的なるものの不変性について』)、『モーセの伝える神から送られた夢について』五巻などがある。これらは創世記を扱ったもので、わたしたちに伝わっている[書物である]。出エジプト記では、『問題と解答』五巻や、『幕屋について』、『十のロギオイ(「十戒」)について』、『十のロゴイ(十戒)の項目の下に区分された律法について』四巻、『聖なる儀式用の生き物と、犠牲獣の種類について』、『律法の定める、善人への褒賞と悪人への罰と呪いについて』などがある。彼にはそれらの他にも一巻本がある。例えば『摂理について』や、『ユダヤ人について』、『政治家』などで、さらに『アレクサンドロス』(別題『非理性的な生き物にも理性があることについて』)もある。これらの他に『すべての悪人は奴隷であることについて』があり、それには『すべての善人は自由であることについて』が続いている。彼はその後『観想的生活について』(別題『祈願者について』)を著したが、わたしたちが使徒的な人物の生活について引用したのは、この著作からである。『律法と預言者[の書]に見られるヘブル人名の解釈』も彼の労作と言われる。彼はガイウスの時代にローマに行き、ガイウスの神への不敬な行為を書いた。それには『徳について』という適切で、皮肉な題がついている。そして彼は、クラウディウスの時代に、ローマ人の立法府のすべての議員の前でこの著作をはじめから終わりまで読み上げた。彼の著作は非常に賞讃されたので図書館に収められる名誉を与えられた、と言われる。

(訳文は拙訳『教会史』[山本書店刊]から)

六　『ビブリオテーカ』八六a―八六bからの抜粋

――フォティウス（九世紀のビザンチンの文献学者でコンスタンティノポリスの大主教）の証言

この同じ著者の『告発されたガイウス』と『告発されたフラックス（またはフラッコー）』と題された著作を読みなさい。彼の修辞の力強さと文体の美しさは他の著作においてよりもこの［二つの］著作において顕著である。しかし彼は、提示した理念において、またユダヤ人の思考と相容れぬ他の観念の説明において多くの誤りを犯している。

彼はカエサル・ガイウスの時代に生き、アグリッパがユダヤの王であったとき、彼自身の民族のために、ガイウスのもとへ出かけたと書いている。彼の多くのさまざまな著作が伝えられている。道徳的な諸問題や、旧約聖書の解釈に関わる――その大半はテクストの中に比喩を読み込もうとする――論文である。わたしには、聖書の比喩的な読み方はすべて彼にはじまって教会の中に浸透していったように思われる。

彼はキリスト教に改宗し、後になって悲しみと怒りのうちに教会を後にしたと言われる。……彼は祭司一族の出身で、アレクサンドリアを祖国としている。著作家としての彼の力量はヘレニストたち［ギリシア語を自在に繰るユダヤ人］の間で讃歎され、彼らに「プラトンがフィロン化しているのか、フィロンがプラトン化しているかのどちらかだ」と言わせしめるほどのものだった。

七　ローマ史関係年表（ユダヤ史をも含む）

前一〇年　アグリッパ一世生まれる
前　三年　アグリッパ一世、ローマに送られ、後のローマ皇帝ティベリウスの子ドルススと一緒に養育される
後一二年　ガイウス生まれる
一四年　ティベリウス、ローマ皇帝になる
二三年　ドルスス、死ぬ
二九年　ネロ（ティベリウスの前妻アグリッピナとゲルマニクスの間の子）逮捕される
　ガイウスの母アグリッピナ逮捕される
三〇年　親衛隊長セヤヌス、ユダヤ人迫害を準備する
三一年　セヤヌス、ティベリウス帝への陰謀が発覚して処刑される（十月十八日）
　マクロ、親衛隊長になる
　ガイウスの母アグリッピナ、パンダテリア島で餓死（『フラックス』九を参照）
三四年　フィリップ（ヘロデとクレオパトラの間の子）死ぬ
三六年　アグリッパ一世、ローマに戻る（春）

三七年　アグリッパ一世、投獄される（秋）
ティベリウス帝、死ぬ（三月十六日）
ガイウス、元老院により皇帝に推戴される（三月十八日）
ガイウス、ローマに入城する（三月二十八日）
アグリッパ一世、釈放される
ティベリウス帝の葬儀（四月三日）
ガイウス、大病にかかる（十月）
三八年　マクロ、エジプト総督に任命されるが、後に自決を強要される（春ころ？『フラックス』一六を参照）
ガイウス、ティベリウス・ゲメルスを殺害する（五月二十四日以前。『フラックス』一〇を参照）
ガイウス、義父のM・シラヌスを殺害する（五月二十四日以前）
ガイウスの姉妹ドルシラ、死ぬ（六月十日）
三九年　ガイウス、ゲルマニアに遠征する（十月から四〇年の五月まで）
ガイウス、元老院議員にオリエント風の跪拝礼を要求する
四〇年　ガイウス、エルサレムの神殿に自己の像を立てるようシリア知事ペトロニウスに命じる（六月のはじめ）
四一年　ガイウス、暗殺される（一月二十四日）

アグリッパ一世、ユダヤの王として統治する（四四年まで）

八　『フラックスへの反論』関係の年表

後一〇年　アキラ、エジプト総督として着任する（一一年説あり）
三二年　フラックス、エジプト総督として着任する（『フラックス』二を参照）
フラックス、ギリシア人の政治的結社を解散させ、軍団の強化を含む一連の刷新を断行、そのためギリシア系の民族主義者たちを敵にまわす（『フラックス』四―五を参照）
三五年　ギリシア系の民族主義者ランポン、ティベリウス帝への不敬罪でローマで裁判にかけられる（三六年から三八年の間とする説あり。『フラックス』一二八を参照）
三七年　フラックス、ティベリウス帝の死に衝撃を受ける（『フラックス』九を参照）
ランポン、アレクサンドリアのギュムナシウムの長になる（『フラックス』一三〇を参照）
フラックス、ティベリウス・ゲメルスが殺害されたことに衝撃を受ける（『フラックス』一〇を参照）
三八年　フラックス、マクロの死に衝撃を受ける（『フラックス』一六を参照）
フラックス、アレクサンドリアのギリシア系の民族主義者たちに妥協しはじめる（『フラックス』一八―二四を参照）

アレクサンドリアのユダヤ人、ドルシラのために服喪する（六月十日以降）
アグリッパ一世、ディカイアルケイアからアレクサンドリアに向かう（七月二十日以降。『フラックス』一二六を参照）
ポグロム（ユダヤ人迫害）、アグリッパ一世のアレクサンドリア滞在を機に発生する（八月）
フラックス、逮捕される（秋。『フラックス』一〇九－一二四を参照）
フラックス、ローマに召喚される（秋。『フラックス』一二五では「冬の季節」となっている）
ウィトラシウス・ポリオン、エジプト総督として着任する（秋）
フラックス、ローマでイシドロスとランポンに告発される（秋。『フラックス』一二六を参照）
フラックス、アンドロス島に流される（秋以降。『フラックス』一五一以下を参照）

四〇年　フラックス、処刑される（『フラックス』一八五以下を参照）

四一年　フィロン、アレクサンドリアのユダヤ人社会の代表としてガイウスのもとに派遣される
クラウディウス帝の書簡（「ロンドン・パピルス一九一二四」参照）公表される（十一月十日）

解説

紀元後一世紀のヘレニズム・ローマ世界は、後のキリスト教世界にとってもっとも重要な人物と見なされるに至る三人のユダヤ人を輩出した。イエスと、ヨセフスと、フィロン（フィローン）である。イエスは何の著作も残さなかったが（もしその最後が自然死であって、アラム語か何かで『自伝』めいたものでも書き残してくれていたならば、世界史は随分と変わっていたであろうに！）、ヨセフスとフィロンは膨大な著作群をギリシア語で書き残し、それはさまざまな仕方でキリスト教徒によって利用され、あたかもキリスト教陣営の相続財産であるかのようにして読み継がれてきた。フィロンは四世紀の有力な教会史家エウセビオスによってキリスト教徒とすら見なされたが、それ以後も、ビザンチンの世界ではキリスト教徒であったと理解されたようようである（「付録——関連史料集」六を参照）。

ガイウス・カリグラ帝時代の後三八年の夏に、当時の地中海世界でローマにつぐ最大の都市と言われたアレクサンドリアで「ポグロム」の古代版とでも言うべきユダヤ人大迫害が起こった。本書に収めた『フラックスへの反論』はそのときのユダヤ人迫害を陰に陽に扇動したと思われるエジプト総督フラックスを告発する文書であり、他方『ガイウスへの使節』はガイウス・カリグラを徹底的に攻撃した文書である。この二書は、フィロンの「哲学書」とか「聖書の註解」と分類される他の諸書とは異なり（フィロンの著作目録については「付録——関連史料集」五を参照）、通常「歴史書」として分類され、同時に読まれることが多い。以下において、この二書の理解を深めるために、まずはじめに、日本の一般読者にはあまり知られていない著者フィロンの生涯をかなり立ち入った仕方で紹介し、ついでその著作に向かいたい。

フィロンの生涯について

一族について　フィロンは、『自伝』を書き残した同時代のパレスチナ出身の歴史家フラウィウス・ヨセフスとは異なり、自己の生涯について語る独立した文書を残していない。その浩瀚な著作の中で自己自身に直接言及する箇所はわずか四、五箇所しかないため、彼の生涯を知るには、その著作の中のここの一節、あそこの一節が彼自身の生涯のひとこまを投影していないかどうかを問題にしながら、そこから推定したり想像するしかない。

フィロンはアレクサンドリアで成功したユダヤ人一族、つまり彼自身が「よき生まれ（エウゲネイア）」を誇れる名門出身だった。彼の名門意識と、同胞たちから距離を置く意識、大衆（オクロス）を心の片隅で蔑視し愚弄する意識は、『フラックスへの反論』や『ガイウスへの使節』ばかりか、他の諸書においても見られるものだが――それはときに鼻につくイヤなものである――、出エジプト記の著者、あるいは編者が氏素性の分からぬモーセなる人物をファラオの宮廷で育て上げられたとする物語を創作したことや、ヨセフスが『自伝』の冒頭でエルサレムの名門出であることを誇ったこと、福音書記者がイエスの出自をダビデの系譜に強引に結びつけたことなどから知られるように、「名門出、由緒ある家柄、毛並のよさ」の宣言や誇示などは、公的な発言をしたり行動を取る者に必要なクレデンシャル（信用証明）だった。

フィロンの父（その名は不明）は、三〇〇年近くつづいたプトレマイオス王朝（前三二三年から前三〇年まで）の終焉を目撃し、エジプトがローマの属州に組み込まれたアウグストゥス時代を生き抜いた人物である。彼は多分、ビジネスか何かの分野で成功して財をなし（フィロンの兄弟の社会的地位からして、父が入札制の徴税人頭だったと想定するのも悪くない）、アレクサンドリアの一等地に瀟洒《しょうしゃ》な邸宅を構え、何人もの奴隷を召使として使用し、七弦のリュラが奏でられる宴席をたびたび張り、息子たちにサクセス・ストーリーを語ることができた人物である。実際、『戒め』から想像される瀟洒な邸宅は、わたしたち日本人の住むウサギ小屋とはまるでちがうものである。玄関口を通ってアウレーと呼ばれる中庭に行けば、そこには何本もの美しい列柱が立ち並び、その中央には水の絶えることのない噴水が置かれ――そのためか、フィロンはほとんどすべての著作において噴水をメタファーとして使用するのを好んでいる――、邸宅はいくつもの男子の間、女子の間をもち、奴隷たち専用の別棟もあったはずである。

フィロンの兄弟であるアレクサンドロス・リュシマコスは、「アラバルケース」の肩書をもつ人物だった。この肩書についてはいろいろと議論があるが、それは徴税人頭の上に立つ者、今様に言えば、国税庁の長官クラスの肩書であったか、アレクサンドリアの港に入港する船やその貨物に入港税や関税をかける税関長の肩書であったように思われる。当時の徴税人は、苛斂誅求の悪徳代官となって税金を絞りとることができたから、徴税人頭の上に立つ者であれば、その上前をはねればそれだけで巨万の富を築くのは容易だったろうし、港湾の税関長であれば、もっと莫大な金が転げ込んできたであろう。実際、ヨセフスは、このアレクサンドロス・リュシマコスが自身でも財をなしていたことを示す証拠を提供する。彼はローマに向かうアグリッパ一世（本二書に登場）から大金、現在の貨幣価値で言えば億単位の借金を申し込まれるが、彼はそのとき、その一部を、返済などをあてにしないでこの稀代の浪費家にポーンと貸しているのである（ヨセフス『古代誌』第十八巻二五九）。

アレクサンドロス・リュシマコスには二人の子マルカス・ユリウス・アレクサンドロスとティベリウス・ユリウス・アレクサンドロスがいる。フィロンにとって甥である。前者（ギリシア語読みではマルコス）はアラブの国々やインドとの交易に従事して大成功を収め、そのため、アレクサンドリアの有力な実業家・財界人として幅をきかせることができ、ヨセフスによれば、アグリッパ一世の娘ベレニケと結婚した人物である（アグリッパ一世は、マルカスの死後の後四三年ころ、ベレニケを自分の兄のヘロデと結婚させている）。他方、後者は、四二年にテーベのエピストラテゴス（軍事指揮官）を、四六年から四八年まではユダヤの総督を（ヨセフス『古代誌』第二十巻一〇〇）、六三年のパルティアへの遠征ではコルブロの率いるローマ軍の参謀を（タキトゥス『年代記』第十五巻二八-二四）、六六年から七〇年の春まではエジプト総督を（ヨセフス『戦記』第四巻六一六-六一八、第五巻四五、二〇五、五一〇、第六巻二三七、二四二）それぞれつとめ、ヨセフスによれば、ウェスパシアヌスが六九年にローマの皇帝に推戴されると、彼はアレクサンドリア駐留のローマ軍団と民衆にウェスパシアヌスへの忠誠を誓わせて、見事「忠誠の一番乗り」を果たしてウェスパシアヌスのご機嫌を伺う（タキトゥス『歴史』第二巻七九、スエトニウス『ウェスパシアヌス』六-三）。そして彼は、七〇年夏のユダヤ戦争の最後の場面では、ティトスに同道してアレクサンドリアからカエサリア経由でエルサレムに赴き、ローマ軍の参謀をつとめてエルサレム攻略のノウハウを提供する（ヨセフス『戦記』第五巻四五、第六巻二三七。同『古代誌』第二十巻一〇〇―一〇二でヨセフスは彼を、エルサレムのスコポス山に張られたローマ軍の陣営で、このティベリウス・アレクサンドロスとは毎日のように顔を合わせてその言動を観察したためか、「神への献身という点では、息子は父に及ばなかった。なぜなら彼はユダヤ人の父祖伝来の慣習を尊重しなかったからである」と断罪している）。こうした一族の者たちを背景に、現代の優れたフィロン学者アーウィン・グッドナフはフィロンの一族を十九世紀末のロスチャイルド一族にたとえているが、資産形成や姻戚づくりの視点から見れば、それは必ずしも的はずれの観察ではないであろう。

フィロンの生年について

『ガイウスへの使節』の冒頭は、フィロン自身がすでに老齢の身であることを暗示する「いったい、いつまでわたしたち老人は子供なのでしょうか？　わたしたちは、長い時の経過により、白髪の身になっておりますが……」ではじまるが、彼の生年を知るには、この言葉から逆算するしかない。ここでの「老人」を表わすギリシア語はゲロンテス（単数形はゲローン）であるが、フィロンは、『創造』一〇五以下で、人間の一生を七つの「季節（ホーライ）」、つまり七の倍数ごとに区切られる、すなわち七歳までの幼児（パイディオン）期、一四歳までの少年（パイス）期、二一歳までの若者（メイラキオン）期、二八歳までの青年（ネアニスコス）期、三五歳までの成人（アネール）期、四三歳までの壮年（プレスビュテース）期、そして四九歳以降の老人（ゲローン）期に分けるヒポクラテスの説明に言及している。もしフィロンがヒポクラテスの「人生七季節」説を大まじめで受け入れているとすれば――彼はそれに「異議あり！」と反対は唱えていない――『ガイウスへの使節』を著わした四〇年の後半か四一年の早い時期の彼は、四九歳かそれ以上となり、もしそうだとすると、彼は前九年かそれ以前に生まれたことになる。パレスチナではかのヘロデ大王がローマの属国王として支配していた時代である。

その受けたギリシア的教育について　フィロンの幼児期の養育は、とくに『教育』ほかから想像される。何人ものパイダゴーゴスと呼ばれる奴隷がつき、子供のときの教育にはヒュペーゲーテースと呼ばれる家庭教師がつくマン・ツー・マン方式で、それが終われば、ギリシア系市民の子弟のみが入学を許される学校に入れられたであろう。そこでの前段階の教育は、彼の『教育』に見られる用語を使えば、グランマティスケーと呼ばれる読み書きや、指を使っての数の数え方からはじまるもので、それがすめば、詩人たちや散文作家たちの作品を読んだり、暗唱することだった。フィロンはホメロスにしばしば言及し、その語句を引用するが、それはこの時期の訓練の賜物であろう。ある時期から、多分一六歳から、もしかしてそれ以前の年齢で、彼は文学や幾何学、天文学、修辞学、音楽の修得に向かうエンキュクリアと呼ばれる「一般教育」を受けたであろう（『ガイウスへの使節』ほかには、フィロンの受けた教育を示唆する文節がいくつかあり、エンキュクリアがたびたび言及されている）。その一般教育を施したのは、アレクサンドリアのギリシア人地区にあったギュムナシウムである。そのことはフィロンがその著作の中でしばしば好意的にギュムナシウムに言及していることから推定される。ギュムナシウムとは聞き慣れない言葉であるが――ただしこの言葉は旧約外典の『マカベア第一書』と『マカベア第二書』に登場する――、それは本来ギリシアのアテナイで生まれたギリシア人子弟のための錬成場であり、ヘレニズム・ローマ時代の大きな都市には存在した。ここで鍛えられた若者は、知育・徳育・体育の面で優れた者、将来を嘱望されたエリートと見なされた。アレクサンドリアのユダヤ人子弟の中でこのギュムナシウムで教育を受けることができる者はごく限られていた。

フィロンは「よき生まれ」だったために、さまざまな特権に与ることができた。当然、その特権の中にはローマ市民権も含まれていた。ヨセフスによれば、アレクサンドリアのギリシア人社会に入り込むことのできた一部のユダヤ人たちは「マケドニア人」、つまり「アレクサンドリア市民」を称することが許されたが、フィロンの一族の者たちは、まちがいなく「アレクサンドリア市民」を称することができた。フィロンがアレクサンドリアの都のギリシア人地区の劇場で盛んに演じられたパントマイム（黙劇芝居）の観劇や、ギュムナシウムや、競技場、競馬場で開催される各種のイベントの観戦を許されたのも、彼が「アレクサンドリア市民」だったからであろう。彼はギリシア的文化やスポーツに熱中したユダヤ人なのである。

ユダヤ人として　フィロンはギリシア的な教育を受けると同時に、ユダヤ人子弟としても育てられた。彼は「産着を着せられた」——これはフィロン好みの表現である——生後八日目には割礼を受けたであろう。ギリシア人たちやローマ人たちは、このユダヤ人たちの慣習を嘲笑していたが、フィロンは『戒め』の中で六つの理由をあげてこの慣習を弁護し、『移住』の中でその象徴的な意味について論じている。割礼はユダヤ人のアイデンティティに関わるものである。それは今も昔も変わらない。

フィロンが一三歳になったとき、もし「祈りの家（シナゴーグ）」でバール・ミツヴァ（成人式）の祝いが彼のために執り行なわれたとしたら、それは盛大なものであったにちがいなく、父親は一族の者たちやユダヤ人社会の有力者たちを招いて、成人として大人の仲間入りを果たしたわが子の成長に目をほそめたはずである。フィロンは、その成人式にそなえて、シナゴーグでヘブル語や、ヘブル語で書かれたトーラー（律法）を学んだであろうが、以後それを熱心に修得する気はあまりなかったようである。その証拠は、彼の聖書解釈の背後にヘブル語聖書の存在を想定するのが困難だからである。このことから、フィロンはヘブル語をまったく解さなかったとする研究者がいるが、それは、多分、極論であろう。

バール・ミツヴァ後のフィロンは、金曜日の夕方になると、シナゴーグでシャバット（安息日）を守り、またユダヤ人社会（ポリーテウマ）や家庭で執り行なわれる過越の祭などのユダヤ教の大祭や祭日に参加したであろう。フィロンによれば、ギリシア語訳のモーセ五書がパロス島でなされたことを記念する祝祭が彼の時代に執り行なわれていたというから、フィロン自身もその祝祭には参加したであろう。それはパロス島かその近くの海岸で行なわれたピクニックのような楽しい行事だったろう。

ユダヤ教の教えによれば、ディアスポラのシナゴーグは初穂をエルサレムの神殿に寄進せねばならなかった。フィロンは『ガイウスへの使節』の中で、シナゴーグの大きな機能のひとつがエルサレムの神殿への寄進であると述べているが、彼自身（というよりは彼の一族）はこの寄進に大きな貢献をしたと思われる。この寄進は、信者にはそれとは気づかせない、見事な搾取・収奪の一形態であったことは言うまでもない（エルサレムの神殿の支配体制は世界の各地に住むディアスポラのユダヤ人のもとから送られる膨大な富によって支えられたのであり、またそのために寡頭独占の大祭司一族の腐敗堕落は目にあまるものだった）。

ユダヤ教の教えによれば、成年男子は生涯に一度はエルサレムに巡礼に行かねばならなかった。『摂理』六四によれば、それがいつだったとは述べられてはいないが、フィロンは、少なくとも一度はエルサレムに巡礼している。アレクサンドリアからエルサレムへの巡礼コースは、ユフラテス川向こうのバビロニア地方からの巡礼とは異なり、それほどの難事ではなかったろう。エジプト側の関所とでも言うべきペルシオンを通過後、地中海からの心地よい潮風に吹かれながらパレスチナの沿岸沿いのハイウェイ（公道）を普通に進めば、一〇日前後でエルサレムに到着しただろうし、ラクダにでも乗れば一週間もかからなかっただろう（重装備のローマ軍の歩兵の行軍で二週間）。

フィロンの「ユダヤ人意識」やエルサレムとその神殿への憧憬は、この巡礼体験で強化されたように思われる。彼がしばしばエルサレムを「母なる都」、パレスチナを「聖なる土地」と呼び、『ガイウスへの使節』一九一の中でエルサレムの神殿を「その輝きが太陽の光のように世界の隅ずみまで照らし、西方と東方「の離散のユダヤ人たち」が仰ぎ見ているもっとも喧伝されもっとも知られた神殿」と記述するのは、当時の世界最大の燈台と言われたアレクサンドリアのパロス島の燈台のイメージがそこに投影されているとはいえ、そのためであろう。

哲学と哲学的な生き方への関心　フィロンはしばしば「アレクサンドリアの哲学者」と呼ばれる。そこで、本書とは直接関係しないが、フィロンのその方面についても触れておく。

フィロンが哲学に関心をもった時期は不明であるが、それへの直接の関心は、ギュムナシウムに出入りしていた哲学者たちによって喚起されたのではないかと思われる。実際、先に進んで見るように、フィロン自身が『教育』の中で、エンキュクリア（一般教育）の科目が哲学に導くものだと言っているからである。だが、ここで見逃してならぬのは、アレクサンドリアの都が、エルサレムの都のように、特定の価値観や、宗教、伝統などで手かせ足かせをはめられてがんじがらめにされている都市ではなかったことである。そこには知への探究心にかられて多くの文人や哲学者たちが出入りする古代世界最大の図書館があった。そこにはホメロスの文献学があった。プラトンの哲学があった。後には、新プラトン主義の哲学があった。ストアの哲学があった。ピュタゴラスの哲学があった。知識の切り売りをするソフィストたち（これは現代の大学の教師に相当する）も大勢いた。あやしげな神秘主義もあった。いかがわしいが楽しくもあるディオニュシオスの密儀宗教もあった。そればかりでなく、エジプト人によって神として崇められたワニも大きな口を開けていたのである。要するにアレクサンドリアは、さまざまな宗教や哲学、文化が混在するか住み分けている雑居ビルのような性格をもつ都だったのである。この都の性格は、きわめて早い時期から、「アレクサンドリアびと」フィロンの知への探究心に大きな影響を与えたであろう。

フィロンは、『教育』七四―七六で、「若かったとき（νέος ὤν）」、すなわちギュムナシウム時代に覚えた哲学への渇望について、いかにも彼らしい大仰な仕方で回想している。

　わたしは最初、哲学への渇望へと衝き動かされたとき、まだ若かったので、まさにその侍女のひとりである文法学とつきあい、彼女からわたしが得たすべてのもの、すなわち書くことや、読むこと、詩人たちの残したものの研究などを彼女の女主人に捧げた。わたしはまたもうひとりの侍女である幾何学とも一緒し、その美しさに夢中にさせられた。なぜなら彼女には、あらゆる箇所で対照と釣り合いの美しさがあったからである。わたしは彼女の子らのひとりをも敬して遠ざけることはせず、それらを正妻への贈り物とした。わたしは熱情にかられて第三の侍女とも一緒した。彼女のリズムや、ハーモニー、メロディーはいずれも素晴らしく、彼女は音楽と呼ばれた。わたしは彼女から全音階と半音階、連続型音程と分離型音程を儲け、第四の協和音や第五の協和音、あるいはオクターブの音程と調和させた。わたしはまたこれらのどれをも隠しておくようなことをしなかった。正妻が大勢の家僕たちにかしずかれた金持ちの婦人となるためだった……。

『戒め』第二巻八五によれば、フィロンは、かなり早い時期に、哲学的な生き方の実践と考えられた禁欲的な生き方に引かれたらしい。次のように言っているからである。

わたしはしばしば一族の者たちや、友人、祖国を捨てて荒野の中に入って行った。観想を要求される事柄に注意を集中させるためだった。得るものは何もなかったが、パトスでばらばらにされるか砕かれてしまったわたしの理性はそれに対立するものの中へ入っていた。他方わたしはごみごみした人混みの中でも精神を集中させた。神はわたしの魂にまとわりつく群衆を散らし、よい状況とか悪い状況は場所の違いによってではなくて、み心によって魂を支えているものを動かして導く神によってもたらされるものであることを教えられた。

福音書によれば、イエスは荒野で悪魔の誘惑と戦ったという。ヨセフスの『自伝』によれば、彼は一六歳のときに荒野に入ってゆき、バンヌースと呼ばれる行者のもとで三年間の修業を積んだという。福音書に見られるイエスの荒野行きは、そもそも「四〇日四〇夜」という表現からして、イエスの生涯を記述する福音書記者の創作であり、他方、ヨセフスの『自伝』の記述もフィクション臭いものであるが、フィロンがここで言う「荒野行き」は真実であるように思われる。『フラックスへの反論』の中に見られる、フラックスがアンドロス島に流され、荒野の中の掘っ立て小屋に住んだとか、そこでコリュバントの幻聴を聞いたとする記述や、アレクサンドリアの日中の暑さと夜の寒さの落差の激しさについての記述には、フィロン自身の荒野での体験が明らかに投影されていると見られるからである。もちろん、ここでの荒野に草木一本認められぬ広大無窮な荒野などを想像するのは誤りで、後の時代の「荒野の聖者アントニウス」の最初の修業時代の場所が人里から少しばかり離れた場所にしかすぎなかったように、フィロンの言う荒野もまたアレクサンドリア近くの、すなわち人里からさして離れていない場所だったろうし、そこでの禁欲的生活などは、お遊びとは言わないまでも、本格的なものからは遠いものだっただろう。もし本格的な禁欲主義的な訓練（アスケーシス）を求めていたのであれば、マレオティス湖の近くにあった後のキリスト教の修道院生活の先蹤《せんしょう》をなす「テラペウタイ」と呼ばれるユダヤ人の共同体に、すべてを投げ捨てて駆け込めばよかったのであるが、彼はそうはしてないのである。フィロンの時代の荒野への隠棲については不明なことが多いが、克己をもとめる哲学に足をすくわれてしまえば、一見、荒野行きは「哲学的な生き方」のひとつに映ったであろう。右に引用した文章の冒頭には「わたしはしばしば一族の者たちや、友人、祖国を捨てて」とある。これはすでに本二書で頻繁に認められる誇張的な表現であるが、ここで言及されているパトスが肉体的なものであれば、フィロンの「荒野行き」は結婚前のことだったであろう。

フィロンはアレクサンドリア近郊の荒野に「しばしば」行ったが、また「しばしば」アレクサンドリアの都にUターンした。このUターン現象は、雑居ビルのネオンが、いや喧騒がなつかしかったからだろうが、フィロンによれば、心頭滅却すれば、雑居ビルの中でも事柄の真実を探究する観想（テオーリアー）は可能だったということである。

結婚その他について　フィロンは結婚していた。そのことは彼自身が妻のことに言及しているからだが、子供がいたかどうかは不明である。ヨセフスは三度も離婚を繰り返したあげく、キプロス出身の「名門出」の女性と一緒になるが、フィロンの場合、最初から名門出の女性と一緒であった。それを示唆する文章が彼の著作の中には見られる。

また、本書に何度か見られるメタファーとしての「宿痾《しゅくあ》」への言及は、美食がたたり、晩年の彼が糖尿病か何かに苦しんでいたことを示唆するものであろう。

フィロンの没年は、その生年と同じく不明である。しかしそれは後四〇年以降であって五〇年前後ではないかと想像されている。

『フラックスへの反論』（*IN FLACCUM*）の内容について

『フラックスへの反論』は史実とフィクションが合体した奇妙な作品である。そこで史実の柱として抽出できるのは、

（1）エジプト総督フラックスの最初の五年間（三二―三七年）の統治（とその評価）

（2）ユダヤの王アグリッパのアレクサンドリア滞在（三八年八月はじめ）とそれを契機にして起こったカラ

バス事件（三八年八月はじめ）
（3）アレクサンドリアにおけるポグロム（三八年八月以降）
（4）フラックスの解任と逮捕
（5）フラックスのローマ送り
（6）フラックスのアレクサンドロス島への流刑とそこでの処刑
である。

『フラックスへの反論』はこれらの史実を柱として語られた物語であるが、（6）の柱の周りで語られる物語は、「講釈師見てきたような嘘を言い」の類いの、フィロンの想像から生まれた完全な「つくり話（プラスマタ）」である。そこでは、ローマ経由でアンドロス島まで連行されるフラックスの道中の模様や、アレクサンドロス島でのフラックスの日常、処刑の恐怖に怯えるフラックスの感情や思い、そこでの最期などが語られているが、フィロンがこれらの詳細を知りうる立場になかったのは明白である。もし（6）の部分で語られている物語が「つくり話」であれば、他の柱の周りで語られている物語にも「つくり話」的要素が入り込んでいると疑ってかかれるであろう。たとえば（2）の場合、アグリッパが後三八年の八月はじめにイタリアのディカイアルケイアの港を出航してアレクサンドリアに到着したのは事実であろうが、彼が「順調な航海の後、数日後」にアレクサンドリアに到着したなどという話はまったくの「つくり話」である。ディカイアルケイアからの航行がどんなに順調なものであっても、一〇日はかかるもので、「数日」でアレクサンドリアに到着できるわけはない。だが、この講釈師の「つくり話」はたんなる思いつきからではなく、神はユダヤ民族の敵に報復するという報復思想から生まれている。そのことはフラックスの没落物語が、アレクサンドリアのユダヤ人の受けた災禍との見事な「対比関係」において組み立てられていることを指摘すれば十分であろう（たとえば、一八九節に「正義がひとつの体に加えた屠殺の切り跡の数は、不当にも〝彼によって〟殺されたユダヤ人たちの数と同じでしたが、それは正義の意志だったのです」とあるが、ここではフラックスの体に加えられた切り跡の数と彼によって殺されたユダヤ人の数が同一だったとされている。この対比関係を見抜くことができれば、「順調な」アグリッパの航海が、ローマ送りされたフラックスの「海上での恐怖をたっぷり味わわねばならなかった」（一二五節）航海と対比されていることなども容易に知れよう）。

ところで、奇妙なことに、この報復思想は、ヘレニズム的な観念を持ち出すことによって展開されている。フィロンによれば、フラックスの逮捕を知ったアレクサンドリアのユダヤ人共同体は喜びに満たされ神に勝利を捧げたそうであるが、その状況を記述するフィロンは、彼らに「主よ、われわれは敵に加えられた処罰に小躍りしたりはいたしません。人間的な同情心をもつよう聖なる律法によって教えられているからです……」（一二一節）と言わせる。だがこう言わせてしまった以上、フラックスの最期を、神に報復された惨めな最期として記述するには、この文節との整合性が問題となる。

では、フィロンはどうしたか。彼はフラックスに報復したのはユダヤ民族の神であるという信念を堅持しつつ、フラックスの最期を語る段になると、その前段階として「人間界の諸事を見守っておられる」（一二一節）神をギリシア的な観念であるヘー・ディケー（正義、正義の女神）に切り替え、次にそれとの関係でヘー・ポイネー（復讐の女神）やホ・アラストール（死神）をいとも安易に登場させてしまうのである。たしかに前者は、フラックスがアレクサンドリアのユダヤ人に加えた災禍と同じ水準（質）の災禍で報復されたと記述することをフィロンに可能にさせ、後者は死（処刑）の恐怖に怯えるフラックスについての描写を可能にさせるが、この切り替えとそのためのギリシア的観念の導入は、現代の読者には不快な気持ちを起こさせるのではないであろうか？　ある人は、フィロンがユダヤ的な衣装をまとったギリシア人なのかと訝しく思うであろうし、口の悪い評者であれば、フラックスの没落物語はフィロンが足繁く通ったアレクサンドリアの劇場の出し物の台本じゃないかと皮肉るであろう（わたしは少なくとも『フラックスへの反論』が芝居の台本として書かれた可能性を否定しない。それについては他日論じたい）。コルソンが本書を評して「悪しき側面」をもつというのは（コルソン『フラックス』三〇一頁）、そのためである。

『フラックスへの反論』の聴衆と著作年代について　五二節の呼びかけの言葉「閣下らよ」が示唆するように、本書が読み上げられたのは、公的な場所であるが、それには二つのケースが想定できる。ひとつは、アレクサンドリアでの公的な場所（たとえば、解任されたフラックスに代わって着任したウィプサニウス・ポリオらやギリシア系市民の中の高位高官の者たちが出席する劇場のような公的な場所）であり、ひとつはローマにおける公的な場所（たとえば元老院）であるが、本書が一貫してギリシア人にたいする直接の告発を回避している事実から（たとえば、その首謀者のイシドロスやランポンの出自からして、本書で語られているユダヤ人迫害はギリシア系市民によってなされたものであることは明白であるが、フィロンは暴徒たちが「ギリシア系市民」であると特定することを避けている）、本書は、本来、アレクサンドリアでの公的な場所で読み上げられた演説草稿であったと考えたい（エウセビオスは本書が「クラウディウスの時代に、ローマ人の立法府のすべての議員の前で」読まれたとする。それについては「付録――関連史料集」五を参照）。その著作時期の特定は困難であるが、ガイウスによるフラックスの処刑が言及されていることからして、また『ガイウスへの使節』とは異なり、本書におけるガイウス批判が穏やかなものであることからして、それはポグロムの発生した後三八年八月以降で、ガイウスがまだ存命していた時期、すなわちガイウスが暗殺された後四一年の一月二十四日以前となるであろう。

『フラックスへの反論』のオリジナルな版について　本書の冒頭部分は次の言葉ではじまっている。

セヤヌスの後、二番手のフラックス・アウィリウスがユダヤ人への陰謀を引き継ぎました。彼は、セヤヌスのように、［ユダヤ］民族全体にたいして公然と不正を働くことができたわけではありません。そうする機会により恵まれていなかったからですが、手出しできた者たちにたいしては、ひとり残らず、癒しがたい災禍を与えました。

この一文に見られる「二番手の（δεύτερος）……」や、「引き継ぎました（διαδέχεται）」、「セヤヌスのように（その者のように ὥσπερ ἐκεῖνος）」という表現、「そうする機会により恵まれていなかったからですが（ἐλάττους γὰρ εἶχε τὰς εἰς τοῦτ᾽ ἀφορμάς）」における比較級「より」の使用、およびコルソンによれば、さらに本書の最終節（一九一節）の「以上は、フラックスもまたこうむった災禍です」に見られる「……もまた（καί）」の使用は、本書の先行箇所に脱文箇所のあったことを示唆するものであり、現代のフィロン学者はこの脱文箇所では、フラックス以前の迫害者の迫害の経緯とその結末が語られていたと想定する。

ではこの脱文箇所で語られていたフラックス以前の迫害者とは誰なのであろうか？　引用した冒頭の語句「セヤヌスの後……」からして、その迫害者はティベリウス帝の時代（後一四年から三七年まで）の一時期に権力を一身に集めた親衛隊長のセヤヌスと考えられるが、そして実際、そのように考える研究者は多いが、もしその語句が「セヤヌスの死後（μετὰ τὴν τελευτὴν Σηιανοῦ）」を意味するなら、それはローマの反ユダヤ主義者ではなくてフラックス以前のエジプト総督となり、その場合の候補者は、二節でその名が登場するイベルスとなろう。実際、『夢』第二巻一二三以下に「最近わたしは指導者たち（τῶν ἡγεμονικῶν）の中の第一位の人物を知った。その者はエジプトの統治権と管理権を手にすると、わたしたちの父祖たちの慣習を攪乱すること、とくに第七日の日に関するもっとも聖にして畏敬すべき法を廃止することを企んだ……」とあるが、もしここで言及されているエジプト総督がフラックスでなければ（たとえばコルソンほか）、この一文は、フラックス以前のエジプト総督、すなわちイベルスによる迫害があったことを示唆するものとなろう。いずれにしても、本書のオリジナルな版においては、フラックス以前の反ユダヤ主義者による迫害の経緯とその結末が詳述されていたであろう。

『フラックスへの反論』の表題について　先行する脱文部分を含む本書の表題は知られていない。現在伝わる写本には「エイス・フラッコン」という表題が見られる。このギリシア語表題についてひとこと述べておく。

このギリシア語表題はしばしば『フラックス論』とか『フラックス反論』と訳されたりするが——本書も

その伝統にしたがっているが——、そのどちらも適切ではない。一読すれば分かるように、本書はフラックスについての人物論でもなければ、ヨセフスの『アピオーンへの反論』のように、フラックスの反ユダヤ主義的言説に逐一反論したものでもないからである。このギリシア語表題に、ギリシア語の前置詞エイスの意味を勘案しながら内容に即した日本語訳を与えるとしたら、それは『フラックスを告発する』とでもなろうか。

『ガイウスへの使節』(*DE LEGATIONE*)の内容について

『ガイウスへの使節』は、分量的には『フラックスへの反論』の二倍近くあるもので、導入部分(一—七節)と思われる一文の後で語られている内容は、次のものである。

(1)ローマ皇帝ガイウスの治世のはじめと、人びとの表明した喜びと期待(八—一三節)
(2)ガイウスの病と人びとの失望、ガイウスの病の回復と人びとの喜び(一四—二一節)
(3)ガイウスの性格、ライバルの排除(共同統治者ティベリウス・ゲメルスの自決、マクロの殺害、義父シラヌスの殺害)、そして一般世論(二二—七三節)
(4)ガイウスの自己神格化とユダヤ人にたいする猜疑心(七四—一一九節)
(5)三八年の夏の、ユダヤ人にたいして働いたアレクサンドリアびとの乱暴狼藉と祈りの家へのガイウスの像の設置、アレクサンドリアびとのユダヤ人攻撃の真の動機、ガイウスのアレクサンドリアび

とへの期待と宮廷内のエジプト人たちの暗躍（一一〇―一七七節）
（6）ローマでのガイウスの接見の模様、エルサレムの神殿にガイウスの像が設置されるという知らせと使節団の困惑、シリア知事ペトロニウスの取った措置（一七八―二六〇節）
（7）ガイウスに謁見したアグリッパの動揺、ガイウスに宛てたアグリッパの書簡、ガイウスの新たな行動、ガイウスの性格、ガイウスのユダヤ人憎悪（二六一―三五〇節）
（8）イタリアの保養地ディカイアルケイアでのガイウスの接見の模様（三五一―三七二節）

この内容紹介から分かるように、本書はさまざまな主題に言及しているが、本書に一貫して流れるのは、ガイウス・カリグラにたいする非難、告発、弾劾であり、これが本書を特徴づけるものとなっており、これがエジプト総督フラックスを告発する『フラックスへの反論』とはトーンを異なるものとしている。

本書の一二〇節から一三一節で語られているアレクサンドリアびとによるユダヤ人襲撃事件（後三八年の夏）は、『フラックスへの反論』でも語られている事件と同じであるが、その二つを比較してみることを勧めたい。そこにはけっして小さくはない相違が見られる。本書から引き出されるフィロンの解釈が、ある場合には、『フラックスへの反論』の足らざる所を補完するものになっている（たとえば、『フラックスへの反論』においてアレクサンドリアにおける祈りの家の襲撃がガイウスの像の設置と関係するものであったことが語られているが、わたしたちは本書から、フィロンが、その設置がガイウスの自己神格化と密接に関係するものだったと解釈していることを知ることができるし、三八年夏の暴動の裏にユダヤ人たちのポリーテイアーの要求があったことを知ることもできる）。

本書も、『フラックスへの反論』と同様に、史実とフィクションが合体したものである。ここではそのひとつひとつを具体的には指摘しないが、『フラックスへの反論』の解説に同意される読者であれば、史実部分と、その史実の周りを埋めたフィクション部分は容易に見分けられるであろう。

『ガイウスへの使節』の著作年代について　わたしたちは『フラックスへの反論』の著作年代を、そこに認められるガイウスへの批判が非常に穏やかであることから、後三八年の八月のポグロム発生以後からガイウスの死（後四一年一月二十四日）以前としたが、本書ではガイウスが主人公であり、ガイウスにたいして一貫して厳しい批判と告発と弾劾が繰り返されていることから、本書の著作年代は『フラックスへの反論』が書かれた時期以降で、ガイウスの死以後のかなり早い時期、すなわち後四〇年の後半か四一年の早い時期のものと想像したい。

『ガイウスへの使節』のオリジナルな版について　本書は、『フラックスへの反論』と同様に、オリジナルな版ではない。欠落がいくつかの箇所で認められるからである。最初の欠落部分は、すでに註において指摘されているが、七節の末尾の部分に見られる。その部分から八節への移行はスムーズにいかず、八節の冒頭に置かれている、理由を説明する「なぜなら（γάρ）」は文脈の中で機能していない。また一八〇節にも欠落部分がある。それを示唆するのは、その一文が「一方（μέν）」ではなくて、「他方（δέ）」ではじまっていることである。

本書の一番大きな欠落部分は、全体の末尾の部分である。三七三節は次の言葉、すなわち「さて以上で、簡単ではありましたが、ユダヤ人の全民族にたいするガイウスの敵意の理由が語られました。わたしは［次に命令の実行の］取り消しについて語らねばなりません」で終わっていて、そこから先が語られていない。ここでの「語らねばならない（λεκτέον）」は、別の機会で語ることを約束したものではなく、すぐにそこから先で語ることを示唆するものであるだけに、そこには欠落が、しかも大きな欠落があるのは明らかである。わたしたちはここで、エウセビオスが『ガイウスへの使節』を五巻本で著わしたと言っていることも覚えておきたい（「付録――関連史料集」四を参照）。

『ガイウスへの使節』の表題について　本書のギリシア語の表題は「ペリ・アレトーン」、すなわち『徳について』である。これはひとつの写本を除くすべての写本に見られるものだと指摘されている。たしかに、一節から七節までの本書の導入部分と思われる部分を読むかぎり、その表題も適切であるかのような印象を受けるが、その先を読み進めれば、それが不適切なものであるようにも見える。しかし、それがかなり早い時期の写本につけられたものであることは、四世紀の教会史家エウセビオスがその『教会史』第二巻第六章で、「この著者は、『徳について（περὶ ἀρετῶν）』と題する第二の著作で、前述の皇帝の時代にアレクサンドリアのユダヤ人の受けた言語に絶する他の無数の恐ろしい仕打ちを語っている」と述べ、その先の第十八章で、伝わっているフィロンの著作に再度言及して次のように言っていることから明らかである。「彼はガイウスの時代にローマに行き、ガイウスの神への不敬な行為を書いた。それは『徳について』という適切で、皮肉な題がついている」（付録――「関連史料集」五を参照）。

このエウセビオスの証言のために、研究者はこの「徳」の意味についてあれこれと考察せねばならなくなり、ここでの「徳」には神の「徳」が念頭に置かれていたと考え、本来は περὶ ἀρετῶν θεοῦ、つまり「神の徳について」と書かれていたのではないかと想像し、次にはなぜ θεός（神）の属格形の θεοῦ が伝承の過程で脱落したかを説明せねばならぬ羽目に陥ったりするが、わたしたちは、エウセビオスが同じ『教会史』第二巻第五章でガイウス帝の狂気に触れた後に、「フィロン自身は『使節（プレスベイアー）』の中で、そのとき自分の取った行動について正確で詳細な記録を残している」と述べている事実をも指摘しておきたい。エウセビオスからは本書に二つの表題があったことが示唆されるが、それはまた、どちらか一方が表題であって、他が副題であったことを示すものであったかもしれない（なお、わたし自身は、『徳について』の「徳」は「神の徳」を指すのではなく、「ガイウスの悪徳」を指すために反語的に使用されていると理解している。ここでの徳は複数形であることにも注意したい）。

*

『フラックスへの反論』と『ガイウスへの使節』のギリシア語について　フィロンのギリシア語について、前出のグッドナフは次のように述べている。

　フィロンはエキスパートだけが理解し得るギリシア語を語るが、それとても［エキスパートと］等しく有能な専門家たちによってかくもばらばらな仕方で理解されてきたものであり、はたしてわれわれが彼を知れるかどうか問題なのである。

（野町啓訳『アレクサンドリアのフィロン入門』第一章）

本二書のギリシア語は、グッドナフが正しくも指摘するように、翻訳者泣かせの難解なものである。フィロンのギリシア語、とくに二書のギリシア語の理解を困難にするのは、反語的表現や、皮肉をきかせた表現、さらに格闘技用語の頻出である。ギリシア文を読み進めていく過程で、この一節は反語的表現をとっているのか、皮肉をきかせたものなのか、フィロンが嬉々として出入りしたアレクサンドリアのギュムナシウムや競技場での各種の格闘技や競技などをイメージして書かれているのか、などを即座に見抜くことは必ずしも容易なことではない。

本二書のギリシア語は難解であるばかりか、厳密に言えば、それは他の言語に翻訳不能なものでもある。それは本二書が、読者に目でもって読まれることを期待してではなく、聴衆に聞かれることを期待して書かれたものだからである。フィロンが聴衆の存在を前提にして草稿を書いたことは、すでに指摘したように、『フラックスへの反論』五二節で「閣下らよ」と呼びかけていることからも明らかなように、それはまたフィロンがそのギリシア文に執拗に彫琢を加えていることからも分かる。その証拠は、形容詞や副詞、動詞の使用において、主に同じ「ア音」や「エ音」の母音ではじまる言葉を選び（子音の場合もある）、それを重ねて使用する傾向が顕著なことにもとめられるであろう。その頻出ぶりは、『フラックスへの反論』の冒頭から三〇節までのギリシア文において、一二節の「ハプルーン・カイ・アポネーロン（ἁπλοῦν καὶ ἀπόνηρον）」、一八節の「アメーカノイス・カイ・アポロイス（ἀμηχάνοις καὶ ἀπόροις）」、三〇節の「エパルギュロイス・カイ・エピクリュソイス（ἐπαργύροις καὶ ἐπιχρύσοις）」などの形容詞的表現、四節の「エムブリトース・カイ・

エウトノース（ἐμβριθῶς καὶ εὐτόνως）」、八節の「エウトノース・カイ・エローメノース（εὐτόνως καὶ ἐρρωμένως）」、二七節の「アネピパトース・カイ・アポーラトース（ἀνεπιφάτως καὶ ἀφωράτως）」の副詞的表現に見られ、もう二節先の三二節では、「エゼーロテュペイ・カイ・エクセラレイ（ἐξηλοτύπει καὶ ἐξελάλει）」の動詞的表現が出てくると指摘すれば、また同じ子音ではじまるものとしては、三節の「多種多様な」を意味するギリシア語の表現「ポリュトロポイ・カイ・ポイキライ（πολύτροποι καὶ ποικίλαι）」が出てくることなどを指摘すれば、それだけで十分であろう。

同音の母音や子音ではじまる言葉を意識的に重ねていくのは、それを聞く者の耳に快適にする目的があったからであるが（そしてそれは、彼の聴衆が高位高官の者たちであったことを示唆するものとなろう）、それを可能にしたのはフィロンの音声学にたいする理解であったと思われる。わたしたちは『酩酊』における、舞台上の役者や楽師たちの発する音声の聴衆への効果についてのフィロンの観察や、その他の著作（『創造』、『戒め』、『混乱』、『移住』、『教育』）から、フィロンの音声学への関心と理解がなまはんかなものでないことを知るが、フィロンが期待し緻密に計算したであろう音声学上の同一音による効果を、それを可能にさせるギリシア語とは異なる言語体系の言語への翻訳の上で表わすのは不可能である。わたしが本二書のギリシア語を他言語に翻訳するのは不可能だと言うのは、そのためである。

結びにかえて――『フラックスへの反論』と『ガイウスへの使節』の意義　フィロンの時代、反ユダヤ主義者であるギリシア系の知識人、とくに『エジプト史』を著わしたことで知られ、またアレクサンドリアのギリシア人たちを代表してガイウスのもとに出かけたアピオーンは（「付録――関連史料集」三参照）、ユダヤ民族の起源や歴史についてさんざん悪態をついていた。もし自己の所属する民族にたいして喧嘩を売られれば、民族を代表する者はそれを買って出なければならぬが、フィロンは、その行使しうる大きな政治的な影響力や学識があったにもかかわらず、彼ら反ユダヤ主義者を逐一論駁する文書を書くことはなかった。本書に収められた二書はそうした論争的な視点から著わされたものではない。ガイウス・カリグラの生前に著わされた『フラックスへの反論』ではガイウスへの攻撃は差し控えられ、ガイウスが亡くなって自分の身に危険が及ばなくなったときに著わされた『ガイウスへの使節』においてはじめてガイウスが攻撃されている。しかも、その二書においては、ユダヤ人たちに執拗な攻撃を加えたのはギリシア人であるにもかかわらず、「ギリシア人」とは一度として特定されてはおらず、彼らは漠とした「アレクサンドリア市民」でくくられている。それはフィロン自身も「アレクサンドリア市民」であったからである。フィロンは自身の保身を考えるなかなかの政治家なのである。こうした二書の特異な性格を考えると、この二書は必ずしも読んで楽しいものではないし、本書を手にされる読者の中に、コルソンのように、「フィロンがこのような文書（『フラックスへの反論』）を残さなければよかったのに」と天を仰いで慨嘆する者が出てきても不思議ではない。しかし、次のことだけは確実に言える。もし『フラックスへの反論』や『ガイウスへの使節』が存在しなかったならば、わたしたちは、アレクサンドリアで発生した古代の「ポグロム」の実態を知ることがなかった、と。この二書の存在意義はまさにその点にもとめられるであろう。

本書のテクスト、註、文献について

『フラックスへの反論』の翻訳の底本としたのは、ロウブ古典叢書の

Philo in ten volumes（and two supplementary volumes）, with an English translation by F.H.Colson, G.H.Whitaker（and R.Marcus）, Loeb Classical Library（London-Cambridge Mass., 1929-62）

の第九巻に収められているテクスト、そして『ガイウスへの使節』のテクストは第十巻に収められているものである。ロウブを底本として選んだのは、それが簡単に入手できるからであり、そこで対訳の形で付せられている英訳が「フィロンのテクスト解釈において決定的なターニング・ポイントになったからであり、たとえ後に出版された仏訳のシリーズの中の何巻かのさまざまな箇所で優れた読み方が示されたとしても、依然として価値がある」（R.Radice and D.T.Runia）からである。なお、註について言えば、『フラックスへの反論』の註の一割くらいは、ロウブ古典叢書に負うものであり、『ガイウスへの使節』の註はロウブ古典叢書ばかりか、

E.Mary Smallwood, *Philonis Alexandrini Legatio ad Gaium*, edited with an introduction, translation and commentary（Leiden: E.J.Brill, 1961）

に多くを負っている（本書では『ガイウス』で言及されている）。『フラックスへの反論』ではまたスモールウッド『ユダヤ人』（E.Mary Smallwood, *The Jews under Roman Rule* [Leiden: E.J.Brill, 1976]）やバルスドン『ガイウス』（J.P.V.D.Balsdon, *The Emperor Gaius* [Oxford: Clarendon, 1964]）、ムスリロ『殉教者』（Herbert A.Musurillo, *The Acts of the Pagan Martyrs* [Oxford: Clarendon, 1954]）ほかが参照されている。

フィロンの校訂本や、現代語訳、註解、論文などについての情報は、Roberto Radice and David T. Runia, *Philo of Alexandria: An Annotated Bibliography 1937-1986* (Leiden-New York: E.J.Brill, 1988) を参照してほしい（これに先行したのは Roberto Radice, *Filone di Alessandria: bibliografia generale 1937-1982* [Bibliopolis, 1983] である）。この文献表の「イントロダクション」では一九三七年から八六年までの五〇年間に発表された研究論文がグラフで示されていて興味深い。たとえば、一九三七年から四一年までの五年間にはわずか九〇本の論文が発表されたにすぎないが、一九八二年から八六年までの五年間には三三一本の論文が発表されている。これは、フィロン研究が今やヘレニズム・ローマ時代のユダヤ教研究の重要な一部となっていることを示している。

なお、フィロンの著作と直接関係しないかもしれぬが、邦訳された文献で『フラックスへの反論』と『ガイウスへの使節』の理解を助けてくれるのは、L・H・フェルトマン＋秦剛平編『ヨセフス・ヘレニズム・ヘブライズム２』（山本書店、一九八六年）所収のE・M・スモールウッドの論文「同時代の歴史家、フィローンとヨセフス」、およびA・カッシェーの論文「アレクサンドリアのユダヤ人の市民的権利」であり、フィロンへのよき入門書としてはE・R・グッドナフの『アレクサンドリアのフィロン入門』（野町啓訳、教文館、一九九四年）があり、その哲学を分析したものには平石善司著『フィロン研究』（創文社、一九九一年）がある。最後に、フィロン研究に欠かせないコンコーダンスやインデックスが出版されていることを書き添えておく。前者は聖書文学協会（アメリカ）の「フィロン・セミナー」をリードするP.Borgenほかの編纂した *Complete*

Concordance on Philo of Alexandria on CD-ROM (E.J.Brill, 1996) で、これは Windows 3.1 に対応する。後者は前出の P.Borgen ほかの編纂した *The Philo Index: A Complete Greek Word Index to the Writings of Philo of Alexandria* (E.J.Brill, 2000) である。

本書の註で引かれるフィロンの著作の略号は次のものである。

『創造』＝『創造について』
『比喩』＝『比喩的解釈』
『ケルビム』＝『ケルビムについて』
『献げ物』＝『アベルとカインの献げ物について』
『悪人』＝『悪人は善人を攻撃する』
『末裔』＝『カインの末裔について』
『巨人族』＝『巨人族について』
『不変性』＝『神の不変性について』
『農事』＝『農事について』
『栽培』＝『栽培について』
『酩酊』＝『酩酊について』
『覚醒』＝『覚醒について』
『混乱』＝『言葉の混乱について』
『移住』＝『アブラハムの移住について』
『賜物』＝『だれが聖なる物の相続人か』
『教育』＝『教育としての結婚について』
『逃亡』＝『逃亡と発見について』
『変更』＝『名前の変更について』
『夢』＝『夢について』
『アブラハム』＝『アブラハムについて』
『ヨセフ』＝『ヨセフについて』
『モーセ』＝『モーセの生涯について』

『十戒』＝『十戒について』
『戒め』＝『個々の戒めについて』
あるいは『特別な律法について』
『徳』＝『徳について』
『賞罰』＝『賞罰について』
『善人』＝『すべての善人は自由である』

『観想』＝『観想的生活について』
『永遠性』＝『世界の永遠性について』
『摂理』＝『摂理について』
『創世記』＝『創世記質疑応答』
『出エジプト記』＝『出エジプト記質疑応答』
『報酬』＝『報酬について』（この著作は現存しない）

固有名詞・事項索引

索引は五十音順により、数字は節番号を表わしているが、ローマン体の数字は『フラックスへの反論』への、イタリック体の数字は『ガイウスへの使節』への言及であることを示す。

ア 行

カ 行

サ 行

タ 行

ナ　行

ハ　行

マ　行

ヤ 行

ラ 行

訳者略歴

秦　剛平（はた　ごうへい）

多摩美術大学共通教育学科教授
一九四二年　東京都生まれ
一九七〇年　京都大学大学院文学研究科修士課程修了
一九八〇年　京都産業大学助教授を経て現職

主な著訳書

『旧約聖書続編講義』（リトン）、『ヨセフス――イエス時代の歴史家』（ちくま学芸文庫）

Josephus and the History of the Greco-Roman Period（共著 E.J.Brill）

ヨセフス『アピオーンへの反論』、『自伝』、『ユダヤ古代誌』全二〇巻一一分冊（山本書店）、エウセビオス『教会史』全一〇巻三分冊（山本書店）、『ユダヤの民話』上下（青土社）ほか多数。「ヨセフス論集」全四分冊（山本書店）および「エウセビオス論集」全三分冊（リトン）を共編

フラックスへの反論《はんろん》
ガイウスへの使節《しせつ》　西洋古典叢書　第II期第5回配本

二〇〇〇年十月十五日　初版第一刷発行

訳者　秦《はた》　剛《ごう》　平《へい》

発行者　佐藤文隆

発行所　京都大学学術出版会

606-8305 京都市左京区吉田河原町一五-九 京大会館内
電話　〇七五-七六一-六一八二
FAX　〇七五-七六一-六一九〇

印刷・土山印刷／製本・兼文堂

ISBN4-87698-121-3

定価はカバーに表示してあります